Lankau

Kein Mensch lernt digital

Ralf Lankau

Kein Mensch lernt digital

Über den sinnvollen Einsatz neuer Medien im Unterricht

BELTZ

Ralf Lankau ist Grafiker, Philologe und promovierter Kunstpädagoge. Er unterrichtet seit 1985 Gestaltungstechniken mit analogen und digitalen Werkzeugen und produziert seit 1988 digital (Print, DTP, Websites). Seit 2002 ist er Professor für Mediengestaltung und Medientheorie an der Hochschule Offenburg mit dem Schwerpunkt Grafik und Digitaldesign. Er leitet die grafik.werkstatt der Fakultät Medien und Informationswesen und publiziert zu Mediengestaltung, Digitaltechnik und (Medien-)Pädagogik auf der Website futur-iii.de.

MIX
Papier aus verantwortungsvollen Quellen
FSC® C089473

Dieses Buch ist erhältlich als:
ISBN 978-3-407-25761-1 Print
ISBN 978-3-407-29525-5 E-Book (PDF)

Lektorat: Dr. Erik Zyber
Layout/Reihenkonzept: glas ag, Seeheim-Jugenheim
Umschlaggestaltung: Michael Matl
Umschlagabbildung: istock © onurdongel
Fotos auf Seite 169: www.medienwissen-mv.de

Herstellung: Victoria Larson
Satz: Fotosatz Amann, Memmingen
Druck und Bindung: Beltz Bad Langensalza GmbH, Bad Langensalza
Printed in Germany

Weitere Informationen zu unseren Autoren und Titeln finden Sie unter: www.beltz.de

Inhalt

Dank

Mein erster und ganz besonderer Dank gilt meiner Mit-Autorin und so gründlichen wie strengen Erstleserin Claudia Treffert. Als Diplom-Ingenieurin, Fachjournalistin und Textilgestalterin war sie eine ideale Sparringspartnerin für dieses Buch. Sie agiert selbst im Spannungsfeld von manueller Handarbeit und pädagogischer Vermittlung von Handwerkstechniken für Kinder auf der einen und (Digital-)Technik als Arbeitswerkzeug auf der anderen Seite. Sie hat auch dieses Buch wieder durch alle Phasen der Entstehung begleitet, hat nachgefragt, Änderungen angeregt und, wie ich hoffe, zu einem für Leserinnen und Leser verständlichen Ergebnis und zu einem gut lesbaren Text umformuliert.

Mein besonderer Dank gilt auch meinem Lektor im Beltz Verlag, Erik Zyber, der den Texte noch einmal deutlich gestrafft und um einige Nebenbaustellen bereinigt hat. Dadurch ist der nicht nur kürzer, sondern vor allem präziser geworden.

Mein Dank gilt auch den Kolleginnen und Kollegen vom »Bündnis für Humane Bildung: Aufwach(s)en mit digitalen Medien« und den Kollegen der Gesellschaft für Bildung und Wissen e.V., die mit ihren Fragen, Beiträgen und kritischen Anregungen zu diesem Ergebnis beigetragen haben. Eventuelle Fehler oder Unklarheiten sind trotzdem alleine von mir zu verantworten.

Einleitung

»Unser Kopf ist rund, damit das Denken die Richtung wechseln kann.«
Francis Picabia

»Gerade in einer Welt mit hoher Innovationsgeschwindigkeit sind alte Lebensformen am wenigsten veraltungsanfällig, weil sie schon alt sind. (...) So sollte man sich beim modernen Dauerlauf Geschichte – je schneller sein Tempo wird – unaufgeregt überholen lassen und warten, bis der Wettlauf – von hinten überrundend – wieder bei einem vorbeikommt; immer häufiger gilt man dann bei jenen, die überhaupt mit Avantgarden rechnen, vorübergehend wieder als Spitzengruppe: so wächst gerade durch Langsamkeit die Chance, up to date zu sein.« *Odo Marquard (2003, S. 241)*

Kein Mensch lernt digital. Es gibt weder digitalen Unterricht noch digitale Bildung, auch wenn das Bundesministerium für Bildung und Forschung (BMBF) dafür ein eigenes Logo und einen Slogan entwickelt hat: »Digitale Bildung_Für das Leben lernen« (www.bildung-forschung.digital). Nichts weniger als die Zukunft der Bildung soll auf der Plattform »Digitalisierung der Bildung« (www.digitalisierung-bildung.de) diskutiert werden, Diskussionspartner ist unter anderem das Centrum für Hochschulentwicklung (CHE). Die Plattform ist eine Website der Bertelsmann Stiftung, die passenderweise auf den Digitalpakt des BMBF verlinkt.

Den erheblichen Einfluss des CHE haben Hochschulangehörige zuletzt beim Umbau der Hochschulen und Universitäten erlebt (Stichworte »Bologna-Prozess«, »unternehmerische Hochschule«). Doch der Anspruch des CHE, Bildungspolitik zu gestalten, geht weiter. So lautet ein Thema der Stiftung »Bildung verbessern« (www.bertelsmann-stiftung.de/de/themen/bildung-verbessern). Von der »Frühkindlichen Bildung« bis zur Aus- und Weiterbildung werden alle Altersstufen mit Vorschlägen und Begleitstudien abgedeckt.

Das korrespondiert mit der Website des Unternehmens Bertelsmann (nicht der Stiftung), auf der Bildung als ein strategisches Wachstumsfeld ausgewiesen wird, das zu einer »tragenden Säule eines internationalen und wachstumsstarken Konzern-Portfolios ausgebaut« werden soll. Mitunter führt das zu irritierenden Szenarien, wenn etwa Bundesbildungsministerin Johanna Wanka eine Pressemitteilung zum Chancenspiegel 2017 veröffentlicht, den die Bertelsmann Stiftung in Zusammenarbeit mit dem Institut für Schulentwicklungsforschung Dortmund (IfS) und dem Institut für Erziehungswissenschaft Jena herausgibt. Für Außenstehende ist kaum erkennbar, wer bei solchen Kooperationen Ross und wer Reiter ist (z. B. beim Digitalpakt, vgl. Kap. 1.2).

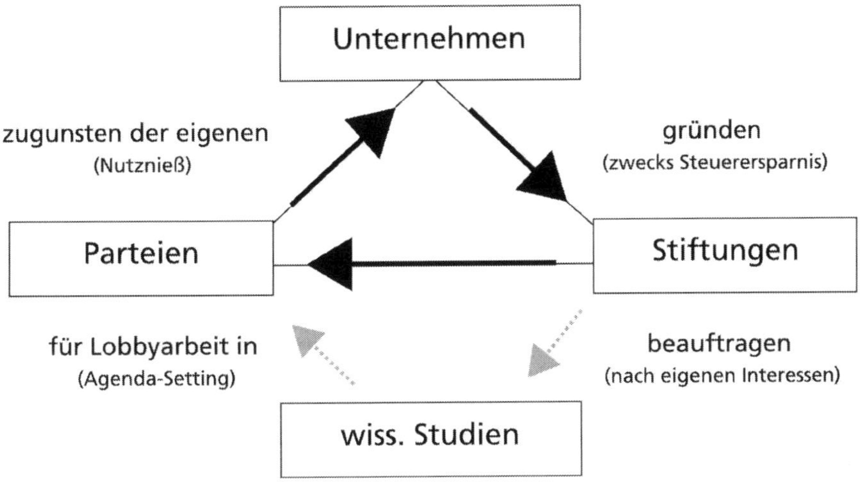

Abb. 1: Agenda-Setting über Stiftungen

Das Dreieck aus Wirtschaftsinteressen, Stiftungen und Politik ist ein weltweit durchgängiges Muster (siehe z.B. Verger/Lubienski/Steiner-Khamsi 2016). Gemeinnützige Stiftungen betreiben über die von ihnen in Auftrag gegebenen Studien ein Agenda-Setting und bringen Themen in die öffentliche Diskussion, die politische Entscheidungen zu erfordern scheinen, letztlich aber den Mutterunternehmen der Stiftungen zugutekommen. Da die derzeit bevorzugten Themen dieses Agenda-Settings in Deutschland vor allem Bildung und Gesundheit sind, lässt sich die Grenze zwischen Allgemein- und Wirtschaftsinteressen kaum erkennen und ist damit leicht zu kaschieren. Denn der Zugang zu Bildung und Bildungseinrichtungen sowie die Bildungsgerechtigkeit sind zweifellos Themen, die alle Bürger betreffen. Das gilt gleichermaßen für die Gesundheitsvorsorge und die Versorgung der Gesellschaften mit Gesundheitsdiensten und -einrichtungen.

Der Verweis auf passende Geschäftsfelder des Bertelsmann-Konzerns liegt nahe, wenn ein Mitglied des Vorstandes der Bertelsmann Stiftung, Dr. Jörg Dräger, mit seinem Co-Autor Ralph Müller-Eiselt das Buch »Die digitale Bildungsrevolution« herausbringt, in dem der grundlegende Wandel der Bildungseinrichtungen bis hin zu einer möglichen Auflösung der Universitäten und einer neuen Rolle der Lehrenden behauptet wird: »Die Digitalisierung wird Lehrer und Professoren nicht ersetzen, aber sie bekommen eine neue Rolle – werden vom Wissensvermittler zum Lernbegleiter« (www.bertelsmann-stiftung.de/de/themen/aktuelle-meldungen/2015/september/digitale-bildungsrevolution). Bei Bertelsmann heißt das Geschäftsfeld »Wachstumsfeld Education«. Die Stiftung fordert »neue Formen der Bildung«, die mit von der Stiftung finanzierten passenden Begleitstudien untermauert werden. Der Bedarf an höheren Studienabschlüssen anerkannter Institutionen wird konstatiert, die passende technische Plattform gleich mit adressiert. Die Digitalisierung sorge dafür, »dass Bildung auch online in guter Qualität ausgeliefert werden kann. Dem Segment Bildung kommt im Rahmen der Wachstumsstrategie von Bertelsmann eine besondere Bedeutung zu. Es wird in den kommenden Jahren – neben den klassischen Bereichen Medien und Dienstleistungen – zu einer dritten tragenden Säule eines internationalen und wachstumsstarken Konzern-Portfolios ausgebaut« (www.bertelsmann.de/strategie/wachstumsplattformen).

Bildung als Säule eines Konzern-Portfolios? Interessant ist die sprachliche Neuschöpfung, nach der Bildung »in guter Qualität ausgeliefert« werden könne. Diese Definition von Bildung macht aus individuellen Lernprozessen ein fertiges Produkt, das man mithilfe der IT und gesammelter Daten produzieren und über die technische Infrastruktur des Internet ausliefern kann.

Solch ein materialistisches Verständnis von Bildung wird in diesem Buch nicht geteilt. Termini aus der (automatisierten und digitalisierten) Produktion der Konsumgüterindustrie und des Qualitätsmanagements sind für individuelle Bildungsprozesse ungeeignet. Sie werden bei der Definition von »Bildung als Produkt« sprachlich und sachlich falsch auf soziale und notwendig zwischenmenschliche Prozesse übertragen. Der Schweizer Philosoph Peter Bieri beginnt seinen Vortrag »Wie wäre es, gebildet zu sein« mit der Klarstellung:

> »Bildung ist etwas, das Menschen mit sich und für sich machen: Man bildet sich. Ausbilden können uns andere, bilden kann sich jeder nur selbst. Das ist kein bloßes Wortspiel. Sich zu bilden, ist tatsächlich etwas ganz anderes, als ausgebildet zu werden. Eine Ausbildung durchlaufen wir mit dem Ziel, etwas zu können. Wenn wir uns dagegen bilden, arbeiten wir daran, etwas zu werden – wir streben danach, auf eine bestimmte Art und Weise in der Welt zu sein« (Bieri 2008, S. 1).

Bildung als Weltorientierung beginnt mit Neugierde, heißt es weiter. Deshalb stiehlt man dem Menschen die Chance, sich zu bilden, wenn man ihm die Neugierde stiehlt. Das aber passiert, wenn aus dem individuellen und ergebnisoffenen Prozess des sich Bildens ein Produkt entsteht, das fertig geliefert wird. Der oder die Einzelne kann es übernehmen, muss es übernehmen, wenn damit eine Prüfung oder ein Leistungsnachweis bestritten werden soll. Man lernt nach Vorgaben und Schema wie bei allen standardisierten Tests und bekommt dafür ein Zertifikat oder Leistungspunkte. Zusammen mit der Kompetenzorientierung und dem Fokus auf automatisiert abprüfbare Einzelkompetenzen werden Bildungseinrichtungen zu Produktionsstätten für »Humankapital mit validierten Kompetenzen«, wie es gemäß der Humankapitaltheorie von Gary Becker (Becker 1993) heißt.

Ist die Zukunft digital?

Unsere Zukunft ist nicht digital, auch wenn uns das tagtäglich Wirtschaftsvertreter, Bildungsexperten, Politiker und Medien suggerieren. Menschen haben keine digitale Zukunft. Die Zukunft der Menschen ist (hoffentlich) human und demokratisch. Nicht die Zukunft ist digital, sondern es entstehen allenfalls technische Strukturen mit digitaler Datenübertragung. Wir haben auch keine digitalisierte Zukunft, denn dazu müsste sich alles, was uns umgibt, und wir selbst in Bit und Byte auflösen – und wäre nicht mehr Bestandteil der realen Welt. Auch wenn es trivial ist, scheint man daran erinnern zu müssen, dass »digital« ein technisches Speicher- und Distributionsformat für digitalisierte Daten bezeichnet. Der Begriff Digital (von »digit«: Finger, Ziffer) beschreibt die technische Codierung von Zeichen und Signalen in binären Systemen (0/1) und deren Übertragung in Netzwerken. Digitalisiert und digitalisierbar (das heißt maschinenlesbar) sind Inhalte und Informationen, vom Text über Maschinenprotokolle, von Bildern und Grafiken bis zum audiovisuellen Film oder interaktiven Spiel, nicht aber Bildungs- oder Lernprozesse.

Damit sollte auch deutlich sein, was überhaupt digitalisiert und digital gespeichert werden kann: Information, die in Form von Daten oder Dateien in ein maschinenlesbares Format gebracht werden. Daten selbst sind weder Information noch Wissen. Dazu bedarf es immer des Kontextes und der Interpretation. Dabei gibt es zwei entscheidende Einschnitte durch Digitaltechnik, wenn man den Modellen der IT-Wirtschaft folgt:

Daten sind die Währung des 21. Jahrhunderts wie Erdöl die Währung des 20. Jahrhunderts war. Ziel ist, möglichst viele Daten zu sammeln.

Wenn man dies als neue Kenngröße akzeptiert, wird klar, warum möglichst alle Lebensbereiche mithilfe von Digitaltechnik unterstützt und die daraus generierten Daten digital aufgezeichnet und ausgewertet werden sollen. Dazu müssen erstens alle Rechner, Gadgets und Digital Devices mit dem Netz verbunden sein. Das ermöglicht ein flächendeckendes Funknetz (WLAN). Dazu müssen zweitens alle Aktionen der Benutzer protokolliert werden, von der Tastatureingabe über besuchte Websites bis zu benutzten Programmen. Dazu muss drittens das Kommunikations- und Sozialverhalten aufgezeichnet werden. Dank der sogenannten »Social Media«-Dienste als Selbstdarstellungsplattformen wird auch das möglich. Damit das Bild sich im Wortsinn vervollständigt, werden darüber hinaus möglichst viele neue smarte Geräte, aber auch Kinderspielzeug mit Kameras, Mikrofon und Sensorchips ausgestattet, die munter ins Netz senden. Ziel ist das vollständige Bewegungs- und Verhaltensprotokoll möglichst aller Menschen. Dafür sorgen immer mehr Daten sendende smarte Geräte (»Smart Home«, »Smart City«), Chips in der Kleidung (»wearables«) und in den Körper implantiert. Der Mensch wird gläsern.

Daten werden ohne Zutun und Eingriffsmöglichkeiten der Nutzer in der Cloud mit den Methoden des Big Data Analyzing oder Big Data Mining ausgewertet. Der Mensch im Netz ist nur mehr Datenlieferant.

Alles, was man im Netz macht, wird gespeichert und ausgewertet. Im Idealfall anonymisiert, in der Praxis personalisiert. Dabei gibt es widerstreitende Interessen: Die IT-Wirtschaft möchte möglichst viele Bereiche des Lebens möglichst schnell und möglichst vollständig auf digitale Protokoll-, Kontroll- und Steuerungstechnik umstellen. »Alles digital«, lautet das Ziel. Das Interesse zumindest der technisch versierten und aufgeklärten Nutzer ist es hingegen, so wenige Daten wie nur möglich preiszugeben. Datensparsamkeit und Datenlokalisation sind die dafür relevanten Begriffe. Beide widersprechen zwar den Geschäftsmodellen der Internet-Monopolisten, aber das Grundrecht auf informationelle Selbstbestimmung ist der notwendige Konterpart zur Datensammelwut der Konzerne, auch wenn Datenschutz erst noch (und immer wieder neu) eingeklagt werden muss (vgl. Kap. 4).

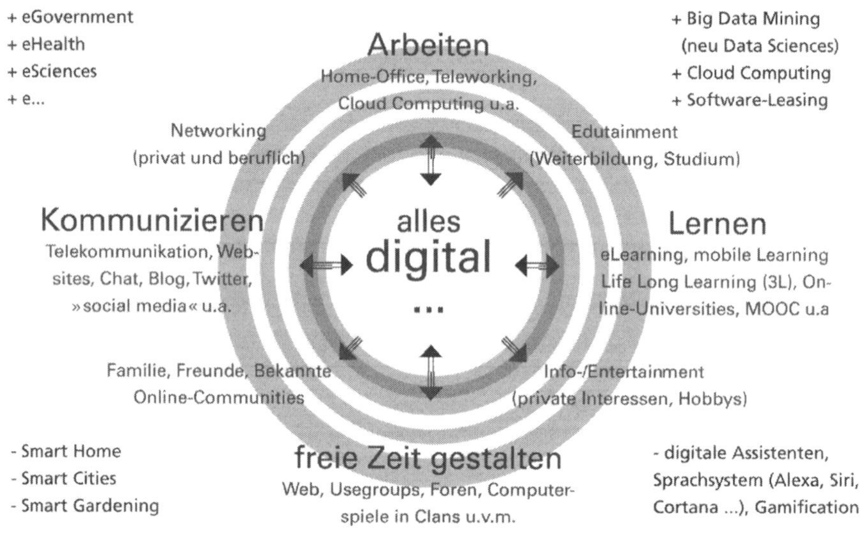

Abb. 2: Digitaltechnik für alle Lebensbereiche

Abbildung 2 zeigt ein unvollständiges Schema der zur Disposition stehenden Bereiche des privaten und öffentlichen Lebens, die digitalisiert – das heißt: mit Chips, Sensoren, Kamera und Mikrofon versehen –, protokolliert, aufgezeichnet und in der Big Data-Cloud ausgewertet werden sollen. Für diese Bereiche gibt es bereits Prototypen oder Testumgebungen und die entsprechende Software.

Noch etwas großspuriger sind die Heilsversprechen aus dem Silicon Valley. Neben einer pauschal »besseren Welt für alle Menschen« wird der Sieg über Krankheiten wie

Krebs prognostiziert (Googles Caligo) oder gleich die Unsterblichkeit des Menschen herbeifantasiert. Für Ray Kurzweil, Erfolgsautor und Leiter der technischen Entwicklung bei Google, ist es nur eine Frage der Zeit, bis das menschliche Bewusstsein im Netz existiert. Der menschliche Körper sei zwar durch Altern und Krankheiten sterblich, aber das menschliche Bewusstsein lasse sich in ein digitales Abbild transferieren und ins Netz hochladen, wo es ewig lebe.

Befremdlich ist dabei, dass solche Erlösungs- und Heilsversprechen der »Hohepriester der Tech-Sekten aus Kalifornien« (FAZ vom 12.10.2016, S. 1) geglaubt und mit Fantasiewerten an den Börsen finanziert werden. Die tatsächliche Entwicklung hat eine ganz andere Richtung genommen: Das Netz ist eine technische Infrastruktur zur Kontrolle der Nutzer. Die Digitalisierung aller Lebensbereiche dient nicht den Interessen der Menschen, sondern wenigen Digitalmonopolen. Mit dem »Internet der Dinge« wird eine technische Infrastruktur zur vollständigen Überwachung, Kontrolle und Steuerung jedes einzelnen Bürgers etabliert. Alle Lebensbereiche und (Konsum-)Güter vom Auto bis zur Zahnbürste werden mit Chips und Sensoren ausgerüstet, die permanent Daten in die Cloud senden.

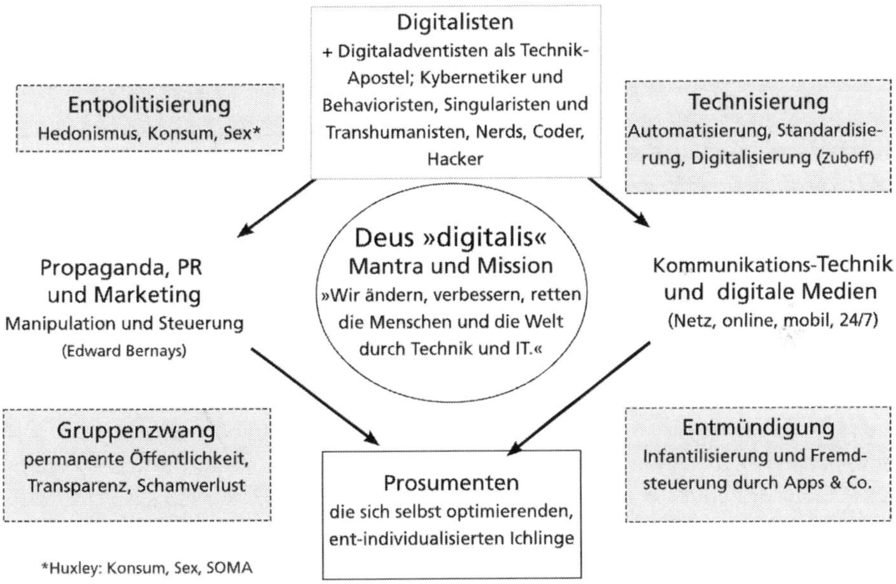

Abb. 3: Deus digitalis

Der Glaube an die Allmacht des technisch Machbaren und wohl auch die Faszination, mit ein paar (zehn)tausend Zeilen Code global wirkmächtig zu werden, setzt die Digitaltechnik mit dem Göttlichen gleich, dem »Deus digitalis«. Es sind Goldrausch-Zeiten, die vielen die Sinne vernebeln. Mantra und Mission der Digitalisten ist offiziell immer noch die Verbesserung der Welt durch Software. Aber das darf getrost als

Schutzbehauptung und auch da nur für besonders naive Idealisten gelten. Digitaltechnik war und ist primär Militärtechnik, bevor einzelne Technologien in den Consumer-Markt diffundierten. Auch das Internet war zunächst eine Kommunikationstechnik des Militärs – und ist von der Struktur her ein typisches »Dual-Use«-Produkt. Solche Produkte und Techniken können militärisch wie zivil genutzt werden. Der Medienwissenschaftler Friedrich Kittler formulierte bereits 1995 – also noch vor dem ersten Internethype – im Gespräch mit Paul Virilio:

> »Ich kann nur sagen, der Computer ist nicht erfunden worden, um den Menschen zu helfen. In Wahrheit sind beide, Atombombe und Computer, Produkte des zweiten Weltkriegs. Kein Mensch hat sie bestellt, sondern die militärische und strategische Situation des zweiten Weltkriegs hat sie notwendig gemacht. Es waren von vornherein keine Kommunikationsmittel, sondern Mittel des totalen Kriegs, die jetzt als spinoff in die Bevölkerung hineingestreut werden« (Kittler 2002, S. 136 f.).

Dieser »spinoff« scheint viel gefährlicher, als selbst Experten und Dystopisten bisher annahmen. Die Enthüllungen über die CIA und das Hacken von Consumer-Geräten wie Samsung-Fernsehern und Smartphones sind nur ein paar Beispiele.

Digitaltechnik für Kitas und Schulen

Mit dem »Internet der Dinge«, mit Smartmeter und Smart Cars, mit elektronischer Gesundheitskarte und massiven Kampagnen von Bundes- und Landesregierungen zur permanenten Datenprostitution wird die Digitaltechnik allgegenwärtig. Und sie wird zum Thema für Schule, Kindergarten und Kindertagesstätte. Kann man doch nicht früh genug damit anfangen, Kinder an die Bedienung von Smartphone und Co. zu gewöhnen. Dafür gibt es jetzt so sinnvolle Gerätschaften wie das iPotty. Auf intelligente Töpfchen gesetzt, können die Kleinen beim »Geschäft machen« parallel am Tablet lernen. Ein erfolgreiches »Geschäft« wird akustisch belohnt und sein Gewicht an die Eltern gesendet. Es ist ein 2-in-1-Gerät (2:1), denn mit dem Plastiksitz können die Kinder Tablet und Potty auch dann nutzen, wenn sie gerade nicht aufs Töpfchen müssen. Wer sein Kind früh »fördern« will, besorgt sich eine Tablet-Halterung für die Baby-Wiege. Auch das ist ein 2:1-Gerät, das dem Kind Musik (Baby Mozart) oder Lernvideos (Baby Einstein, Baby Newton) vorspielt.

Wie für andere Medien gilt auch hier: Der Bildungsstand und die soziale Stellung der Eltern entscheiden darüber, ob, ab welchem Alter und wie lange Kinder vor Bildschirmmedien sitzen. Wobei die Diskussion derzeit kurios anmutet: Man weiß, dass Kinder und Jugendliche aus sozial schwächeren Schichten früher und überproportional viele Bildschirmmedien (Fernsehen, PC oder Laptop, Spielekonsolen, Smartphones) in ihren Zimmern haben – und benutzt das als Argument, Bildschirmmedien im Unterricht zu fordern, weil sie dort einen sinnvollen Umgang damit erlernen könnten. Das ist ungefähr so intelligent wie die Forderung, besonders für die Kinder Schulfernsehen einzusetzen, die zu Hause viel fernsehen. Typischerweise kommen solche Vorschläge von Medienpädagogen, deren Profession es ist, den Medieneinsatz in der Schule zu fördern, wobei das heute üblicherweise Medientechnik oder genauer Digitaltechnik bedeutet.

So wenig die Digitaltechnik wieder aus dem Kanon der möglichen Techniken verschwinden wird, so wenig taugt sie als Universaltechnik. Wie bei jeder neuen Technik folgt auf die Phase der Euphorie die Phase der Ernüchterung. Im Idealfall folgt auf die unreflektierte Begeisterung der »early adopters« die Phase des reflektierten und Vernunft gesteuerten Einsatzes für die Aufgaben, bei denen Technik hilfreich sein kann, und in dem Alter, in dem sie sinnvoll ist. Zu befürchten ist allerdings, dass wir erst ein »digitales Fukushima«[1] brauchen, den Zusammenbruch angeblich sicherer und unverzichtbarer Systeme, bevor wir anfangen, Digitaltechnik und Unterhaltungselektronik wieder als mögliche, aber keineswegs notwendige Bedingung für das Lehren und Lernen zu begreifen.

Es stellt sich die Frage, ob die derzeitige Entwicklung der Digitaltechnik mit ihren Monopolisierungs- und Zentralisierungstendenzen den Zivilgesellschaften und ihren Einrichtungen mehr schadet als nutzt. Diese Frage stellt sich insbesondere, wenn Kinder und Jugendliche mit einer Technik umgehen sollen, deren Folgen weder sie noch die meisten Erwachsenen abschätzen können. Vielleicht ist es mit dem pädagogisch verantwortlichen Einsatz von Digitaltechnik und Geräten in Erziehung und (Aus-)Bildung wie mit der Teilnahme am Straßenverkehr. Alle Kinder und Jugendliche sollen unfallfrei am Straßenverkehr teilnehmen können. Das heißt nicht, dass Sechs- oder Zwölfjährige am Steuer eines Autos sitzen sollen. Nachdem sie laufen können, lernen sie Fahrrad fahren. Bis zum zwölften Lebensjahr dürfen sie dafür den Bürgersteig benutzen. Mit 15 können sie den Mofa-, mit 17 oder 18 den Führerschein für PKW machen. Die bis heute geltenden Altersvorgaben sind gut begründet. Vielleicht hilft die Metapher »Straßenverkehr«, altersadäquate Regeln für den Umgang mit Digitalgeräten zu vereinbaren.

1 Wer den Vergleich mit Fukushima angesichts von über 20 000 Toten und über 120 000 Verletzten für unangemessen hält, sollte lesen, was Sicherheits- und Militärexperten publizieren. Die nächsten Kriege werden nicht mehr nur an den drei Fronten Land, Wasser und Luft geführt, sondern auch als Cyber-War. Dabei wird mit der digitalen Kriegsführung nicht mehr der militärische Gegner adressiert, sondern die Zivilbevölkerung des jeweiligen Gegners. Die völkerrechtswidrige, aber militärstrategisch korrekte Überlegung: Keine Regierung kann Krieg führen, wenn zu Hause die Zivilbevölkerung leidet, weil die Infrastruktur (Wasser und Strom, Versorgung mit Lebensmitteln, Medikamenten etc.) aufgrund digitaler Attacken auf Kraftwerke, Trinkwasseranlagen und Logistikzentren zusammengebrochen ist. Bei Interesse schaue man den Film »Zero Days« des Regisseurs Alex Gibney aus dem Jahr 2016 oder lese die Bücher »Blackout« und »Zero« von Marc Elsberg.

Geht es nach den Vorstellungen der Digitalanhänger, kommt es allerdings (zunächst) anders: Im selbstfahrenden Auto sitzen Kleinkinder ohne Aufsicht. Die Eltern haben die Fahrtroute vorgegeben, Sensoren, Chips und Navigationsdaten übernehmen den Transport. Das Tablet oder Smartphone ist als Rückversicherung für die Eltern an Bord, unterhält und belehrt den kleinen Passagier. Am Zielort nimmt ein smarter »Diener« das Kind in Empfang, sofern gerade niemand anderes verfügbar ist. Schöne neue Datenwelt.

Wer sich die Zukunft anders vorstellt, wird mir zustimmen: Wir müssen IT neu denken und dürfen die Entscheidung über den Einsatz dieser Technologien nicht den Informatikern und der IT-Wirtschaft oder gar den Digitalfürsten aus dem Silicon Valley überlassen.

Gliederung des Buches

Das Buch ist in neun Kapitel gegliedert. Das erste Kapitel analysiert die aktuelle Diskussion über digitale Medien im Unterricht sowie über den Digitalpakt. Hier werden die verschiedenen Konzepte und Modelle beschrieben, die sich Techniker und Informatiker für die Automatisierung und Standardisierung von Unterricht, Lehren und Lernen ausgedacht und in immer neuen Feldversuchen an Schülerinnen und Schülern ausprobiert haben. Dabei geht es nicht darum, dass Lehrkräfte moderne, heute eben digitale Unterrichtsmedien nach pädagogischen Prämissen einsetzen. Das wäre ein technisches Update. Ziel ist die Automatisierung von Unterricht. Aus öffentlichen Schulen werden digitale Lernfabriken, in denen die Kinder und Jugendlichen mit Software wie »Knewton« (Ferreira) oder der »Talking Method« (Breithaupt) zugerichtet werden. Und es geht um Märkte.

Das zweite Kapitel erläutert die elementaren Lernprozesse beim Menschen in Anlehnung an Piaget. Zugleich macht es deutlich, wo die Grenzen der neuen digitalen Lernkultur liegen.

Das dritte Kapitel beschreibt die technische Entwicklung von Computer und Internet im Kontext der wissenschaftlichen und gesellschaftlichen Theorien. Das Ziel ist, die Funktionsweise und Bedeutung der Rechner, Netzwerke und des heutigen World Wide Web sowie die politischen Bezüge zu verstehen, auch mit dem Gefährdungspotenzial durch gehackte Daten und dem »Internet der Dinge«. Hier erhalten Nichtinformatiker eine Vorstellung davon, wie sich Web und App, Cloud Computing und Big Data Mining auf bürgerliche, demokratische und humane Gesellschaften auswirken (können). Denn es sind mehr als »smarte Telefone«. Es sind allgegenwärtige Geräte, die das Leben angenehm und bequem machen, um ganz nebenbei zu Kontroll- und Steuerungsinstrumenten zu werden. Dieser Gedanke wird im vierten Kapitel vertieft, das sich dem Thema »Datenschutz und Cybersicherheit« widmet.

Das fünfte Kapitel thematisiert Medien im Unterricht. Es beschreibt sowohl die Potenziale als auch die Probleme, wenn man etwa aus Entertainment (Unterhaltung)

Edutainment (unterhaltsames Unterrichten) machen will. Wenn dazu Digitaltechnik mit einem permanenten Rückkanal eingesetzt wird, erweist sich das schnell als zweischneidiges Schwert: »Big Brother is teaching and scanning you«.

Im sechsten Kapitel steht die Frage im Mittelpunkt, um was es bei der Digitalisierung von Bildungseinrichtungen wirklich geht, wenn man die Marketingfloskeln beiseitelässt. Zudem geht es um Themen wie »Kompetenzorientierung« und Lebenslanges Lernen vor dem Hintergrund des Dreiklangs aus »Automatisierung – Digitalisierung – Kontrolle«. Auch die »künstliche Intelligenz« wird angesprochen, wenn auch »nur« aus dem Blickwinkel pädagogischer Relevanz.

Das siebte Kapitel schaut auf die Statistiken und Zahlen. Ist Deutschland wirklich ein »digitales Entwicklungsland«? Mit einer Mehrzahl an »digitalen Analphabeten«? Zugleich wird ein Blick auf die realen Kosten und Projekte wie BYOD (»Bring Your Own Device«) geworfen. Im Anschluss an diesen Faktencheck entwirft das achte Kapitel drei Zukunftsszenarien, wie Schülerinnen und Schüler im digitalen Zeitalter lernen werden. Neben einer drohenden Vertiefung der sozialen Spaltung werden die Varianten »Digitaler Drill« und »Aufklärung als Korrektiv« diskutiert.

Das neunte und letzte Kapitel bietet Alternativen und konkrete Handlungsoptionen auf ideeller, praktischer und technischer Ebene an. Denn so wenig Medien und Medientechnik im Unterricht Selbstzweck sind, so wenig ist die Digitalisierung alternativlos oder nur in der von Digitalmonopolisten und ihren Propagandisten gewünschten Art und Weise zu nutzen. Menschen sind nicht nur intelligent. In repressiven Systemen agieren sie auch subversiv und unterlaufen technische Kontrollstrukturen. »IT neu denken« heißt die Devise. Wir müssen alternative Strukturen aufbauen, mit denen Bürger in demokratischen Staaten ohne Kontrolle arbeiten und kommunizieren können.

Im Anhang finden Sie Web-Adressen, von denen aus man weiter recherchieren und Material für Eltern oder Schulen herunterladen kann, nicht zu vergessen eine Liste mit Quellen und Literaturangaben. Und da nicht alles im Buch Platz gefunden hat, finden Sie weiteres Material auf der Website »futur-iii.de«.

Vielleicht bringt dieses Buch Sie dazu, Ihr Verhalten im Umgang mit digitalen Geräten und Diensten zu überdenken. Mit ziemlicher Sicherheit werden Sie die Themen »Kinder und Digitaltechnik« bzw. »Digitaltechnik im Unterricht« differenzierter betrachten und diskutieren können. Dabei ist nicht entscheidend, ob Sie die hier vertretenen Positionen teilen oder nicht. Vielmehr geht es darum, sich damit auseinanderzusetzen, dass es neben der Digitaleuphorie und der Behauptung der Alternativlosigkeit von Digitaltechnik andere Optionen des Denkens und konkrete Spielräume des Handelns gibt, für jede und jeden Einzelne(n) von uns.

1. Neue digitale Lernkultur

»Computer in alle Schulen, alle Schüler an die Computer«: So hieß das Fortschritts- und Zukunftsprogramm der Kultusminister aus dem Jahr 1984. Diskutiert wurde, ab welchem Alter man Rechner didaktisch sinnvoll einsetzen kann und an welchen Schulformen Informatik unterrichtet werden sollte: nur an Gymnasien oder an allen Schulen?

Diese Fragen scheinen geklärt: »Einmaleins und ABC nur noch mit PC« – so lautete 2016 eine Pressemeldung der »Bildungsoffensive für die digitale Wissensgesellschaft« des Bundesbildungsministeriums (BMBF) (www.bundesregierung.de/Content/DE/Artikel/2016/10/2016-10-12-digitalpakt-wanka.html). Das klingt flott und signalisiert den Journalisten: Das Bildungsministerium hat die Zeichen der Zeit erkannt – und startet durch. Spätestens ab dem ersten Schuljahr sollen die Kinder zukünftig am PC ihr Wissen mehren. Nach ABC und Einmaleins geht das Lernen mit digitalen Medien selbstverständlich weiter. Für alle und alles. Die Frage nach sinnvollen Schulformen oder Altersstufen wird genauso wenig gestellt wie die Frage nach Lehr- und Lerninhalten. Dabei ist es weder pädagogisch vertretbar noch altersangemessen, wenn digitale Medien unser Lernen vom Kleinkind- bis zum Greisenalter bestimmen sollen. Hier wäre zunächst die Frage zu klären, ab wann man Kinder in der Schule überhaupt an Displays und Touchscreens setzen soll.

> »Mit der Strategie ›Bildungsoffensive für die digitale Wissensgesellschaft‹ legen wir einen systematischen Handlungsrahmen vor, um die digitale Transformation des Bildungssystems voranzutreiben« (BMBF 2016, S. 7).

Das steht gleich am Anfang der Broschüre zur Bildungsoffensive des Ministeriums. Entsprechend gibt es Projekte von der »Frühkindlichen Bildung« (was treffender Frühkindliche Förderung heißen sollte) über alle Schulstufen bis zur Beruflichen Bildung und Weiterbildung. Es ist schon irritierend, wenn ein Ministerium für Bildung und Forschung Bildung so stark an nur eine Medientechnik bindet, die den Nachweis ihres Nutzens noch gar nicht erbracht hat (vgl. Kap. 5.3).

Ginge es um Bildung, müssten in dem Strategiepapier des BMBF alle Medien und deren Einsatz für Lehr- und Lernprozesse auftauchen: analoge *und* digitale. Sie künftig sinnvoll zu nutzen und zu verknüpfen, ist derzeit die große Herausforderung aller Bildungseinrichtungen, die dabei auf Unterstützung angewiesen sind – zumal bis heute noch niemand weiß, welchen Einfluss digitale Medien auf unsere geistige, soziale und praktische Entwicklung haben.

Bisher ist auch weitgehend unbekannt, wie sich eigenständiges und logisches Denken und das kreative Herangehen an neue Aufgaben entwickeln, wenn Schülerinnen und Schüler in jeder Schulstufe und möglichst allen Fächern mit digitalen Medien arbeiten und von Digitaltechnik durch den Schulalltag geführt werden. Aktuelle Studien ergeben kein klares Bild. Und belastbare Vergleichsstudien gibt es Anfang 2017 noch nicht. Die frühe Verengung auf technische und normative Prozesse läuft ohne den Gegenpol von Kreativität und Ästhetik jedenfalls Gefahr, die Entwicklung von Vorstellungskraft und Fantasie zu verhindern. Wer Kinder zu früh auf binäre Logik (ja/nein; richtig/falsch; 0/1) konditioniert, verbaut ihnen den Weg zu einem offenen Denken.

Trotz vieler Unbekannter ist für Digitalanhänger und IT-Industrie fast alles mit digitaler Technik möglich. So verfolgt ein aktuelles Förderprogramm des BMBF das Ziel, Barrieren in der beruflichen Bildung mithilfe digitaler Medien abzubauen. Menschen mit Behinderungen sollen auf diese Weise Angebote der Aus-, Fort- und Weiterbildung in Anspruch nehmen können, erwartet man im BMBF. Wer nicht am Unterricht teilnehmen kann, soll über digitale Medien aktiv in das Unterrichtsgeschehen eingebunden werden:

> »Die Möglichkeiten, die sich durch den Einsatz digitaler Medien eröffnen, müssen wir gezielt für die Inklusion nutzen. Digitalisierung kann auch für die Inklusion einen großen Schritt nach vorne bedeuten« (Pressemeldung 010/2017).

Wie groß der Schritt tatsächlich wird, bleibt abzuwarten. Die Schule ist für Menschen mit Behinderungen ein wichtiger sozialer Ort, zumal die Teilnahme an anderen sozialen Aktivitäten (Sportverein, Freizeit) durch die Behinderung oft nicht möglich ist. Die physische Präsenz der Beteiligten lässt sich mit Lernvideos, Podcasts oder Virtual-Reality-Brillen jedoch nur simulieren.

1.1 Medientechnik als Wirtschaftsförderung

Statt mehr Geld für Menschen, insbesondere für mehr Lehrerinnen und Lehrer in Aussicht zu stellen, gibt es Geld für Technik. Und es gibt Hilfe von außerhalb der Schulen. »Die Einführung digitaler Techniken und Dienstleistungen in das Bildungswesen wird eine größere Rolle von privaten Anbietern bei Ausstattung, Betrieb und Lehrmaterialien mit sich bringen. Das Bundesministerium für Bildung und Forschung befürwortet solche neuen Formen der Kooperation«, ist auf Seite 6 des Strategiepapiers zu lesen. Warum das Ministerium die engere Zusammenarbeit mit der IT-Industrie und kommerziellen Anbietern von Lehr- und Lernmedien befürwortet, wird nicht weiter begründet. Ein paar Seiten weiter greift das Ministerium seine Offerte an Private noch einmal auf: »Im Takt mit der digital geprägten und globalisierten Welt werden Lerninhalte in deutlich kürzeren Zyklen aktualisiert werden müssen. Dazu kann sich die staatliche Bildungsverwaltung, die für die Erfüllung des Bildungsauftrags verantwortlich zeichnet, verstärkt der Dienstleistungen Privater bedienen oder die Möglichkeit neuer Kooperationsformen nutzen« (BMBF, Bildungsoffensive 2016, S. 11).

Einmal abgesehen davon, wie die Schule mit dem Update-Takt der IT-Anbieter mithalten will, stellt sich die Frage, seit wann die Privatisierung und Kommerzialisierung von Bildungsangeboten zur offiziellen Agenda des BMBF gehört. Vielleicht gehört sie ja inoffiziell dazu? Ein weiteres Zitat aus dem Strategiepapier:

> »Wir werden die Entwicklung von miteinander kompatiblen (interoperablen) Angeboten zum Lernen mit digitalen Medien und einheitlichen Schnittstellen für die Nutzung in verschiedenen technischen Systemen vorantreiben. Je mehr Bildungsinstitutionen einheitliche Schnittstellen nutzen, desto größer sind die Skaleneffekte und umso eher werden private Anbieter bereit sein, in solche Angebote zu investieren« (BMBF, Bildungsoffensive 2016, S. 22).

Da fragt man sich, wer die tatsächlichen Nutznießer und Adressaten der Bemühungen des Ministeriums sind: Schülerinnen und Schüler oder private Bildungsanbieter? Die Antwort steht im Papier:

> »Das BMBF unterstützt im Rahmen der internationalen Berufsbildungskooperation u. a. private Bildungsanbieter dabei, sich mit attraktiven Angeboten auf dem globalen Bildungsmarkt zu positionieren. Die Integration digitaler Lernelemente soll die Wettbewerbsfähigkeit dieser Angebote weiter erhöhen« (BMBF, Bildungsoffensive 2016, S. 30).

Eine solche Wirtschaftsförderung scheint in globalen, digitalen Zeiten nun auch Aufgabe der Bildungspolitiker zu sein.

1.2 Der Digitalpakt

Am 14. Oktober 2016 hat Bundesbildungsministerin Johanna Wanka ihren »DigitalPakt#D« bekanntgegeben. Dank ihm sollen die rund 40 000 Schulen in Deutschland in den nächsten fünf Jahren mit Computern und WLAN ausgestattet werden. Der Bund stellt dafür bis 2021 fünf Milliarden Euro zur Verfügung:

> »›Schülerinnen und Schüler müssen heute auch digital lernen und arbeiten können, statt nur zu daddeln. Dafür brauchen wir einen Digital-Pakt zwischen Bund und Ländern‹« (…). Gemeinsam könnten Bund und Länder so den Schulen ›das richtige Werkzeug für gute Bildung im 21. Jahrhundert‹ geben. (…) Im Gegenzug für die finanzielle Unterstützung müssten sich die Länder verpflichten, ›digitale Bildung zu realisieren‹. Dies heiße, sie bilden die Lehrer dafür aus, entwickeln Konzepte für den Unterricht, einigen sich auf gemeinsame technische Standards und kümmern sich um Wartung und Betrieb der digitalen Infrastruktur« (www.tagesschau.de/inland/wlan-117.html).

Bei der Diskussion über digitale Medien im Unterricht müssten die rund 10 000 Beruflichen Schulen sinnvollerweise eine hervorgehobene Rolle spielen. Deren Schülerinnen und Schüler sind zum einen älter (und damit prädestiniert für digitale Lehrmittel), zum anderen sind viele Berufsqualifikationen ohne digitale Geräte und entsprechende Software gar nicht mehr zu vermitteln. Doch eine Differenzierung nach Schularten, zu vermittelnden Lehrinhalten oder dem Alter der Schülerinnen und Schüler sucht man im Digitalpakt vergeblich.

So schön der Geldsegen auf den ersten Blick erscheint, an den Zielen des Digitalpakts und dem geplanten Vorgehen gibt es einiges zu hinterfragen:

- Die Ministerin für Forschung und Bildung unterstellt, dass Computer und IT »das richtige Werkzeug für gute Bildung im 21. Jahrhundert« seien. Wie sie zu dem Ergebnis kommt, ist rätselhaft. Es gibt keine wissenschaftlich valide Studie, die den Nutzen von Digitaltechnik im Unterricht belegen kann.

  Wissenschaftlich valide wären Studien zum Einsatz von Digitaltechnik in der Schule erst dann, wenn parallel Kontrollgruppen mit klassischen Medien unterrichtet würden. Während »Medienexperten« (Medienpädagogen, Mediendesigner und Medienproduzenten) »Early High Tech«-Strategien befürworten, das heißt die frühe Digitalisierung und das frühe Arbeiten an Bildschirmen, plädieren »Kinderexperten« (allgemeine Pädagogen, Entwicklungs- und Bindungspsychologen, Neurowissenschaftler, Suchtexperten, Präventionsforscher, Public-Health-Experten und Mediensuchtforscher) für »Early High-Touch«, das heißt unmittelbare Berührung, reale Welterfahrung mit allen Sinnen, direkte Beziehungserfahrung:

  > »Für die ›Tablets in die KiTa‹ oder ›Laptops in die Grundschule‹-Projekte braucht es Alternative-Treatment-Kontrollgruppen, anders gesagt Early High Touch-Kontrollgruppen, in denen eine gleich großzügige Finanzierung in Zirkus-, Theater-, Musik-Projekte, bessere Betreuungsschlüssel oder mediensuchtpräventive Elternarbeit investiert wird« (Bleckmann 2016, S. 6).

  Denn es gibt immer mehr Studien, die von Aufmerksamkeits- und Konzentrationsstörungen bis hin zu schlechteren Lernleistungen berichten. Ich komme darauf zurück (OECD- und Telekom-Studie, Hattie-Studie, aktuell die BLIKK-Studie etc.).
- Was »im Gegenzug für die finanzielle Unterstützung« eingefordert wird, ist ein massiver Eingriff in das Berufsbild und das Selbstverständnis von Lehrerinnen und Lehrern. Sie speziell für den Einsatz digitaler Medien im Unterricht auszubilden, verkürzt das Berufsbild. Thematisiert, diskutiert und ausgebildet werden muss der didaktisch sinnvolle Einsatz von allen möglichen Medien im Unterricht – vom gesprochenen Wort über Tafelanschrieb, Übungsblätter und Bücher bis hin zum Lehrvideo. Diskutiert werden muss über Aufgaben, Funktionen, Optionen und Risiken von analogen wie digitalen Medien im Unterricht. Viel entscheidender als die Wahl

des Mediums ist, ob und wie gut Lehrkräfte den Schülerinnen und Schülern etwas erklären können. So kommt die aktuelle PISA-Studie zu dem Schluss:

> »Schüler lernen demnach etwa besonders gut Naturwissenschaften, wenn ihre Lehrer besonders häufig wissenschaftliche Thesen erklären und belegen, also zum Beispiel die Fotosynthese erläutern und mit einem Versuch untermauern. Dies zeige mehr Erfolge als die ›verfügbaren materiellen und personellen Ressourcen, einschließlich der Qualifikation der Lehrkräfte‹, sprich: als eine Sammlung teurer Mikroskope oder ein Lehrer mit Doktortitel. (…) Der gute Lehrervortrag vor der Klasse – das klingt nach alter Schule und das macht die Aussage brisant für die pädagogische Diskussion« (Preuss 2016, S. 14).

- Die Einigung auf gemeinsame technische Standards und die Wartung bzw. der Betrieb der digitalen Infrastruktur ist nicht Aufgabe von Lehrerinnen und Lehrern. Das heißt, die Schulen müssen neue Arbeitsplätze für Techniker und Informatiker schaffen. Der Etat für Lehrpersonal schrumpft.

  Wie groß und kostspielig diese Forderung ist, zeigen die Probleme bei der Einführung einer bundesweiten Studienplatzvergabe mithilfe von IT-Systemen als Ersatz für die ZVS. Seit 2009 wird an der Software für das »Dialogorientierte Serviceverfahren« (www.hochschulstart.de) gearbeitet, das die Vergabe der zulassungsbeschränkten Studienplätze bundesweit einheitlich regeln soll. Das System hat bis heute 15 Millionen Euro gekostet. Ende 2016 waren 19 Prozent der Studienplätze dort verfügbar (Wiarda 2016). Bei diesem System geht es »nur« um rund 4 000 Studiengänge an 426 Hochschulen. Die Koordination technischer Systeme an rund 44 000 Schulen bundesweit dürfte deutlich aufwendiger sein.
- Konzepte für den »digitalen Unterricht« zu entwickeln verkennt, dass es keinen digitalen Unterricht gibt, weil Unterricht zwingend auf Lehrende und Lernende bezogen bleibt. Gemeint sind hoffentlich Konzepte für digitale Medien im Unterricht oder Selbstlernphasen mit digitalen, genauer: elektronischen Geräten und Medien. Die Alternative wären vollständig automatisierte und digitalisierte Systeme zur Beschulung und Leistungskontrolle. Das gibt es schon, aber das sind keine Systeme für Bildungseinrichtungen in demokratischen und humanen Staaten.
- Im BMBF ist man überzeugt: »Schülerinnen und Schüler müssen heute auch digital lernen und arbeiten können«. Selbst wenn sich das »digitale Lernen« inzwischen zu einem festen Begriff entwickelt hat, kann man von einem Ministerium für Bildung und Forschung mehr Sensibilität und Genauigkeit im Sprachgebrauch erwarten. Kein Mensch lernt oder arbeitet digital. Wir lernen vielleicht mit und arbeiten an digitalen Geräten, wir arbeiten mit Software, Apps und Web, nutzen die technische Infrastruktur des Internet usw. Aber wir lernen und arbeiten immer als Menschen, human, physisch, psychisch und sozial. Die Wahl der Worte und Begriffe ist keine Nebensache. Sie zeigen auf, wohin sich eine Gesellschaft entwickelt.

Frau Wanka ist eine überzeugte Vertreterin der Digitalfraktion. Sie hatte »bereits 2000 und 2009 vorgeschlagen, jedem Schüler einen Laptop oder ein Tablet zu geben – und scheiterte (Füller 2016). Für den Digitalpakt hat sie einen anderen Weg gewählt: die Berufung auf Paragraf 91c, mit dem sie das Kooperationsverbot – Bildung ist Ländersache (Art. 30 GG) – umgeht. Paragraf 91c regelt die mögliche Zusammenarbeit und Kooperation von Bund und Ländern auf dem Gebiet der Informationstechnik. Über die finanzielle Förderung von IT für Schulen glaubt die Bildungsministerin, die Souveränität der Bundesländer in Bildungsfragen umgehen zu können. Ein pädagogisches Konzept ist mit dieser Fördermaßnahme nicht verbunden. Das müssen die Länder erarbeiten – oder vielmehr die unterfinanzierten Schulen. Denn der »Geldsegen« wird nicht gleichmäßig verteilt. Er geht nur an die Schulen, die ein entsprechendes Konzept für »digitale Bildung« einreichen.

Der Digitalpakt ist Teil einer Neudefinition von Schule und Unterricht auf dem Weg zu einer automatisierten, digital gesteuerten »Lernfabrik 4.0«. Lehrkräfte werden zu Sozial-Coaches und Lernbegleitern degradiert. Statt Unterricht gibt es Computerprogramme und Sprachsysteme für Schülerinnen und Schüler. Solche Konzepte kommen nicht aus der Pädagogik, sondern aus der Kybernetik und dem Behaviorismus. Sie sind nicht neu. Es ist das »programmierte Lernen« der 1960er Jahre, nur mit aktueller Rechnertechnologie und Big Data Mining als Kontroll- und Steuerungsinstanz im Hintergrund. Es sind keine Schulen, sondern webbasierte, algorithmisch berechnete Lernkontrollszenarien (vgl. Kap. 1.5 und 5.2).

1.3 Alogische Begriffe

Gemeinsam ist den Befürwortern der alternativlosen Digitaltechnik, dass sie neue, alogische Begriffe in Umlauf bringen. Diese prägen sich nicht nur leicht ein. Sie ändern auch die Einstellung der Gesellschaft. Wer beispielsweise zum x-ten Mal von der »wichtigen digitalen Bildung« gelesen oder gehört hat, dem wird nicht auffallen, dass es weder digitalen Unterricht noch digitale Bildung gibt. *Unterricht* ist sprachlogisch an Lehrende und Lernende gebunden. Fehlt ein Part, sind es mediengestützte Selbstlernphasen. *Bildung* ist notwendig an ein Subjekt und an ein menschliches Bewusstsein gebunden. Bildung ist weder Speicherformat noch Objekt oder messbare Größe, sondern Merkmal einer Persönlichkeit. Der vom Subjekt gelöste Bildungsbegriff (also die digitale Bildung) hingegen ist charakteristisch für eine Definition, die sich aus der industriellen Produktion und dem Qualitätsmanagement ableitet. Die Umdeutung des Bildungsbegriffs dient alleine der Kommerzialisierung und Privatisierung öffentlicher Einrichtungen.

Gleiches gilt für den Begriff der »digitalen Wissensgesellschaft«. Wissen ist nicht digital, sondern mental, sofern Menschen darüber verfügen, oder medial codiert, wenn damit die unterschiedlichen Speicherformen für Information bezeichnet werden. Wer stattdessen von »digitalen Wissensgesellschaften« spricht, begeht einen

Denkfehler. Digital gespeichert sind Informationsbestände, die erst durch ihre Nutzung und den jeweiligen Kontext zu möglichem Wissen werden können. Es ist wie bei einer analogen Bibliothek. Die Existenz der Bücher und die Möglichkeit der Ausleihe sind kein Wissen, sondern nur die Option, sich das hinterlegte Wissen durch Lektüre, also eigene Leistung anzueignen.

1.4 Bildung 4.0: Noch ein Missverständnis

Beim Marketing ist das BMBF konsequent. Für alle (Hoch-)Schulformen und alle Altersstufen wird die 4.0-Metapher aus der industriellen Produktion übernommen: Schule 4.0, Berufliche Bildung 4.0, Lehre 4.0. Wer aber eine Versionsnummer wie 4.0 mit Bildungseinrichtungen in Verbindung bringt, hat entweder nichts von Automatisierungstechnik verstanden oder argumentiert vorsätzlich falsch. Der Ursprungsbegriff »Industrie 4.0« ist ein Schlagwort aus der Hightech-Strategie (HTS)[2] mit dem Ziel, »intelligente«, das heißt automatisierte und menschenleere Fabriken (Smart Factory) zu entwickeln, die von »intelligenten« Computersystemen gesteuert und überwacht werden.

Wer Bildung 4.0 in Analogie zu Industrie 4.0 benutzt, sollte zumindest die Konsequenzen ausbuchstabieren. In vollautomatischen Lernfabriken wird das »Werkstück Mensch« von der Kita über Schule und Hochschule bis zur Erwachsenenbildung automatisch von Lernstation zu Lernstation geführt, wo von Algorithmen berechnete Lerneinheiten und Übungen die gewünschten Kompetenzen vermitteln und umgehend abprüfen. Jeder Lernschritt wird gemessen und dient als Grundlage für individuelle Lernprofile und die nächsten Bearbeitungsschritte zum »Produkt Kompetenzträger«. Algorithmen bestimmen aufgrund der Leistungsfähigkeit, Geschwindigkeit, Fehlerquote, Frustrationstoleranz und anderer Parameter die zu erreichenden Lernziele des Probanden. Die Software prüft, ob die angestrebten Kompetenzstufen erreicht werden, und gibt Empfehlungen für die Berufswahl oder das Studienfach, das aufgrund der bisher gemessenen Leistungen vermutlich erfolgreich abgeschlossen werden kann. Hat der Proband das maximal mögliche Kompetenzniveau erreicht, wird er als evaluiertes Humankapital mit definierten Kompetenzen dem Arbeitsmarkt zugeführt und gegebenenfalls nachgeschult, falls zukünftig weitere Kompetenzen gefordert werden.

Diese vollautomatischen Lernfabriken optimieren sich aufgrund der ermittelten Daten selbst und können so jede neue Generation der Werkstücke (dito: Menschen) effizienter »zurichten« (wie es Wilhelm von Humboldt negierend nannte). Ob so etwas das Ziel von Bildungseinrichtungen ist, darf man hinterfragen. Auch, warum das Bildungs- und Forschungsministerium in solchen Konzepten die »Zukunft des Lernens«

---

2 Kurioserweise ist auch das ein Akronym aus dem BMBF; siehe Forschungsbericht »Umsetzungsempfehlungen für das Zukunftsprojekt Industrie 4.0«, Oktober 2012.

sieht, denn bislang stehen Deutschland und Europa in andern Bildungstraditionen. Wer hingegen glaubt, »modern« zu sein, nur weil er den Bildungsbegriff alogisch mit Zählweisen kombiniert, die für Software und technische Entwicklungen üblich sind, sollte sich fragen, warum soziale Prozesse wie Lehren und Lernen der Logik von Software-Vermarktungsstrategien folgen sollten.

Vielleicht hilft ein Blick auf die Partner, um zu verstehen, woher die aktuellen Überzeugungen des BMBF kommen. Die Transformation des Bildungssystems korrespondiert mit der »Digitalen Agenda 2014-2017« und dem 10. Nationalen IT-Gipfel am 16./17. November 2016 in Saarbrücken. Das Motto: »Lernen und Handeln in der digitalen Welt«. In dessen Vorfeld hatte Bundesministerin Johanna Wanka den Digitalpakt angekündigt. Parallel dazu publizierte die Scheer Holding in Kooperation mit dem Feldafinger Kreis das »Saarbrücker Manifest«. Dessen Initiator und Mitautor, Professor Scheer, ist zusammen mit Frau Wanka Vorsitzender der vom BMBF gegründeten IT-Gipfel-Plattform »Digitalisierung in Bildung und Wissenschaft«, die wiederum den Digitalpakt verantwortet. Der zweite Autor des Manifests ist der Leiter des Deutschen Forschungszentrums für Künstliche Intelligenz (DFKI), das »intelligente Lösungen für die Wissensgesellschaft« anbietet. Diese vermeintlich »intelligenten« Lösungen (de facto Mustererkennung und Statistik) sind die Grundlage für automatisierte, digitalisierte und personalisierte Lernmanagementsysteme (LMS), mit denen die Lernenden nach der Philosophie des »Lernen 4.0« gesteuert werden. Es handelt sich um Lernkontrollsysteme (LKS) oder Lernkontroll- und Steuerungssysteme (LKSS), die unter dem Stichwort »Learning Analytics« Lernprofile erstellen, indem sie alle Aktionen der Probanden aufzeichnen und sowohl Lernfortschritts- wie psychometrische Leistungs- und vor allem Persönlichkeitsprofile erstellen. Denn während der Bearbeitung der Aufgaben wird mit Kamera und Mikrofon auch die Person, werden Gesichtsausdruck und Körperhaltung aufgezeichnet, um emotionale Befindlichkeiten zu erkennen. Das klingt unglaubwürdig, ist aber Praxis und nur konsequent. Wer Lernprozesse optimieren will, muss die Probanden beobachten und reagieren, wenn jemand erschöpft, abgelenkt oder unaufmerksam ist. Mit synthetischer Computerstimme kann dann die persönliche Assistentin Siri (Apple) oder Cortana (Microsoft) den Menschen vor dem Display »persönlich« ansprechen, motivieren, trösten.

1.5 Medientechnik statt Unterricht

Wie weit die »neue Lernkultur« Medienhäuser, IT-Experten und -Anbieter sowie (selbsternannte) Bildungsexperten zu konkreten Szenarien beflügelt, zeigen die nachfolgenden Beispiele.

Rupert Murdoch: Tablet-PC statt Lehrer

Im Juni 2011 publizierte der australische Verleger Rupert Murdoch einen Beitrag in der FAZ mit dem Titel »Bildung ist das letzte Reservat« (Murdoch 2011, S. N5). Seine Generalthese: Die traditionellen Bildungssysteme vergeuden die wertvollste Ressource – die Jugend. Weltweit und generell gelte: Das »Humankapital« werde nicht ausgeschöpft. Der Verleger diffamiert in seinem Beitrag Bildungssysteme pauschal als Arbeitsbeschaffungsmaßnahmen für Lehrer und Verwaltungsleute, in denen Geld wirkungslos versickere. Weitaus besser für die Lehre seien Tablet-PCs und eine Software, die sich individualisieren lässt. Sein digitalgestütztes Lehrszenario sieht folgendermaßen aus: Nach einem ersten Test am Computer (Self-Assessment für Grundschüler) würde die Software individuell passende Lektionen für jeden Einzelnen nach Alter, Lerntyp und Wissensstand selektieren. Der ständige Wechsel von Lerneinheiten, eingestreuten Übungen und sofortiger Rückmeldung motiviere die Schülerinnen und Schüler zum eigenständigen Lernen, der Lernerfolg wäre gesichert.

Online-Teaching sei sozial ausgleichend und fair, da alle von den besten Online-Lehrern der Welt lernen würden. Alle schauten die gleichen Videos und lösten die gleichen Aufgaben. Die soziale Spaltung der Gesellschaften (Stichwort »Digital Divide«) ließe sich mithilfe von Technik und digitalen Lehrmedien aufheben – meint Murdoch. Obwohl diese These unter den Digitalbefürwortern viele Anhänger hat, fehlt der Nachweis, dass sie stimmt. Rein ökonomisch betrachtet hat sie jedoch einen großen Reiz: Zum »Geschäfte machen« eignet sich Technik viel besser als Aufmerksamkeit und Zuwendung, persönliche Betreuung und Förderung, soziale Schutzräume und der bewusste Verzicht auf Bildschirmmedien. Gerade sozial benachteiligten Kindern und Jugendlichen würden solche Angebote allerdings helfen. Sie müssen noch warten, bis die »digitalen Mitmensch-Systeme«, die all das können, aus der Retorte gestiegen sind.

Wundert es irgendwen, wenn der Verleger von Online-Medien ebendiese fürs Lernen favorisiert? Online-Teaching sei universell, meint Murdoch. Mit hunderten von Videos, die man sich bei Bedarf auch öfter anschauen könne, ließe sich jeder Stoff erschließen. Jede(r) könne seine eigene, optimale Lerngeschwindigkeit realisieren, ohne über- oder unterfordert zu sein. Ausgefeilte Lernmanagement-Software (LMS) ermittle permanent den aktuellen Leistungsstand jedes Einzelnen und ordne dementsprechend Inhalte und Übungen für die folgenden Wochen zu.

Was die Lehrer von heute erfreuen sollte: Die Software entlastet, so Murdoch, zugleich die (als Sozialcoach anwesenden) Lehrer(innen) von der »öden Routine des Unterrichtens«. Sie könnten die freie Zeit für wesentliche Dinge nutzen, die uns menschlicher machen und unsere Kreativität verbessern. Konkreter wird er leider nicht.

Wie Murdoch zu seiner vernichtenden Expertise von Unterricht an (Hoch-)Schulen kommt, bleibt ebenso offen wie die Frage, was und wie man durch das Anschauen von Videos lernt. Auch fehlen die Belege, dass sich alle Inhalte und Fächer für diese Form des »Unterrichts« eignen (Video-Teaching, Test am Computer). Selten hat jemand so schonungslos marktradikal formuliert, wie er sich Unterricht vorstellt. Schüler (Studierende, Lernende jeden Alters) werden via Software auf automatisiert mess- und prüfbare Kompetenzen konditioniert. Der Mensch ist ein an den Computer angedocktes »Endgerät«, dessen Leistungsvermögen und Leistungsbereitschaft per Diagnosesoftware ebenso kleinteilig kontrolliert werden kann wie die Lernfortschritte. Es sind normative Vorgaben aus dem Qualitätsmanagement und der Prozesssteuerung der produzierenden Industrie, übertragen auf Humankapital als zu normierenden »Output«. Das ist keine Science-Fiction. Das ist ein Geschäftsmodell für den milliardenschweren Bildungsmarkt. Und Murdoch ist »fest entschlossen, sich dafür zu engagieren. So werden wir der Wirtschaft all die Talente und Energien zur Verfügung stellen, die sie braucht, um zu florieren« (Murdoch 2011, S. N5).

Die für ein solches Schulkonzept notwendige Hard- und Software ist längst einsatzbereit, wie es David Gelernter in einem Artikel postulierte.

David Gelernter: Hausfrauen und Polizisten

Der Amerikaner David Gelernter, Informatiker und einer der Vordenker des Internet, skizziert in seinem Beitrag »Hausfrauen und Polizisten – Jeder ist als Lehrer geeignet« seine Vorstellung der Cyber-Universität und prognostiziert den aus seiner Sicht notwendigen Wandel der Schulsysteme. Das Ziel bestünde darin, nicht immer mehr Schulen ans Netz zu bringen, sondern Schulen wie Universitäten komplett aufzulösen:

> »Vorlesungen sind ein Relikt aus dem Mittelalter (...). Die Flut, die den größten Teil der heutigen Schulen und Universitäten hinwegschwemmen und uns stattdessen ein netzbasiertes Bildungssystem ohne Schulen bringen wird, hat bereits begonnen. Zuerst werden Cyberkurse die meisten Universitäten ersetzen. Diese Veränderung ist bereits im Gange. Dann wird der Wandel auch die Sekundarschulen und die Grundschulen erreichen« (Gelernter 2012, S. N5).

Laptop, Tablet und Funkverbindung seien bereits heute (geschrieben im Jahr 2012) existierende Randbedingungen für die Online-Beschulung. Eltern und Schüler könnten aus dem weltweiten Angebot von Kursen und Lernvideos wählen. Eingestreute Aufgaben, sofortiges Feedback (vom Rechner) und motivierendes Lob (ebenfalls vom Rechner) führten zu selbstbestimmtem und motiviertem Lernen.

Können Schülerinnen und Schüler die Fragen nicht alleine lösen, würden sich Lehrer per Video zuschalten. Anfangs bräuchte man sogar mehr Lehrkräfte, bis die häufigsten Fragen durchdekliniert, als Frage-Antwort-Baustein (FAQ – Frequently Asked Questions) oder ergänzender Video-Stream (auf den entsprechenden Servern in der Cloud) hinterlegt seien. Gelernter sieht Video-Teaching und E-Learning unterschiedslos für alle Altersstufen vor. Die Grundschüler sollten dazu noch die im Titel genannten Hausfrauen und Polizisten zur Seite gestellt bekommen. Sie wären gut genug qualifiziert, um die elementaren Kulturtechniken (Lesen, Schreiben, Rechnen) zu vermitteln.

Probleme im Lernkonzept sieht der Computerpionier allenfalls durch ständig wachsende Angebote an Online-Kursen, da mit entsprechender Software jeder so etwas erstellen könne. Um die zu umgehen, schlägt er einen Führer als »Internetmentor« vor. Der müsse sich auf dem Markt der Online-Kurse auskennen, sollte konkrete Vorstellungen von Bildung und Erziehung für seine Schützlinge haben und entsprechende Kurse für sie auswählen. Ergänzend bräuchte man noch »objektive Instanzen«, die nach einer entsprechenden Anzahl von Kursen eine ausreichende Ausbildung bescheinigen könnten. Diese Instanzen wären anfangs noch Universitäten, später hingegen Einzelpersonen:

> »Mit der Zeit wird dann ein unter der Anleitung eines prominenten Denkers absolviertes Cyber-Studium an die Stelle eines Harvard- oder Oxford-Abschlusses als Goldmedaille der höheren Bildung treten« (Gelernter 2012, S. N5).

Auch bei Gelernter sitzen Schüler und Studierende allein vor dem Bildschirm, je nach Aufgabe unterstützt von den per Video zugeschalteten »Hausfrauen und Polizisten«. Sieht Murdoch rein technische Systeme für die Selektion der curricularen Inhalte und Aufgaben vor, stellt Gelernter diesen einen »prominenten Denker« als Korrektiv zur Seite. Als Informatiker weiß er warum; er weiß um die Fehleranfälligkeit digitaler Systeme.

Zweifellos kennt Gelernter die Grenzen des Video-Coachings, denn er formuliert: »Am besten lernt man, wenn Lehrer und Schüler einander direkt gegenüberstehen«. Trotzdem beschränkt er den persönlichen Kontakt auf Einzelfälle, bestimmte Fächer wie Medizin oder ganz junge Kinder. Und wider besseres Wissen propagiert er die Videoschaltung zwischen Schüler und Lehrer per Internet schon in der Grundschule.

In seinem Szenario für die Schule der Zukunft unterschlägt er alle sozialen, psychischen und physischen Aspekte des Lernens. Dafür setzt er bei dem, was die Schülerinnen und Schüler lernen sollten, auf ein neues Konzept. Gab es bislang einen breiten Konsens über curriculare Inhalte zu Schulfächern oder Studiengängen, werden die Lehrinhalte nun vollständig dem Markt bzw. einem einzelnen Mentor überantwortet. Dieser allein wählt für seine Schützlinge die »passenden« Kurse aus. Somit entscheidet die Wahl einer »prominenten Person« über die Inhalte einer Ausbildung oder eines Studiums. Gelernter handelt sich mit der Figur des »prominenten Denkers« allerdings nicht nur eine mögliche Hybris des »Gelehrten« ein. Die Lernenden werden durch die curricularen Entscheidungen des Mentors und durch das determinierende IT-System gleich doppelt fremdbestimmt.

Es ist zudem bezeichnend, dass das Erstellen von Lehrmaterial an die Existenz einer normierenden Software gekoppelt wird. Normierend, weil diese Software dafür sorgen soll, dass Inhalte »didaktisch korrekt und erwartungskonform« aufbereitet werden. Dahinter verbirgt sich ein mechanistisches Verständnis von Lernprozessen, das den

Lernerfolg an die mediale Präsentation koppelt. Das ist die digitale Variante des Nürnberger Trichters.

»Die digitale Bildungsrevolution«

Ein ähnliches Szenario beschreibt die »Vision« von Jörg Dräger und Ralph Müller-Eiselt (beide Bertelsmann), die sie in ihrem Buch »Die digitale Bildungsrevolution« vorstellen, hier zitiert nach dem Artikel aus der Hamburger Wochenzeitung »Die Zeit«:

> »Internet und Big Data verändern das Lernen radikal. (...) In einem riesigen Raum, der sich über ein ganzes Stockwerk erstreckt, lernen etwa neunzig Schüler Mathe an wechselnden Stationen. Die einen schauen Videos, die anderen nutzen Lernsoftware, andere arbeiten in Gruppen oder sprechen mit dem Lehrer. Das Besondere ist allerdings nicht wie vielfältig die Lernmethoden sind, sondern die automatisierte Personalisierung: Am Ende eines Tages legt jeder Schüler einen kurzen Onlinetest ab. So kann ein Zentralcomputer in Manhattan über Nacht errechnen, welcher Schüler noch nacharbeiten muss und welche Methode die beste dafür ist. Daraus entsteht ein individueller Lernplan für den nächsten Tag, den die Schüler morgens über große Monitore an der Wand erfahren« (Dräger/Müller-Eiselt 2015b).

Was bei dem Eingangszitat der beiden »Bildungsexperten« (weder Dräger noch Müller-Eiselt haben ein pädagogisches Studium abgeschlossen) auffällt: In ihren Lernszenarien spielen Lehrer nur eine Nebenrolle. Wichtig sind IT-Experten und Techniker. Sie bauen die Systeme auf und warten sie. Sind die Inhalte einmal medialisiert, laufen die digitalen Lernfabriken automatisch. Die wichtigste Instanz ist der Zentralcomputer.

Lehrende werden auch hier zu Lernbegleitern und Sozial-Coaches degradiert. Schließlich sind Algorithmen und Avatare die angeblich besseren Lehrer. Statt Lehrerwillkür und Beziehungsstress liefern die Systeme eine sachliche Beurteilung der Lernleistung und »personalisierte« (sprich: algorithmisch nach Mustererkennung und Statistik berechnete) Angebote:

> »Der Algorithmus organisiert das Studium – und sichert den Erfolg. (...) Der größte Mehrwert des Degree Compass ist sein prognostisches Können: Die Software rechnet aus, wie wahrscheinlich es ist, dass ein Studierender einen Kurs bestehen wird; sie kann sogar die Abschlussnote zielsicher vorhersagen« (Dräger/Müller-Eiselt 2015b).

Im Buch liest sich das dann am Beispiel der Software Knewton so:

»Ferreira will Bildung so gestalten, dass jeder Schüler und jeder Student zur richtigen Zeit die richtigen Dinge auf die richtige Weise lernt. Dafür braucht er vor allem Daten, Daten, Daten, ganz nach dem Prinzip: »in order to teach John you got to know John«. Mithilfe von Big Data will er über jeden so viel wie möglich erfahren, um mit diesem Wissen und einer sich anpassenden Lernsoftware den Unterricht zu personalisieren« (Dräger/Müller-Eiselt 2015a, S. 24).

Und weiter:

»Knewton durchleuchtet jeden, der das Lernprogramm nutzt. Die Software beobachtet und speichert minutiös, was, wie und in welchem Tempo ein Schüler lernt. Jede Reaktion des Nutzers, jeder Mausklick und jeder Tastenanschlag, jede richtige und jede falsche Antwort, jeder Seitenaufruf und jeder Abbruch wird erfasst. ›Jeden Tag sammeln wir tausende von Datenpunkten von jedem Schüler‹, sagt Ferreira stolz. Diese Daten werden analysiert und zur Optimierung der persönlichen Lernwege genutzt. Komplexe Algorithmen schnüren individuelle Lernpakete für jeden einzelnen Schüler, deren Inhalt und Tempo sich fortlaufend anpassen, bei Bedarf im Minutentakt. (...) Schon heute berechnet Knewton zuverlässig die Wahrscheinlichkeit richtiger und falscher Antworten sowie die Note, die ein Schüler am Ende eines Kurses erreichen wird. Eines Tages braucht es wohl keine Prüfungen mehr – der Computer weiß bereits, welches Ergebnis herauskommen wird« (Dräger/Müller-Eiselt 2015a, S. 24 f.).

Der Computer weiß, der Computer berechnet, der Computer bestimmt. Das sei kein Angriff auf das Bildungsbürgertum, die alten Eliten und etablierten Netzwerke, und schon gar kein »digitaler Tsunami, der das Bildungsideal Wilhelm von Humboldts zerstöre«. Nach Ansicht der beiden Autoren hätte Humboldt (Wilhelm, wohlgemerkt, nicht sein weitreisender Bruder und Naturforscher Alexander, der als Namensgeber des Google-Instituts[3] in Berlin herhalten muss) seine Freude an der Computerei:

»Humboldt hätte an der Digitalisierung Gefallen gefunden. Der große Reformer des 19. Jahrhunderts wollte ›Bildung für alle‹ als Grundlage für ein selbstbestimmtes Leben und schuf in Deutschland das allgemeine Schulwesen. Sein lange unerfülltes Ideal: Wer gut ist, kommt weiter, egal, wo er herkommt. Diese

3 Alexander von Humboldt Institut für Internet und Gesellschaft (HIIG). Das Institut wird von der Humboldt-Universität, der Universität der Künste und dem Wissenschaftszentrum Berlin für Sozialforschung betrieben. Geldgeber ist Google, das die Einrichtung mit 4,5 Millionen Euro finanziell trägt. Der Literaturwissenschaftler Roland Reuß dazu in der FAZ: »Die Kooperation einer Institution wie der Humboldt-Universität mit dieser Firma wird, wenn unsere Gehirne in zwanzig Jahren nicht vollständig gewaschen sind, als herausragendes Beispiel peinlicher Anbiederung in die Annalen eingehen« (Reuß 2013).

> Demokratisierung wird jetzt möglich. Dank digitaler Hilfsmittel erhalten bisher Abgehängte Zugang zu günstiger und personalisierter Bildung, Können wird wichtiger als Herkunft oder Titel« (Dräger/Müller-Eiselt 2015b).

Lässt sich Humboldt wirklich so leicht für die Digitalisierung vereinnahmen? Die vermeintliche Demokratisierung der Bildung durch Digitaltechnik in der Schule müsste ja erst einmal nachgewiesen werden. Ob das mit personalisierter Lernsoftware gelingt, erscheint mehr als fraglich.

Fritz Breithaupt und »Talking Method«

Fritz Breithaupt, Professor für Germanistik an der Indiana University in Bloomington (USA), sieht auf uns »dramatische Veränderungen des Lernens« durch Computerprogramme und Sprachsysteme zukommen. Maßgeschneiderte Computerprogramme würden den herkömmlichen Unterricht ersetzen. Der persönliche Lehrer und primäre Gesprächspartner werde ein Computer sein. Rechner bzw. Software und synthetische Stimmen würden zum Lehrer, Partner, Ratgeber und lebenslangen Begleiter. Computer beobachten per Videokamera und Sprachaufzeichnung ihre Schülerinnen und Schüler und sprechen mit ihnen, geben ihnen die Schulaufgaben, motivieren, loben und helfen, wenn etwas nicht funktioniert. Das sei keine Science-Fiction, sondern Deutschland 2036:

> »2036 werden Eltern schon für ihre fünf Jahre alten Kinder einen virtuellen Lehrer abonnieren. Die Stimme des Computers wird uns durchs Leben begleiten. Vom Kindergarten über Schule und Universität bis zur beruflichen Weiterbildung. Der Computer erkennt, was ein Schüler schon kann, wo er Nachholbedarf hat, wie er zum Lernen gekitzelt wird. Wir werden uns als lernende Menschen neu erfinden. Dabei wird der zu bewältigende Stoff vollkommen auf den Einzelnen zugeschnitten sein« (Breithaupt 2016).

Diese Systeme wären nicht nur intelligent, sondern könnten auch Emotionen erkennen und entsprechend reagieren. Für jede Schülerin und jeden Schüler gäbe es maßgeschneiderte (algorithmisch berechnete) Angebote, die exakt auf deren Leistungsvermögen zugeschnitten seien. Wie ein guter Coach oder Trainer brächte die Software jeden Probanden bis zur maximalen Leistung. Breithaupt nennt das »Individualerziehung« durch Softwaresysteme. Die Revolution liege in der Mischung aus Algorithmen und computerisierter Spracherkennung. Die Systeme seien einsatzbereit:

> »Um diese Stimme als intelligenten persönlichen Assistenten für die Bildung anzuwenden, fehlt nur noch der große Freilandversuch, in dem das System sich selbst verbessern kann« (Breithaupt 2016).

Und? Sind Sie bereit, Ihre Kinder oder Schüler für diesen Freilandversuch zur Verfügung zu stellen? Sind Sie als Lehrerin oder Lehrer bereit für diese »moderne Form des Unterrichtens«, die Sie weitgehend abschafft?

Mark Zuckerberg und E-Learning

Anders gefragt: Haben wir überhaupt eine Wahl? Wahrscheinlich nicht, wenn die Zukunft des Lernens so aussieht, wie Mark Zuckerberg sie sich vorstellt. Der Facebook-Gründer und Milliardär transferiert seine Cyber-Dollars gerade steuersparend in eine Stiftung, mit der er nach eigenen Angaben »Gutes« tun will. Das erste Zukunftsprojekt der Stiftung ist: E-Learning.

Durch die »Personalisierung von Lernsoftware« solle das »individualisierte Lernen mit digitalen Medien« möglich werden. Lernprogramme würden dabei auf die Bedürfnisse, Stärken und Schwächen des einzelnen Schülers zugeschnitten, heißt es. Dafür hat Facebook das Unternehmen Oculus Rift gekauft, das VR-Brillen herstellt (Varshney 2015). Facebook-Schüler lernen in Zukunft also mit Brille und Kopfhörer. Entkoppelt von der Umgebung schauen sie sich die für sie passenden Videos an. Das Beste an diesem Konzept: Die Diskussion über Sinn oder Nutzen von digitalen Geräten für das Lernen entfällt. Wenn alle Brille und Kopfhörer aufsetzen, diskutieren sie nicht mehr über Inhalte, weil jede(r) in seiner virtuellen Welt unterwegs ist.

Man kann diese Brillen zwar synchronisieren. Via Headset können Einzelne dann miteinander reden. Trotzdem bleibt jeder visuell und haptisch in seiner isolierten Welt. Wer selbst einmal eine dieser VR-Brillen mit Kopfhörer aufgehabt hat, weiß, wie beeindruckend und im Wortsinn überwältigend die virtuellen Welten sein können. Eigene Ideen kommen da schlecht auf. Bespielt von Bewegtbild und Ton, staunt man oder spielt (bei Computerspielen) im Rezipientenmodus. Alles, was angezeigt und eingespielt wird, ist vorgegeben und bereits programmiert. Wer will, kann zwar den Blickwinkel ändern, auch scheinbar mit virtuellen Objekten interagieren, aber es bleibt eine Scheinwelt oder eben virtuell.

Die vier vorgestellten Szenarien sind die behaupteten Lernwelten der Zukunft. Wer auf diese Weise das Lernen gelernt hat, kann auch nach der Schule eigene digitale Wege gehen – wie die Edu(cation) Punks.

Edupunks

Der Organisationsforscher Ayad al-Ani von der ESCP Europe Wirtschaftsschule in Berlin hat 2012 den Begriff des »Edupunks« für eine Variante des Online-Studiums eingeführt. In Analogie zu den Cyberpunks nutzen Edupunks das Netz selbstbestimmt und nonkonformistisch. Sie studieren ausschließlich online und stellen sich ihre Vorlesungen auf Education-Servern nach eigenen Interessen zusammen:

> »Die Studenten werden sich ihre eigenen Lernbiografien zusammenstellen und dabei nicht unbedingt ein bestimmtes Studienfach an einer einzelnen Hochschule wählen« (Werdes 2012, S. 69).

Ayad al-Anis Konzept beruht darauf, dass viele Professoren aus Yale, dem MIT oder Stanford schon heute Vorlesungen im Netz halten. Die könne man über die Homepages der Universitäten (oder spezielle Server wie Academic Earth, Khan University, Udacity) kostenlos abrufen. Aus Kostengründen, weiß er, würde das auch zunehmend in Europa geschehen. Wie einige seiner Kollegen hält er es für wirtschaftlich ineffizient, bundesweit individuelle Vorlesungen etwa zu »Einführung in Allgemeine BWL« oder »Bürgerliches Recht« anzubieten. Einmalig und professionell produzierte Videos würden den gleichen Zweck erfüllen. Statt Präsenzveranstaltungen vor dem Plenum zu halten, könnten die Professoren nun Fragen in Kleingruppen beantworten. Selbstverständlich sei das Videoschauen viel besser als Frontalunterricht. Die Studierenden säßen ja nicht anonym und passiv in einem Hörsaal. Sie könnten vielmehr per Laptop oder anderem Mobilgerät überall schauen, die Sequenzen beliebig oft wiederholen und mit anderen Studierenden z. B. in begleitenden Online-Foren diskutieren.

Reines Video-Teaching sei auch nicht angedacht, sondern Blended Learning mit interaktiven Lernschleifen, Übungen und Aufgaben, ein Peer-to-Peer-Modus neben dem Top-down-Modus. Da dieses Teaching kostengünstig, zeit- und ortsunabhängig sei, habe es sogar eine sozialpolitische Komponente für Menschen ohne Abschluss oder Studienabbrecher. Auf die Frage, ob nicht nur Letztere damit überfordert wären, neben Uni und Studienfach auch noch die Lehrinhalte auszuwählen, antwortet al-Ani wie zuvor Gelernter: Zum Festlegen der Lernpfade gebe es »Scouts«. Dieses »Lehrpfad-Management« könnten die Universitäten selbst übernehmen oder an externe Dienstleister delegieren.

Es ist bezeichnend, dass bereits die Konzeption solcher angeblich unorthodoxen und individuellen Lehr- und Lernmodelle eine begleitende Verwaltung als Dienstleister und Steuerungseinheit vorsieht – noch bevor die erste Veranstaltung läuft. Es wird auch nicht über Lehrkonzepte oder Lernstrategien diskutiert, nicht über Lerntypen und Lehrmaterial gesprochen, sondern über die Verwaltung, Organisation und vor allem über die Abrechnungsmodi. Das ist New Economy in Education: Money before content. Wie schon bei Murdoch beruht al Anis »Modell« auf einem mechanistischen Verständnis von Lernen. Statt des Menschen stehen Geschäftsmodelle im Mittelpunkt.

Gewisse Zweifel am Erfolg des selbstbestimmten Studiums hegt der Edupunk-Erfinder aber doch. Falls die Edupunks doch nicht so eigenständig sind, könnte eine ergänzende Software-Lösung helfen. Sie stelle jedem Punk ein passendes Paket zusammen: Interessen anklicken, Budget angeben und die Liste der Videos und Übungen samt möglichem Abschluss oder Zertifikat online buchen. Studieren wird zu einer speziellen Form des Shoppens.

Während Murdoch auf reine Software-Lösungen setzt und Gelernter (als Informatiker) dem System einen Menschen als Mentor zur Seite stellt, führt al-Ani konsequent die zentrale Bezugsgröße ökonomischen Denkens ins Feld: die Kosten bzw. das Budget des Einzelnen. Man klickt sich zusammen, was man sich leisten kann. Kostenlos bleibt das Online-Studium auf Dauer schließlich nicht:

> »Der nächste Schritt ist, dass man ein Geschäft daraus macht und nicht nur die Vorlesung ins Netz stellt, sondern im Paket auch Betreuung anbietet, Prüfungen abnimmt im Netz und am Ende ein Zertifikat ausstellt« (Werdes 2012, S. 69).

Selbstbestimmt, unkontrolliert und nonkonformistisch ist an diesem Konzept nichts, aufmerksamkeitsheischend allenfalls der Begriff »Edupunk«. Beispielhaft zeigt sich daran aber, wie Parzellen des Bildungsmarkts abgesteckt werden (sollen). Und siehe da: Im Prinzip haben sich diese vorkonfigurierten Lernpakete bereits etabliert, wenn auch nicht für Edupunks, sondern als Ergebnis der gescheiterten MOOC (Massive Open Online Courses).

Von MOOC zu SPOC

Der Hype um Online-Universitäten ist in den USA bereits vorbei. Was einst als »Zukunft der Universitäten« propagiert wurde – kostenlose Online-Kurse für alle –, erweist sich nach drei Jahren Praxis als Flop. Wurde das Jahr 2012 von der New York Times und Anant Agarwal, dem Präsidenten von edX als Online-Plattform am MIT, noch als »Year of the MOOC« ausgerufen, so kürten die USA schon 2013 das »Year of the Anti-MOOC«. Hohe Abbrecherquoten zeugen ebenso für das Scheitern dieser Form des Online-Studierens wie die rapide abnehmenden Teilnehmerzahlen nach dem ersten Hype. MOOC dienten schnell als Argument für Budgetkürzungen und die Nichtbesetzung von Professuren, weshalb inzwischen selbst ursprüngliche Befürworter die Mitarbeit an ihrer Selbstabwicklung verweigern. Wer die Zuboffschen Gesetze kennt – alles, was machbar ist, wird automatisiert, digitalisiert und kontrolliert (auch gegen geltende Gesetze, wie die NSA-Affäre lehrt) –, kann sich denken, was weder Lehrende noch Lernende brauchen: Unterrichtsmaschinen als Kontrollapparate zur algorithmisch automatisierten Steuerung von Lernsklaven.

»Typische Abbruchquoten« von über 97 Prozent (Bischof/von Stuckrad 2013, S. 48) zeigten zudem schnell: Online-Medien nutzen allenfalls denen, die das begleitende Mentoring bezahlen können, das kurz nach dem Start eingeführt wurde. Sie grenzen diejenigen aus, die sich die begleitende Betreuung nicht leisten können. Sebastian Thrun, der Gründer von Udacity, schreibt denn auch schon 2013: »Der Glaube, dass Bildung durch ein Computerprogramm ersetzt werden kann, ist ein Mythos. Der menschliche Kontakt und das Mentoring machen den entscheidenden Unterschied bei den Lernergebnissen aus« (Brinck 2013).

Sogar in Deutschland hat man die Zeichen der Zeit erkannt. »Massiv gescheitert«, titelte »Die Zeit« über einem Beitrag zur »Digitalen Universität« (Beck 2015). Nach drei Jahren des Experimentierens mit MOOC könne nur das vollständige Scheitern dieser Form des Online-Studiums und das Ende von der Vision der Online-Universitäten konstatiert werden.

Gleich die ersten beiden Buchstaben seien bei MOOC falsch, meint John Hennessey, Präsident der Stanford-University (Beck 2015): Massive und Open. Statt der Massenkurse würden jetzt SPOC angeboten – Small and Private Online Courses, kleine private Kurse. In den kleinen (statt »massiven«) Kursen träfen sich die Teilnehmer jede Woche zumindest virtuell zu einer Videokonferenz mit einem Lehrassistenten, und sie würden sich (fast) persönlich kennen. Die Betreuung sei bei maximal 25 Teilnehmern durch Mentoren und Tutoren auch dann gut zu bewerkstelligen, wenn nicht alle am gleichen Ort seien und per Video zugeschaltet würden (eine Kombination aus Online und Präsenz). Die Kurse seien zudem kostenpflichtig (statt open), um die Mentoren und Tutoren bezahlen zu können. Und es würden keine ganzen Studiengänge mehr angeboten, sondern spezielle Kurse und Fortbildungen. Mit Kursen zu konkreten Themen könne man innerhalb weniger Monate bestimmte Fertigkeiten lernen und ein Zertifikat bekommen.

Das ist die klassische, mediengestützte Weiterbildung des Distance Learning mit Fachbuch, Funk- oder Telekolleg, erweitert um Online-Kurse. An den Unis etablieren sich Formate wie »Flipped Classroom«, was nur ein modischer Begriff dafür ist, dass Studierende vor der Veranstaltung Texte lesen (oder heute eben Videos schauen), die in der Vorlesung oder im Seminar besprochen werden. Digitale Medien ergänzen die vorhandenen Lehrmedien zur Vor- und Nachbereitung der Präsenztermine. Sie sind kein Ersatz für ein Präsenzstudium.

Wahrscheinlich hatten Dräger und Müller-Eiselt »Die digitale Bildungsrevolution« zu diesem Zeitpunkt bereits geschrieben. Denn in dem Buch wird noch das Hohelied der Onlinekurse gesungen, werden die massiven Abbruchquoten ebenso ausgeblendet wie die überarbeiteten Konzepte der Praktiker. »Ironischerweise ist es der von den Autoren als Vordenker gefeierte Sebastian Thrun, der (…) die von ihm mitentwickelten MOOCs als ›lousy product‹ bezeichnete und damit eine erstaunliche Kehrtwende vollzog von kostenlosen MOOCs für alle zu spezifisch zugeschnittenen Weiterbildungsprogrammen für den IT-Sektor« (Deimann 2015).

2. Wie Menschen lernen

Jedes neue Medium gilt Befürwortern kurz nach der Markteinführung als das optimale Unterrichtsmedium. Die Gegner der neu hinzugekommenen Medien für den Unterricht schaffen sich mit ihrer Kritik ebenso Gehör. Die erste überlieferte Medienkritik äußerte der griechische Philosoph Platon (vgl. Phaidros, in: Werke, Bd. II, Kap. LIX, S. 102 f.). Er war ein Gegner der Schrift für das Lehren und Lernen, weil sie zum Verlust der Gedächtnisleistung durch mediale Fixierung führe: Was geschrieben steht, muss ich mir nicht merken und weiß ich daher nicht mehr. Seine Kritik an der Schrift als »Medium des Vergessens« liest sich wie die Vorwegnahme der heutigen Diskussion über die Frage, was man in einer »Wissensgesellschaft« noch selbst wissen müsse, wenn man doch bei Bedarf alles im Internet »googeln« könne.[4]

Sowohl Befürworter wie Gegner streiten regelmäßig darüber, ob und gegebenenfalls wann und wie sich neue Medien im Unterricht didaktisch sinnvoll einsetzen lassen und was jeder Einzelne an Vorwissen und (technischen) Kenntnissen mitbringen muss, um Hilfsmittel wie Lehr- und Lesebücher, Arbeitsblätter, Filme oder auch digitale Medien sinnvoll zu nutzen. Einige (notwendige) Überlegungen gelten medienübergreifend und sind hier am Beispiel Buch dargestellt:

- Jeder Medieneinsatz wirkt sich auf das Unterrichtsgeschehen aus und beeinflusst die eingesetzten Methoden der Vermittlung und Anleitung. Beim Buch etwa: Lese ich vor oder kopiere ich und lasse selbst lesen? Wie diskutieren wir darüber? Im Plenum oder zuerst in kleinen Gruppen? Auch: Ist das Ziel der Lektüre eine einheitliche Interpretation oder sind verschiedene Sichtweisen zugelassen?
- Auch Bücher einer gut sortierten Bibliothek weiß nur zu nutzen, wer lesen kann und der in diesen Büchern verwendeten Sprachen und Zeichen mächtig ist. Andernfalls bleibt es bedrucktes Papier. Vor jeder Nutzung von Wissensbeständen – ob analog wie in Bibliotheken oder digital wie im Netz – steht das Lesen lernen, stehen die konzentrierte und aufmerksame Lektüre und der Aufbau eines aktiven Wortschatzes. Dies ist die Grundlage des Lernens und vor allem des Abstrahierens. Das sich entwickelnde Abstraktions- und Reflexionsvermögen befreit den Menschen von seiner direkten Bindung an unmittelbare Sinneseindrücke und bezeugt dessen Reife und den Übergang vom Kind zum Jugendlichen und jungen Erwachsenen. Das aber macht das Denken aus: sich etwas bildlich vorstellen zu können, es sich aber auch als Begriff zu veranschaulichen.

4 Dass »googeln« als Verb und synonym für »im Netz suchen« benutzt wird, zeugt von perfektem Marketing.

- Man muss schon bei der Recherche wissen, wie Bücher (Videos, Daten) katalogisiert und systematisiert (das heißt sortiert) sind; Schlagwortkataloge und Signaturen helfen dabei. Mögliche Systematiken dienen aber nicht nur dazu, Bücher zu sortieren und wiederzufinden, sondern helfen gleichermaßen beim Aufbau einer Systematik für die Dateiablage auf Speichermedien. Denn schneller als die eigene Bibliothek wächst die Anzahl der Dateien auf dem Rechner. Wer sich schon einmal mit Ablagesystematiken beschäftigt hat, kann sich einfacher logische Systeme der Klassifikation und Sortierung nach Kategorien, Themen und Aufgaben ausdenken.
- Vor allem muss man für die Suche die erforderlichen Schlagworte kennen (Fachbegriffe, Namen, Epochen). Denn nur wer weiß, wonach er oder sie sucht, wird auch fündig; das gilt in Bibliotheken wie im Netz. Nebenbei bemerkt ist das eines der vielen Paradoxe des angeblich egalisierenden Web: Wer mit Vor- und Fachwissen sucht, wird schnell und qualifiziert fündig. Wer ohne Vorwissen und ohne das entsprechende Instrumentarium der Auswahl (Selektion) und Strategie (Kategorisierung und Wertung) arbeitet, ist im Netz ob der Unmengen an Treffern verloren. Oder kurz: Bücher und ganze Bibliotheken (oder das Web) machen den Klugen klüger und lassen den Dummen dumm bleiben.

An dieser Stelle hilft es, sich kurz über die Grundprinzipien des Lernens beim Einzelnen, aber auch über das Lernen in und von der Gemeinschaft zu verständigen. In Gemeinschaft deshalb, weil wir zum einen als Menschen völlig hilflos auf die Welt kommen und ohne die beschützende und uns versorgende Gemeinschaft binnen weniger Stunden tot wären. Zum anderen, weil der Mensch als anfangs hilfloses Wesen mit der Begabung ausgestattet ist, von Anfang an und – bei entsprechender Bereitschaft und Offenheit bis ins hohe Alter – aus eigenem Antrieb heraus und nicht nur zweckorientiert (utilitaristisch determiniert) zu lernen. Das ist eine der Absurditäten der aktuellen Diskussion über Lernen und Wissen: die Reduktion des Lernens auf das zu Lernende als das zu Prüfende, anstatt das Lernen selbst als Qualität zu begreifen und zu vermitteln.

Das Lernen verlernen durch Zweckbindung

Der Mensch ist von Geburt an bis ins hohe Alter lernfähig und in der Regel lernwillig. Eines der Ziele von Erziehung und Ausbildung ist es, die Begeisterung für das Lernen als Handlungs- und Horizonterweiterung ohne Zweckbindung vorzuleben bzw. zu vermitteln. Etwas zu lernen, etwas zu können macht Freude und Lust (nicht Spaß), auch und gerade dann, wenn das Lernen mitunter anstrengend ist.

Wer Lernprozesse stattdessen auf eine definierte Leistungserbringung reduziert, darf sich weder über Bulimie-Lernen (das bloße Lernen für Klausuren und Tests, ohne es im Gedächtnis zu behalten) noch über Lernverweigerung in Schuleinrichtungen wundern.

2.1 Entwicklungsstufen nach Piaget

Lernen ist an die eigene Sinnlichkeit (aisthesis) gebunden, zugleich an Reaktionen eines direkten Gegenübers. Ohne Resonanz verkümmern Säuglinge körperlich und vor allem mental, selbst wenn sie körperlich versorgt werden. Bereits im Säuglingsalter beginnt das Wechselspiel aus kommunikativen Akten (Lachen, Weinen, Schreien) und erwarteter Reaktion, primär der Mutter bzw. der Eltern, in Folge auch anderer Mitglieder der Familie oder der Gemeinschaft. Der Mensch als ein soziales Wesen entwickelt sich zu einem sozialen Mitglied der Gemeinschaft nur durch diese Gemeinschaft und das Miteinander.

Der Schweizer Biologe und Entwicklungspsychologe Jean Piaget (1896-1980) hat versucht, die kognitive Entwicklung des Menschen in Stufen zu dokumentieren. Dabei orientierte er sich an typischen Altersstufen des Kindes und leitete daraus charakteristische Entwicklungsstufen ab. Im Mittelpunkt seiner Beobachtungen stehen Interaktionen von Kindern mit ihrer Umwelt und das vermutete Erkenntnisvermögen. Diese Theorie des »genetischen Lernens« (auch »strukturgenetische« Theorie) versteht »genetisch« weder im Sinne von »erblich programmiert« noch im Sinne der behavioristischen Programmierbarkeit des Menschen, sondern beobachtet Lernvermögen in Abhängigkeit von körperlichen und geistigen Entwicklungsstufen.

Ausgangspunkt seiner Beobachtungen waren die eigenen Kinder. Entsprechend ihres Alters begingen sie alterstypische (Denk-)Fehler. Im Gegensatz zu experimentell arbeitenden Psychologen und konstruierten Versuchsanordnungen im Labor beschrieb Piaget die kindliche Logik anhand des von ihm beobachteten Verhaltens im natürlichen Lebensumfeld. Daraus entwickelte er eine erkenntnistheoretische Begründung für den Zusammenhang zwischen altersgemäßen Entwicklungsphasen und kindlichem Denken. Seine Beobachtungen führten zu einem Modell mit vier Entwicklungsstufen, die jeder Mensch als Phasen oder Stadien der kognitiven Entwicklung durchlaufe. Nach Piaget sind die Phasen universell, das heißt, sie kommen in allen Kulturkreisen vor. Spezifische Merkmale charakterisieren jede Stufe bzw. Phase, wobei die Fähigkeiten jeder Stufe aufeinander aufbauen. Die zugeordneten Lebensalter sind nicht streng deterministisch zu verstehen, sondern benennen Anhaltswerte, die mit zunehmendem Alter breiter streuen als im Kleinkindalter. Besonders bedeutend ist für Piaget die Beobachtung, dass sich kindliches Denken in jeder der vier (Entwicklungs-)Stufen vom Denken der Erwachsenen unterscheidet. Was beispielsweise für Erwachsene logisch ist, ist es für Kinder nicht unbedingt. Der Übergang von einer Stufe zur nächsten Stufen ist fließend und das jeweilige Lebensalter kann individuell abweichen (Piaget/Inhelder 1972, S. 153). Die vier Phasen nach Piaget sind:[5]

---

5 Zitiert nach Ansgar A. Plassmann und Günter Schmitt, Universität Duisburg-Essen: www.lernpsychologie.de/kognitiv/piaget.htm; siehe auch Martin R. Textor (Hrsg.): www.kindergartenpaedagogik.de/1226.html und Kerstin Hecker: https://userpages.uni-koblenz.de/~proedler/autsem/piaget.pdf.

1. *Sensomotorische Phase* (0 bis 2 Jahre – Säuglingsalter): Erwerb sensomotorischer Koordination und praktischer Intelligenz, auch Objektpermanenz, wenn auch noch ohne interne Repräsentation des Objekts.

   »In den ersten beiden Lebensjahren sammelt ein Kind Erfahrungen mit seinen Sinnesorganen (senso = sinnlich, die Sinne betreffend) und mit seinen Bewegungen (Motorik = Bewegungsvorgänge). Mit jedem Lebensmonat werden die Bewegungen des Kindes besser, da das Kind verschiedene Möglichkeiten variiert und zunehmend koordiniert. Während des sensomotorischen Stadiums der kognitiven Entwicklung tritt die Intelligenz nur in Form von motorischer Aktivität als Reaktion auf sensorische Reizung auf« (www.lern-psychologie.de/kognitiv/piaget.htm).

2. *Präoperationale Phase* (2 bis 7 Jahre – Kindergarten- und Vorschulalter): Erwerb des Vorstellungs- und Sprechvermögens. Diese Phase ist gekennzeichnet durch Realismus, Animismus (auch unbelebten Objekten werden menschliche Eigenschaften zugeschrieben) und Artifizialismus (Annahme, dass auch natürliche Dinge wie Himmel oder Erde vom Menschen gemacht seien) und ab etwa dem vierten Lebensjahr Egozentrismus. Kinder können zudem zwischen belebt und unbelebt unterscheiden.
   »Das Denken ist noch voll mit logischen Irrtümern, da das kindliche Denken mehr von der Wahrnehmung als von der Logik beherrscht wird. So glauben Kinder zu Beginn der präoperationalen Phase beispielsweise, dass aus einem Junge ein Mädchen werden kann, wenn er mit Spielsachen von Mädchen (z. B. Puppen) spielt« (www.lern-psychologie.de/kognitiv/piaget.htm). Zu dieser Phase gehören auch Anthropomorphismus (Tendenz zur Vermenschlichung von Objekten und Gegenständen) und magisches Denken (Gegebenheiten werden dem Wirken höherer Mächte zugeschrieben).
3. *Phase der konkreten Operationen* (7 bis 12 Jahre – Grundschulalter); Erwerb der Fähigkeit zum logischen Denken in Bezug auf konkrete (tatsächliche oder vorgestellte, nicht hypothetische) Sachverhalte. Dazu gehören die Fähigkeiten zu Dezentrierung (Überwindung des kindlichen Egozentrismus), Reversibilität (Verständnis für die Umkehrbarkeit von Prozessen), Invarianz (Unveränderlichkeit von Eigenschaften eines Objekts), Seriation (das Ordnen von Objekten nach Eigenschaften oder Merkmalen) u. Ä.

   »Ab dem siebten und dem achten Lebensjahr wirkt sich die Wahrnehmung nicht mehr in so hohem Maße auf die Urteilsbildung aus. Konkrete Denkoperationen werden möglich: Das Kind kann mehrere Dimensionen einer Situation beachten: Auch Klassen, Serien und Zahlen stellen kein Problem mehr dar« (www.lern-psychologie.de/kognitiv/piaget.htm).

4. *Phase der formalen Operationen* (ab ca. 12 bis 15 Jahre – Jugendalter); Erwerb der Fähigkeit zum hypothetischen und logischen Denken, also der Fähigkeit, die konkreten logischen Operationen der Stufe 3 auf andere Operationen anzuwenden.

> »Mit dem Erreichen der Phase der formalen Operationen ist das Individuum in der Lage, Probleme vollständig auf einer hypothetischen Ebene zu lösen. Logische Schlussfolgerungen sind ebenso möglich wie das geistige Variieren von Variablen. Ein Jugendlicher kann sich auch mit unrealistischen Annahmen auseinandersetzen, was in verschiedenen Wissenschaften eine wichtige Rolle spielt: ›Was wäre wenn…‹« (www.lern-psychologie.de/kognitiv/piaget.htm). »Deutlich wird, wie sich das Denken immer mehr von der Wahrnehmung, der Anschauung und dem Handeln löst. Es wird also zunehmend ›abstrakter‹. Oder anders gesagt: Zunächst stehen Objekte und deren Charakteristika – insbesondere ihr Verhalten, wenn man mit ihnen handelnd umgeht – im Mittelpunkt des Denkens, und später rationale, logisch-mathematische Operationen« (www.kindergartenpaedagogik.de/1226.html).

Neuere Forschungsansätze diskutieren, ob die kognitive Entwicklung von Kindern schneller ablaufe als von Piaget beschrieben oder ob das kindliche Denken früher bzw. »kompetenter« auf Beobachtungen in und Erfahrungen mit Objekten der realen Welt reagieren könne. Die entscheidende Frage dazu lautet aber: Wer hat ein Interesse daran und wer den Nutzen, wenn Kinder immer früher etwas können sollen? Wer bietet dafür (Test-)Programme an?

Die gleiche Diskussion betrifft das Ausmaß der individuellen Unterschiede der Entwicklungsgeschwindigkeit und Stufen bei Kindern und Jugendlichen durch äußere Einflüsse, Sozialisation und Umgebung. Richtig und unbestritten ist, dass die gezielte Förderung von Kindern alle Lern- und Entwicklungsprozesse unterstützt und begleitet und dass Kinder bzw. Jugendliche sich unterschiedlich schnell entwickeln. Wer aber die Diskussionen über angeblich immer mehr »hochbegabte Kinder« verfolgt, weiß auch, dass nicht wenige dieser zugeschriebenen Eigenschaften eher dem Ehrgeiz der Eltern als den tatsächlichen Begabungen des Kindes geschuldet sind. Dazu kommen kommerzielle Förderangebote für diese angeblich so hochbegabten Kinder. Bei denen müssen die Anbieter schon aus eigenem Interesse besondere Begabungen attestieren, um ihre hochpreisigen Lernmittel und Kurse zu rechtfertigen und verkaufen zu können.

Die Wissenschaft liefert dazu nur vermeintlich neue Erkenntnisse. Wer diese »neuen« Erkenntnisse als Bestätigung von längst Bekanntem durchschaut, erhält weder ein Forum noch Anerkennung. Dabei sind genau diese Bestätigungen gerade in Pädagogik und Psychologie wissenschaftlich betrachtet der Alltag. Der Mensch beschäftigt sich schließlich schon eine ganze Weile mit sich selbst, und da sind tatsächlich neue Erkenntnisse in der Entwicklung oder Psyche eher selten. Nicht zuletzt sind es oft (gesellschafts-)politische Diskurse, wenn man über die Entwicklung von Kindern, deren altersangemessene Förderung und Bildungschancen spricht.

Mitunter werden schon diejenigen kritisiert, die feststellen, dass nicht alle Kinder die gleichen Begabungen und Neigungen haben und ein ausdifferenziertes Schul- und duales Ausbildungssystem wie das der Bundesrepublik den Kindern und Jugendlichen gerechter würde als eine vermeintliche Gleichheit durch nur eine Schulform. Mitunter werden sogar die kritisiert, die im Kontext von pädagogischer Arbeit überhaupt so etwas wie Begabung oder gar Neigung thematisieren, auch wenn das jede Lehrkraft bestätigen dürfte.

Entscheidend für die Sichtweise von Piaget ist etwas anderes: Er lehnt den biologistischen und deterministischen Behaviorismus ab, nach dem Erbgut und Anlage das Werden des Menschen bestimmen, und überantwortet die Entwicklung des Einzelnen diesem selbst und seinem sozialen und kulturellen Umfeld. Bestätigt wird er darin durch die Untersuchungen zur Epigenetik, die belegen, dass Gene, Sozialkontakte und Umwelt darüber entscheiden, wer jemand wird.[6] Damit werden Menschen nicht bloß auf ihren physiologischen Teil reduziert, wie es biologistische Theorien propagieren. Sie werden nun wieder ganzheitlich betrachtet, als Persönlichkeiten, die sich im Kontext von Anlage und Umfeld entwickeln.

Für unser Thema sind zwei Dinge zu beachten:

1. Kinder entwickeln sich entsprechend ihrer Anlagen und gemäß der Resonanz und Förderung durch Andere. Wir brauchen ein direktes Gegenüber, um uns entwickeln zu können. Es ist das zentrale pädagogische Paradox, dass man als Elternteil oder Lehrkraft bei aller Förderung, Erziehung und Belehrung den zu fördernden, zu erziehenden oder zu belehrenden Menschen nicht formt, sondern »nur« anleitet und begleitet. Lernen ist ein individueller und sozialer Akt. Lernen muss jeder Mensch selbst. Ohne ein lehrendes, Beispiel gebendes Gegenüber kann sich aber auch der intelligenteste Mensch nicht zu dem entwickeln, der er im Dialog und Diskurs mit anderen wird.
2. Das sich schnell entwickelnde Abhängigkeits- bzw. Suchtverhalten bei Social-Media-Anwendungen korrespondiert mit Resonanzdefiziten in heutigen Gesellschaften. Wenn in Familien nicht gesprochen wird, wenn Kinder nicht direkt angesprochen und ihnen nicht zugehört wird, sind Sprachstörungen programmiert. Automatische Sprachprogramme (Bots oder Robots) sind kein Gegenüber. Mit ihnen lernt man genau so wenig sprechen wie am Fernsehgerät. Wenn dann auch noch in Schulen nicht mehr unterrichtet wird und Kinder und Jugendliche sich an die automatisierte Beschulung durch Software und synthetische Stimmen gewöh-

6 In der Epigenetik »steuern« Gene nicht nur den Menschen, sondern werden durch Umwelteinflüsse selbst »gesteuert« (beeinflusst, verändert). So ergänzt die Epigenetik deterministische Erklärungsmodelle des Menschen (als nur aus den Genen erklärbar) um die Aspekte der (sozialen, historischen, geografischen) Prägung, die sich auch in den Genomen nachweisen lasse.

nen sollen, werden diese Menschen zwangsläufig zu Bildungsverlierern und Sozialautisten.

2.2 Das pädagogische Dreieck

Lehren ist als interpersonaler Prozess immer an Menschen gebunden. Das pädagogische Dreieck beschreibt die zwei beteiligten Parteien, die notwendig existent und präsent sein müssen, um von pädagogischer Arbeit und Unterricht zu sprechen: Lehrende und Lernende. Dazu kommt ein Drittes, die Sache als Gegenstand der Vermittlung, das Thema oder der Gegenstand des Unterrichtens. Bei Bedarf und je nach Fach, Thema und Möglichkeit ergänzen Medien das Lehren und Lernen.

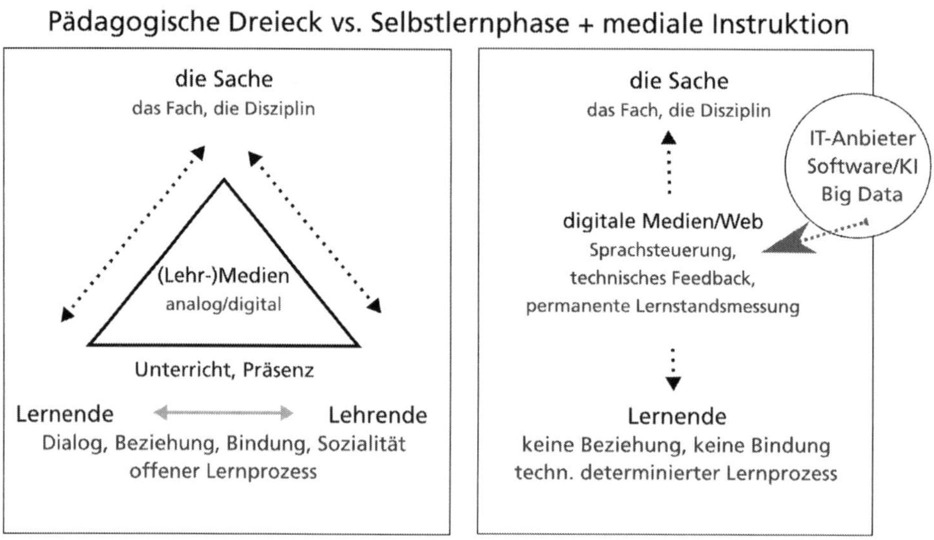

Abb. 4: Das pädagogische Dreieck

Beim Lehren und Lernen entstehen Bindungen und Beziehungen. Das gemeinsame Lehren und Lernen findet in der Regel in einem sozialen Raum statt und ist ein dialogischer, diskursiver Prozess. Der klassische Begriff dafür lautet »Unterrichtsgespräch«. Es wurde bereits in der Akademie des Sokrates und des Aristoteles erfolgreich praktiziert. Heute wird es gern als Frontalunterricht und Lehrer-Monolog diskreditiert.

Dabei ist schon die »sokratische Hebammenkunst«, die Kunst des Fragens und damit der Erkenntnisgewinn durch eigenes Nachdenken, gerade kein Monolog, sondern ein wechselseitiger Dialog. Er überantwortet das Denken den Schülerinnen und Schülern, die gültige Antworten suchen, sprechen und argumentieren lernen.

Entfernt man die Lehrenden aus diesem Dreieck, werden aus Unterricht und Lehre Selbstlernphasen mit Medien. Das ist eine mögliche Form des Lernens, aber kein Unterricht. Das selbstständige Lernen mit Medien setzt zudem ein Vorwissen und Selbstdisziplin voraus. Mediengestützte Selbstlernphasen sind ein Ziel von Schule und Unterricht, um Jugendliche und später Erwachsene an das eigenständige, womöglich sogar inhaltlich selbstbestimmte Lernen und Forschen heranzuführen. Es ist keine Fertigkeit von Kindern, und auch nur wenige Jugendliche beherrschen sie.

Lernen an Lernstationen ist weder selbstbestimmt noch individualisiert. Es ist maschinelles »Teaching to the Test«, mit integrierter Prüfschleife und Berechnung der nächsten Aufgaben durch Lernkontrollsoftware.[7] Niemand wird bestreiten, dass man diese technisierte und automatisierte Form der Beschulung erzwingen kann, indem sie verpflichtend (und keine anderen Lehrformen) angeboten wird. Kinder lernen notgedrungen in jedem Kontext, den sie vorfinden (der Autor z. B. in unsäglichen Sprachlaboren). Aber es darf hinterfragt werden, ob diese Form des Lernens den Menschen und der Gesellschaft nutzt.

7 Die Anbieter solcher Systeme bevorzugen den Begriff »Lernplattform« oder »Lernmanagement-Software«. Dabei beschränkt sich die Individualisierung oder Personalisierung des Lernens darauf, alle Aktionen eines Probanden zu protokollieren und daraus anhand definierter Muster und Regeln die nächsten Lerneinheiten und Übungsschritte zu berechnen. Positiv besetzte Begriffe wie individualisiertes oder personalisiertes Lernen sollen die Automatisierung, Standardisierung und Normierung der Lernangebote kaschieren.

3. Kontrolle und Steuerung – eine kleine Geschichte der Digitaltechnik

In den letzten zwei Dekaden entwickelten sich Netzwerke und mobile Geräte zum Nervensystem postindustrieller Gesellschaften. Wer das Web vor allem für ein Unterhaltungsmedium, wer Smartphones, Apps und Social-Media-Plattformen für private Kommunikationstechniken hält, denkt zu kurz. In zahlreichen, von Digital-Industrie und Wirtschaftslobbyisten gesponserten Projekten manifestiert sich der Anspruch, den einzelnen Konsumenten ebenso zu steuern wie ganze Gesellschaften. Dazu gehört auch, Einfluss auf die Bildungssysteme zu nehmen und Lehr- und Lernprozesse zu steuern (Schulen ans Netz, Tablet-Klassen bereits in der Grundschule, Online-Kurse statt Unterricht u. Ä.). Zudem verleiten digitale Dienste (Apps) die Nutzer dazu, sich permanent selbst zu vermessen und zu optimieren (Selftracking, Quantified Self). Das eigene Verhalten soll sich an standardisierten Kennzahlen ausrichten.

Dieses Vorgehen ist alles andere als neu. Bereits 1928 veröffentlichte Edward Bernays die Methoden von Propaganda und Marketing. Den Begriff Kybernetik – die Steuerung von Systemen – hat Norbert Wiener 1946 geprägt, der Behaviorismus wurde in den 1950er Jahren in den USA entwickelt. Rapide gewandelt haben sich seit den 1930er Jahren Rechenleistung und Speicherkapazität der Digitalsysteme. Aber das ist eine Frage der Quantifizierung, nicht des Prinzips. Daher die erste These dieses Kapitels:

Technik von gestern für eine totalitäre Zukunft
Die Informationstechnologie aus dem Silicon Valley ist rückwärtsgewandt. Versprochen werden Zukunftstechnologien, basierend auf gescheiterten Theorien (Kybernetik, Behaviorismus) von gestern für eine totalitäre Welt von morgen.

3.1 Der Startschuss: Macy-Conferences

Die Informationstechnologie aus dem Silicon Valley, wie sie von den Big Five (Alphabet/Google, Amazon, Apple, Facebook, Microsoft) propagiert wird, beruht auf kybernetischen und behavioristischen Denkmodellen, die in den 1940er bis 1960er Jahren aufkamen. Es sind technische und biologistische Theorien, die den Menschen und andere Organismen als technische Systeme betrachten, die man regeln und steuern kann.

Der technoide Glaube an die vollständige Vermessung und Steuerbarkeit der Welt erlebt eine Renaissance: Theorien und Modelle der Mess-, Regelungs- und Steuerungstechnik werden auf Einzelorganismen und soziale Systeme übertragen. Diese Modelle erwiesen sich in den 1960er Jahren als falsch (unterkomplex), werden aber aufgrund heutiger Rechenleistungen reaktiviert. Als ob die Quantifizierung eines falschen Ansatzes diesen zu einem richtigen machen würde.

Es dauerte nur wenige Jahrzehnte, bis Digitaltechniken und mobile Geräte nahezu vollständig alle Lebensbereiche okkupierten. Ursächlich dafür ist der Paradigmenwechsel nach dem Zweiten Weltkrieg. Wichtige Stichworte sind Macy-Conferences, Kybernetik und Sputnik-Schock. Ziel der Macy-Konferenzen zwischen 1946 und 1953 war es, eine universale Wissenschaft zur Steuerung von Systemen zu schaffen: Menschen, Gesellschaften, Maschinen oder Computer. Die insgesamt zehn Zusammenkünfte geladener (!) Wissenschaftler und Techniker waren der Startschuss für Kognitionswissenschaft und Kybernetik.

3.2 Kybernetik

Das griechische Wort Kybernetik, die »Steuermannskunst«, korrespondiert sprachgeschichtlich mit Begriffen wie Leitung, Führung und Herrschaft. Schon Platon benutzte die Kybernetik im Sinne der Steuerung und Regelung politischer Systeme (als »kundiger Steuermann und Kenner des Staatswesens«, Politeia, Sechstes Buch). Verallgemeinert beschreibt die Kybernetik die Regelung und Steuerung dynamischer Systeme. Sie behauptet, technische, organische oder soziale Systeme seien nach dem gleichen Regelwerk steuerbar. Die bekanntesten Vertreter dieser Wissenschaft sind John von Neumann, Gregory Bateson, Paul Watzlawick und Norbert Wiener, der als Begründer der Kybernetik gilt.

Zentrale Themen waren und sind neuronale Netze und Sprache, Mustererkennung, die automatisierte Analyse von (Gruppen-)Kommunikation, die Typisierung von Kommunikationsverhalten sowie die Identifikation von Meinungsführern und die Analyse von Kommunikationsstrukturen. Das war zunächst spekulativ, aber sehr vorausschauend gedacht. Heute gibt es Programme, die allein aufgrund der Auswertung der Metadaten von Kommunikation (wer wann und wie oft mit wem kommuniziert) die Meinungsführer identifizieren und Kommunikationsstrukturen von Gruppen transparent machen. Die Reaktion auf das Ergebnis solcher Auswertungen kann in jede gewünschte Richtung weisen, von der gezielten Einflussnahme über sogenannte »Influencer« auf die Meinungsführer (Wen muss man erreichen, um mit möglichst wenig Aufwand eine ganze Gruppe zu beeinflussen?) bis zur Zerstörung funktionierender Kommunikationsstrukturen (Wen muss ich ausschalten, um die Kommunikation nachhaltig zu unterbrechen?).

Inhaltlich diskutieren Wissenschaftler zum einen biologische und psychologische Prozesse und deren Übertragbarkeit auf Maschinen. Zum anderen werden technische Prozesse unter dem Aspekt der Übertragbarkeit auf Organismen und soziale Systeme untersucht, mitsamt möglicher Modulation und Steuerbarkeit, bei Bedarf auch mit technischer bzw. digitaler Unterstützung. Der Grundgedanke, der zu Human Roboting und Cyborgs führt: Der Mensch, das Gehirn und selbst die Psyche werden als spezifische Formen von Maschinen postuliert, die man steuern (messen und regeln) kann – wie alle mechanischen, elektronischen und heute digitalen Apparate. Ausgespart werden Persönlichkeit, (Selbst-)Bewusstsein, Wille, moralische oder ethische Vorstellungen und Handlungsursachen.

Das Ziel der Kybernetik ist darüber hinaus, allgemeine Grundlagen für sämtliche Wissenschaften zu schaffen, um dadurch selbst zur Universalwissenschaft zu werden. Die Analyse des menschlichen Gehirns und vermeintlicher technischer Äquivalente (Computer und Algorithmen, die sogenannte »Künstliche Intelligenz«, heute »Deep Learning«) soll allgemein verbindliche Steuerungsmechanismen und -parameter für Organismen aufzeigen und festschreiben; für menschliche Gesellschaften ebenso wie für die Wissenschaften und letztlich alles andere.

Im Deutschen deckt sich der Begriff »Kybernetik« mit Regelungstechnik: messen, steuern, regeln. Die Regelungstechnik gehört zu den Ingenieurwissenschaften und ist wie die Steuerungstechnik ein Teilgebiet der Automatisierungstechnik. Das Beispiel des Thermostats beschreibt den rekursiven Prozess: Messen der Temperatur, Abgleich mit dem Soll-Wert, gegebenenfalls Nachsteuern des Thermostats, um eine gleichmäßige Temperatur zu erzeugen. Wichtig sind Begriffe wie Ist-Wert (Messung) und Soll-Wert (Steuerungsziel), ständige Kontrolle und Automatisierung von Handlungen zum Erreichen normierter und standardisierter Ziele.

Kybernetik ist als Modell für die Pädagogik ungeeignet

Kybernetik bedeutet ständige (Prozess-)Kontrolle und Automatisierung der Handlungen zum Erreichen normierter und standardisierter Ziele. Die Kybernetik ist ein ungeeignetes Modell für die Pädagogik, die den Menschen zum selbstverantwortlichen Handeln befähigen soll.

Den Universalanspruch formulierte Norbert Wiener bereits in seiner frühen Publikation »Kybernetik. Regelung und Nachrichtenübertragung im Lebewesen und in der Maschine« (1948). Bis heute setzt das kybernetische Denken Kommunikation als Signalübertragung (bzw. Nachrichtenübermittlung) gleich mit Mensch und Gesellschaft als steuerbaren Maschinen. Es findet sich in Kommunikationsmodellen der Nachrichtentechniker Shannon und Weaver ebenso wie bei den Behavioristen mit ihrem Input-Output-Systemen (I-O-S) oder dem »programmierten Lernen«, das unterstellt, man könne das Lernen von Menschen programmieren und steuern wie Maschinen.

Das (Selbst-)Verständnis der Kybernetik als Universalwissenschaft, die alles mit einer (der eigenen) Theorie erfasst, ist deren Hybris. Solche technischen Utopien waren immer auch Dystopien. Was Aldous Huxley 1932 in »Brave New World« vorwegnahm und George Orwell in seinem Roman »1984« beschrieben hat, was David Eggers in »The Circle« und Marc Elsberg in »Zero« 2014 aktualisierten, ist aus heutiger Sicht eine beinahe harmlose Variante dessen, was Kybernetiker im Gespann mit Digitalisten mittlerweile realisieren: in die Kleidung integrierte Sensoren (wearables) oder gleich im Körper implantierte Chips, die nicht nur permanent die Körperfunktionen ihrer Träger messen, sondern neben der ständigen Ortung vollständige Bewegungsprofile erstellen und die sozialen Kontakte mit anderen Chip-Trägern protokollieren. Permanente Kontrolle ist eine der Bedingungen dafür, optimal steuern zu können.

Digitaltechnik ist ein Synonym für Kontrolle und Steuerung

Die Digitalisierung aller Lebensbereiche (Arbeit, Bildung, Gesundheit, Kommunikation) und das »Internet der Dinge« etablieren die technische Infrastruktur zur vollständigen Überwachung, Kontrolle und Steuerung jedes einzelnen Bürgers. Ob Menschen oder (Konsum-)Güter (vom Auto bis zur Zahnbürste): Alles, was mit Chips und Sensoren ausgerüstet ist, sendet permanent Daten in die Cloud. Das dient den IT-Monopolen und ist nicht im Interesse der Nutzer.

3.3 Behaviorismus

In der Biologie korrespondiert das Modell der Kybernetik mit der Verhaltensforschung (engl. Behaviorismus). Edward Lee Thorndike und John B. Watson entwickelten sie zu Beginn des 20. Jahrhunderts. Zwei wichtige Vertreter waren Burrhus Frederic Skinner und Iwan Petrowitsch Pawlow mit Experimenten zur klassischen Konditionierung von (zunächst) tierischem Verhalten. Der Begriff »Konditionierung« kommt aus der Lernpsychologie. Er beschreibt Formen des Lernens von Reiz-Reiz-Assoziationen bzw. Reiz-Reaktions-Assoziationen (Stimulus-Response-Lernen) durch die wiederholte Koppelung von Reizen. Das bekannteste Beispiel dürfte der pawlowsche Hund sein: Läutet eine Glocke, bekommt der Hund Futter. Darauf wird er trainiert bzw. konditioniert. Nach ein paar Durchgängen erhöht sich beim Läuten der Glocke der Speichelfluss des Hundes, auch wenn das Futter ausbleibt.

Es gibt zwei Grundtypen der Konditionierung. Bei der klassischen Konditionierung hat der »lernende Organismus« (hier: der Hund) keine Kontrolle über den Reiz. Bei der operanten (oder instrumentellen) Konditionierung kann der »lernende Organismus Hund« selbst Einfluss nehmen. Er muss etwas tun und sich auf eine bestimmte Art und Weise verhalten, um eine Reaktion auszulösen, z. B. eine Taste drücken, um Futter oder Wasser zu bekommen. Beispiele für die operante Konditionierung des Menschen sind E-Learning-Programme: Die Punkte für die gelöste Aufgabe gibt es nur, wenn zuvor eine der möglichen Antworten angeklickt wurde. Das sind Prüfungsformen, die im Einzelfall, etwa beim Vokabeltest, sinnvoll sein können, aber versagen, sobald es um das Verständnis für ein Thema oder ein Fach geht.

Die Verhaltensmodelle der Lernpsychologie wurden mithilfe von Tierversuchen entwickelt und validiert. Die Behavioristen unter den Lernpsychologen übertrugen sie auf menschliches Lernen und Verhalten. Der Behaviorismus entwickelte daraus weitergehende technoide Sozial- und Kulturtechniken zur klassischen oder operanten

Konditionierung ganzer Gesellschaften. Es sollten positive Gesellschaftsutopien entstehen.

Kybernetik und Behaviorismus sind zwei Seiten der gleichen Medaille und korrespondieren in den zugrunde liegenden Denkmustern. Danach lassen sich menschliches Verhalten, technische Nachrichtenübertragung oder die Regelung und Steuerung von Individuen und Sozialgruppen mit den gleichen Analysewerkzeugen und -methoden der Kybernetik beschreiben. Technische Systeme und Organismen (mit Menschen als spezifischer Variante von Organismus) lassen sich gleichermaßen beeinflussen und lenken. Technische und zunehmend digitale Lösungen für die dafür notwendigen Steuerungs- und Kontrollsysteme werden versprochen.

Diese Hinweise sind wichtig. Mit Kybernetik und Behaviorismus halten sich gleich zwei deterministische Theorien bereit, um auf soziale Prozesse, das Zusammenleben in Gemein- und Gesellschaften, und auf das Lernen des Einzelnen angewendet zu werden. Psychologie als »Sozialingenieurwissenschaft« verkennt, dass die aus der Verhaltens- und Lernpsychologie abgeleiteten Thesen auf der biologistischen Ebene verharren. Der sich selbst bewusste Mensch ist ein denkendes Ich.

Deterministische Theorien verlieren den Menschen

Kybernetik und Behaviorismus sind deterministische Theorien, die Modelle der technischen Steuerung (Kybernetik) bzw. der Verhaltensforschung (Behaviorismus) auf den Menschen, sein Verhalten und sein Lernen übertragen. Der Denkfehler liegt im Verkürzen auf mechanistische (externe Steuerung) bzw. biologistische Verhaltensmuster (Reiz-Reaktions-Schemata). Verloren geht in solchen Modellen der Mensch als Individuum und Persönlichkeit mit (Selbst-)Bewusstsein, Sozialverhalten, eigenem Willen und reflektierendem Verstand.

3.4 Der Sputnik-Schock als Masterplan

Die Vorgeschichte der Kontroll- und Überwachungstechniken reicht bis in die 1950er Jahre und den Kalten Krieg zurück. Der erfolgreiche Start des ersten künstlichen Erdsatelliten »Sputnik 1« am 4. Oktober 1957 bewies, dass die Sowjetunion in Fragen der Raumfahrttechnologie den USA zumindest ebenbürtig war. Der Ostblock war damit nachweislich in der Lage, das Territorium der Vereinigten Staaten mit Interkontinentalraketen und Nuklearsprengköpfen zu erreichen. Das »Gleichgewicht des Schreckens« war wieder hergestellt. Der Hegemonial- und Überlegenheitsanspruch des Westens bzw. der Vereinigten Staaten in der Raumfahrt- und Waffentechnik erwies sich als überheblich.

Als einer der Gründe für den Verlust der technischen Vorherrschaft in Waffen- und Raumfahrttechnologie wurde das amerikanische Bildungssystem identifiziert. Es sei zu wenig auf den Beruf des Ingenieurs ausgerichtet, hieß es. US-Präsident Dwight D.

Eisenhower startete daraufhin das »Federal Aid to Higher Education Program« mit dem Ziel, die technische Ausbildung zu intensivieren und möglichst früh in den Schulen zu verankern. 1958 unterzeichnete er den »National Defense Education Act« (NDEA) mit Fokus auf Wissenschaft und Mathematik (siehe Kerr-Tener 1987, S. 473).

Das Jahresbudget der National Science Foundation wurde vervierfacht, die Lehrerausbildung reformiert, Stipendien wurden vergeben, die Frühförderung von Kindern wurde etabliert und der Stundenplan schon an Grundschulen auf konkrete Berufsanforderungen ausgerichtet (statt Grundlagen von Fächern und Disziplinen zu vermitteln). Parallelen zur heutigen Diskussion von Fachlichkeit vs. Kompetenzorientierung liegen nahe.

Neu hinzu kamen das Bildungsfernsehen als audiovisuelle Variante der frühen Medialisierung, standardisierte und zentralisierte Unterrichtsinhalte sowie Ingenieursmathematik in der Schule als angewandte Form der Mathematik. Der heutige Fokus auf die MINT-Fächer – Mathematik, Informatik, Naturwissenschaft und Technik – wiederholt diese Verengung der Curricula, zumal die ohnehin schon beschränkte Fachlichkeit in der Praxis (mangels ausgebildeter Fachlehrer) oft auf Technik oder Informatik reduziert wird, letzteres auf das Bedienen von Software bestimmter Anbieter (siehe dazu Lobenstein 2013 sowie die Serie »Lobbyismus und Schule« in Pädagogik, Heft 9-12/2015, www.redaktion-paedagogik.de/wp-content/uploads/serie_lobbyismus.pdf). Das Ziel dieser Aktion, die in Anlehnung an militärische Begriffe als »Bildungsoffensive« bezeichnet wurde, war das Erschließen und Abschöpfen bildungsferner Schichten als Bildungsreserve – eine auch heute wieder übliche Metapher.

3.5 Die Nutznießer: Der militärisch-industrielle Komplex

Der enorme Ausbau der Rüstungs- und Raumfahrtindustrie beschleunigte den Aufbau der IT-Industrie und weltweiter Netzwerke. Das Militär, Universitäten wie Stanford, Berkeley oder Los Alamos und IT-Konzerne waren (und sind) seit dem Zweiten Weltkrieg eng verzahnte Organisationen mit Milliardenumsätzen – ein stetig wachsender militärisch-industrieller Komplex mit der Tendenz, sich zu verselbstständigen. Was sich heute als Silicon Valley etabliert hat, verdankt sich der Unterstützung von IT-Firmen durch die US-Regierung der 1950er Jahre. Das hatte schnell politische Folgen. Das Interesse von Militär und Waffenindustrie bestimmte die Sicherheits-, Außen- und Bildungspolitik. Eisenhower warnte bereits in seiner Rücktrittsrede 1961 vor der Bedrohung für die Demokratie, nur vier Jahre nach dem Sputnik-Schock und der Zuweisung enormer Haushaltsmittel:

> »Wir müssen auf der Hut sein vor unberechtigten Einflüssen des militärisch-industriellen Komplexes, ob diese gewollt oder ungewollt sind. Die Gefahr für ein katastrophales Anwachsen unbefugter Macht besteht und wird weiter bestehen. Wir dürfen niemals zulassen, dass das Gewicht dieser Kombination unsere

> Freiheiten oder unseren demokratischen Prozess bedroht. Wir sollten nichts als selbstverständlich betrachten. Nur wachsame und informierte Bürger können den richtigen Eingriff der riesigen industriellen und militärischen Maschinerie der Verteidigung mit unseren friedlichen Methoden und Zielen erzwingen, so dass Sicherheit und Freiheit gemeinsam gedeihen können« (Eisenhower, Abschiedsrede 1961).

Der Präsident warnte vergebens. Der Wehretat der USA liegt aktuell bei annähernd 600 Milliarden Dollar pro Jahr (https://de.statista.com/statistik/daten/studie/157935/umfrage/laender-mit-den-hoechsten-militaerausgaben). Heute ergänzen amerikanische IT-Unternehmen wie Apple, Amazon, Google und Co. den militärisch-industriellen Komplex. In direkter (zum Teil gesetzlich erzwungener) Kooperation mit Geheimdiensten untergraben sie systematisch die demokratischen Grundlagen westlicher Gesellschaften.

Beim Ausspähen personenbezogener Daten gilt – bereits vor Nine-Eleven – nicht mehr das Primat der Politik, sondern das Primat des technisch Machbaren. Verantwortliche wie der US-Geheimdienstchef Clapper belügen im Interesse der eigenen Dienste sogar den amerikanischen Kongress (Greis 2013). Selbst der ehemalige NSA-Direktor William Binney, über 30 Jahre in Diensten der NSA, konnte das völlig enthemmte Agieren nicht mehr nachvollziehen. Alle Kommunikationsdaten würden weltweit erfasst, niemand könne sich mehr schützen: »Das ist wirklich ein totalitärer Ansatz, den man bisher nur bei Diktatoren gesehen hat. (…) Sie wollen Informationen über alles haben« (http://diepresse.com/home/techscience/internet/3832697/NSA-speichert-Daten-aller-sieben-Mrd-Menschen-auf-Dauer?parentid=4336469&showMask=-1Die Presse, NSA, 2014; vgl. Braun 2014, S. 6).

3.6 Die Ambivalenz des Digitalen

Digitaltechnik war primär Militärtechnik, bevor sie in den Konsumentenmarkt diffundierte, inklusive der Kontroll- und Überwachungsmechanismen. 1995 wussten die meisten Bundesbürger wenig oder gar nichts von der Existenz des World Wide Web, wenn sie nicht Naturwissenschaftler oder computeraffin waren. Der Medienwissenschaftler Friedrich Kittler formulierte damals schon erschreckend genau, dass die Netzbetreiber die vollständige Überwachung aller Nutzer nicht nur ermöglichen, sondern das Speichern und Auswerten aller Daten auch praktizieren werden:

> »Die gute alte Zeit, in der jeder auf seinem Computer machen durfte, was er wollte, ist längst vorbei. Wir werden alle kontrolliert auf unseren Maschinen, und je vernetzter die Maschinen werden, desto strenger werden die Kontrollen und die Schutzmechanismen. Und die Bürokratien, die eingebaut sind. Das Netz wird auch bestenfalls dieses Jahr noch frei sein, im nächsten Jahr gehört es

> wahrscheinlich dem großen Geld, und dann funktionieren die Kontrollen« (Kittler 2002, S. 144).

Kittler brauchte dazu keine prophetischen Kräfte. Es genügte ihm sein präziser und analytischer Verstand.

Kontrolle ist ein Synonym für Digitaltechnik. Alle Aktionen werden protokolliert und gespeichert. Ob und gegebenenfalls wann diese Daten gelöscht werden, liegt nicht im Ermessen der Nutzer, auch nicht der Behörden. Die Anbieter entscheiden. Sie entscheiden, ob die gesammelten Daten nur für den vorgesehenen Zweck eingesetzt werden (z. B. die Abrechnung des Datentransfers), wer Zugriff darauf hat und was mit den Daten sonst noch geschieht. Der Umgang mit Daten ist Betriebsgeheimnis und Geschäftsgrundlage der (US-)Konzerne. Nur in Ausnahmefällen sind die Datenlieferanten darüber informiert. Selbst wer die Nutzungsbedingungen der Online-Anbieter lesen würde und wüsste, welchen Regelungen er zustimmt, wäre nicht gefeit gegen den unkontrollierten Umgang mit und der unzulässigen Weiterverwendung der Daten. Anbieter wie Facebook oder Google ändern diese Bestimmungen bei Bedarf auch nachträglich. Neben der Kontrolle ist damit Intransparenz das zweite Merkmal der Digitaltechnik und der entsprechenden Konzerne.

Technische Kolonialisierung

Digitalisierung nach den Parametern aus dem Silicon Valley ist eine Form technischer Kolonialisierung. Es werden Monopolstrukturen und Kontrollmechanismen nach US-amerikanischer Doktrin aufgebaut, bei denen sich wirtschaftliche und militärische Interessen nicht trennen lassen. Intendiert ist die technische Dominanz über das (westliche) Internet und eine informationelle Weltherrschaft. Dazu werden auf der technischen (Hardware, Betriebssysteme, Netzwerke) und organisatorischen Ebene (Cloud Computing, Serverfarmen) Monopolstrukturen nach amerikanischem Recht aufgebaut.

3.7 World Wide Web

Ausgelöst durch den Sputnik-Schock entwickelten US-Wissenschaftler Ende der 1950er Jahre das Internet als militärische Infrastruktur. Das Ziel: Die Kommunikation zwischen verschiedenen Befehlsständen sollte auch nach einem atomaren Angriff auf die USA möglich bleiben. Die eigenen Raketen sollten zumindest noch starten und »zurückschlagen« können, bevor die gegnerischen Raketen mit Atomsprengköpfen einschlugen. Mindestens so wichtig wie die Raketen selbst waren deshalb ausfallsichere, dezentrale Kommunikationsnetze. Das ist die Philosophie des Netzes bis heute: Jeder Rechner, Server oder Netzwerk-Knoten kann ausfallen, die losgeschickten Datenpakete finden trotzdem ihren Weg durchs Netz – und vor allem das Ziel bzw. den Zielrechner.

Zu Beginn der 1960er Jahre zieht sich das US-Militär in eigene Netzwerke zurück (Milnet) und überlässt das ARPA-Net den Universitäten. Mit zeitlicher Verzögerung nutzen auch deutsche Forschungseinrichtungen das Internet. Ab 1989 beginnt der Aufbau des World Wide Web, eines Untersystems des Internet. Tim Berners-Lee vom CERN in Genf entwickelte es als nicht kommerzielles Netzwerk. Deshalb war es zunächst ein elitäres, textlastiges Medium der Wissenschaft. Das änderte sich ab 1991, als das Gesamtkonzept des WWW an die Öffentlichkeit gegeben wurde. Der offizielle Geburtstag wurde später auf den 6. August 1991 festgelegt, dem Inkrafttreten der ersten W3C-Spezifikation. Der erste Browser mit grafischer Benutzeroberfläche (Netscape von Marc Andreesen) kam 1995 auf den Markt und ermöglichte die einfache, kommerzielle Nutzung des Webs. Nach und nach entwickelte es sich zum Publikumsmedium. Manch eine(r) wird sich vielleicht noch an den Werbeclip mit Boris Becker für AOL erinnern: »Bin ich schon drin?« Er sollte zeigen, wie schnell selbst ein Tennisspieler ohne jedes technisches Know-how eine Verbindung ins Web einrichten kann.

Mit dem World Wide Web etablierte sich ein rein digitales, netzbasiertes Kommunikationsmedium mit eigener Philosophie. Das primäre Ziel war, Informationen möglichst unkompliziert und ohne technische Schranken auszutauschen und an jedem Computer anzuzeigen. Es gab keine festgelegten Designs: Die Nutzer selbst konnten das Erscheinungsbild der »Web-Seiten« einstellen (Farben, Schriften, Größen).

Zugleich entwickelte sich mit dem Web ein Medium, das aufgrund seiner Technologie die Trennung zwischen Publizisten und Rezipienten auflöst. Jeder kann selbst Texte und Bilder ins Netz stellen. Das ermöglicht eine hierarchiefreie Kommunikation. Anfangs musste man dafür etwas HTML (Hypertext Markup Language, die »Sprache des Webs«) beherrschen, mittlerweile kann man Websites so einfach zusammenklicken, wie man in Facebook oder WhatsApp Bilder und Texte online stellt. »Wer will, der kann« und »hierarchiefreie Kommunikation« waren auch Stichworte in dem Cybermanifest von John Perry Barlow (Unabhängigkeitserklärung des Cyberspace vom 29.2.1996). Doch die Anfangseuphorie erwies sich als Utopie.

Kommerzielle Märkte ziehen andere Mitspieler an als der Wissenschaftsbetrieb. Mit dem Consumer-Web entwickelte sich eine zunehmend multimedial geprägte Plattform mit proprietären (herstellerabhängigen) Ergänzungen (Plug-Ins, Add-Ons). Inhaltlich zeigt(e) das World Wide Web die gleiche Entwicklung wie alle Medien(-kanäle): die Ausdifferenzierung in Gestaltung, Inhalten und technischen Rahmenbedingungen nach Zielgruppen und Interessen. Die weniger nutzerorientierte als von Werbeeinnahmen getriebene Diversifizierung nach Inhalt, Form und Funktion setzt sich bis heute fort, wenn auch mit einem immer stärkeren Fokus auf mobile Endgeräte (Smartphones, Tablets) und den Einsatz von Apps.

3.8 Web 2.0

Massenmedien wie das World Wide Web entwickeln sich in einem stetigen Prozess aus Angebot, Resonanz und Rezeption. Dabei entstehen schnell spezifische Dienste für bestimmte Zielgruppen. Eines dieser Angebote firmiert unter dem Begriff »Web 2.0«, von Tim O'Reilly 2006 als neue »Marke« (new brand) ausgerufen. Die Grundidee von Web 2.0 ist so einfach wie strategisch geschickt: Statt selbst Inhalte zu generieren, ins Netz zu stellen und auf Kunden zu warten, bietet man eine technische Plattform an und lässt die Nutzer arbeiten.

Das bekannteste Beispiel dafür dürfte Wikipedia sein. Die Inhalte des Online-Lexikons erarbeiten und publizieren die Nutzer, wie es für Wikis substanziell ist. Das hat Vorteile. Viele Nutzer können mitarbeiten, viele tun es auch freiwillig. Es hat auch Nachteile. Wer aus welchen Interessen mitarbeitet, lässt sich selten erkennen. Neben bezahlten Autoren, die die Beiträge für Unternehmen oder andere zahlende Auftraggeber schreiben und aus Wikipedia eine Werbeplattform machen, gibt es »Trolle«. Die schreiben aus Spaß unsinnige Informationen in Artikel und freuen sich, wenn das lange unbemerkt bleibt. Andere führen regelrechte »Edit-Wars«, wenn es um die »richtige« Definition oder Darstellung von Sachverhalten geht. Letztlich entscheiden dann Ausdauer und Penetranz darüber, was stehen bleibt. Inzwischen haben sich viele Autoren enttäuscht zurückgezogen: Fachwissen gilt einigen Aktiven als eher suspekt.

Für Tim Berners-Lee, den »Vater des Internet«, ist »Web 2.0« ohnehin nur ein Jargon, von dem keiner weiß, was er bedeutet, da das Web immer schon ein Angebot von Menschen für andere Menschen war (www.ibm.com/developerworks/podcast/dwi/cm-int082206.txt). Konsequenterweise werden die Diskussionen ums Web 2.0 denn auch nicht in technischen Entwicklerforen diskutiert, sondern in Marketing- und Werbeagenturen. Vermarktet werden die »2.0-Null«-Apps als »Humanisierung des Netzes«, da der Einzelne »aktiv« werden könne. Eine passende Persiflage auf Web 2.0 findet sich bei Lotter:

> »Pinseln: Es war einmal ein Junge, der hatte etwas ausgefressen, und als Strafe dafür wies ihm seine Tante eine besonders harte Strafe zu: Samstags, wenn die anderen Jungs im Fluss schwimmen durften, sollte er den riesigen Zaun vor dem Haus seiner Tante Polly streichen. Er hat eben missmutig mit der Arbeit begonnen, als sein Kumpel Ben vorbeikommt. Der verspottet ihn wegen der mühseligen Arbeit. Doch unser Junge ist schlau: ›Das macht doch keine Mühe, das ist der reine Spaß! Wann kann man schon mal ganz allein solch einen großen Zaun streichen?!‹ Da staunt Ben – denn Spaß will jeder haben. Statt Plackerei die reine Freude? Ben bettelt geradezu, mitmachen zu dürfen. Er zahlt sogar dafür. Einen saftigen Apfel. Und er streicht wie ein Verrückter, während unser Held im Schatten liegt. Nach und nach kommen noch mehr Willige, und sie alle geben einiges dafür, den Zaun Tante Pollys streichen zu dürfen. Abends ist un-

> ser Freund reich – seine Taschen sind voller kleiner Schätze. Mark Twain nannte diesen interessanten Vorgang ›Das ruhmreiche Zaunweißen‹, ein lehrreiches Stück aus seinem Romanepos ›Tom Sawyer‹. Das war 1876. Heute ist 2007, und diesen Prozess, an dem sich im Wesentlichen nichts geändert hat, nennt man Web 2.0« (Lotter 2007, S. 53).

Im Jahr 2017 streichen die freiwilligen Gehilfen zwar keinen Gartenzaun, stellen dafür aber immer umfangreichere Profile für die Datensammler ins Netz. Ohne es zu merken, kommunizieren sie immer seltener mit »Friends« und »Followern«, dafür immer häufiger mit (sprechenden) Bots (wie bei fast allen Hotlines oder beim Seitensprungportal Ashley Madison). Immer häufiger betreiben Social-Media-Agenturen solche Bots. Mithilfe von Data Analytics, Dienstleistern wie Cambridge Analytics und Psychometrikern wie Michal Kosinski (Grassegger/Krogerus 2016), die eine personalisierte Profilierung ermöglichen, können sie zielgenau Werbung adressieren. Auf dem »South by Southwest Festival« in Austin, einem Treffpunkt derjenigen, die sich im weitesten Sinn mit Kulturvermittlung, Neuen Medien, Computern und Robotern beschäftigen, diskutierte 2017 ein Produktchef von Facebook über lernende Bots, die unsere Freunde werden sollen (Heckenberger 2017, S. 3). Nicht als Fiktion wie im Film oder Computerspiel, sondern im realen Leben.

Das Web 2.0 hat die Nutzer durch ihre eigenen Aktivitäten gläsern gemacht. Reale Menschen als Partner werden immer unwichtiger. Sprachcomputer und synthetische Stimmen übernehmen ihren Part, wie es im Film »Her« von Spike Jonze (2013) der Fall ist. Aber »Samantha«, wie der Protagonist Theodore Twombly sein sprechendes Betriebssystem nennt, in das er sich verliebt und von dem er verlassen wird, ist im Kern nur eine moderne Variante von Joseph Weizenbaums interaktivem Sprachprogramm »Eliza« aus dem Jahr 1966. Das Prinzip »Kommunikation mit einer Software« hat schon damals so gut geklappt, dass Weizenbaum das Programm für seine Sekretärin sperren musste. Sie unterhielt sich lieber mit Eliza als zu arbeiten.

3.9 Mobilkommunikation

Seit Beginn der 1990er Jahre wächst der Markt der mobilen Telefone für Privatpersonen, seit Mitte der 1990er Jahre stehen immer leistungsfähigere Geräte mit neuen Dienstangeboten (E-Mail, Foren, Newsgroups…) zur Verfügung. Neue Geräte (Smartphones, Handhelds, Tablet-PC), die gelungene Marketingaktion »Web 2.0« und neue Plattformen wie Social Media (Facebook 2004, Twitter 2006, WhatsApp 2009, Instagram 2010, Snapchat 2011) generieren den nächsten »Hype« der »Dot.com-Community«.[8] Als (technische) Weiterentwicklung der stationären Computer etabliert sich

8 »Dot.Com« = Kürzel für kommerzielle Internetangebote.

das Smartphone seit 2007 als »Jederzeit- und Überall-Medium«. Der Aus- und Aufbau leistungsstarker Funknetze führt zur flächendeckenden Präsenz und Akzeptanz der »schlauen« (smarten) Mobiltelefone mit Display.

Apps – kleine Programme für spezielle Anwendungen – laufen der bisher üblichen, aufwendigen und teuren Software den Rang ab. Davon gibt es mittlerweile mehr als anderthalb Millionen – für jedes Betriebssystem (iOS und Android). Binnen kürzester Zeit sind ganze Länder und Bevölkerungssegmente mit digitalen Geräten ausgestattet. Sie prägen zunehmend das Kommunikations- und Sozialverhalten der Menschen.

3.10 Interaktion und Interaktivität

Was bedeutet es, wenn digitale Medien als »interaktiv« bezeichnet werden? War »Eliza« tatsächlich interaktiv oder kommt Interaktivität erst mit der künstlichen Intelligenz so richtig zum Tragen? Wenn Soziologen, Pädagogen und Psychologen von »Interaktion« sprechen, bezieht sich das in der Regel auf unser soziales Handeln und auf die interpersonale, also direkte Kommunikation. Auch (Re-)Aktionen und (Sprach-) Akte, die sich auf zwischenmenschliche Handlungen beziehen, fallen darunter (Zimbardo 1995, S. 65 f.).

Ingenieure und Informatiker sprechen dagegen von »Interaktivität«, wenn Menschen oder Maschinen ein technisches System bedienen, das auf die Aktionen reagiert. In der Regel handelt es sich dabei um das Aufrufen und Nutzen einer Programmfunktion. Bei der technikbasierten Interaktivität hat der Mensch kein direktes menschliches Gegenüber. Es gibt kein soziales Handeln und kein intuitives Reagieren der Maschinen. Was es stattdessen geben muss, ist die »Rückkanalfähigkeit« (Bieber/Leggewie 2004). Damit Mensch und Maschine miteinander kommunizieren können, bedarf es der Rückmeldung der Maschine (z. B. wenn eine Dialogbox meldet, dass der Druckauftrag in Arbeit ist). Die »Kommunikation« kann beliebig komplex ausfallen: von der einfachen Eingabe mit gewünschter Reaktion (z. B. »Strg P«, der Drucker beginnt zu drucken) über das Angebot, aus weiteren Optionen zu wählen, bis hin zu einer Folge von Aktionen, Wahlmöglichkeiten und Reaktionen (z. B. vor dem Drucken das Papierformat, das Ausgabegerät, die Druckeinstellungen… festlegen). Mensch und Maschine beeinflussen sich wechselseitig.

»Wechselseitig« bedeutet beispielsweise, dass die Software oder ein Betriebssystem auf (Tastatur-)Eingaben, Mausklicks oder das Tippen auf dem Touchscreen reagiert, Dialogboxen öffnet (oder schließt) und die Benutzer sich dann für eine angezeigte Funktion entscheiden (sie müssen wählen, damit etwas passiert). Haben sie sich entschieden und das Gewählte z. B. durch Anklicken ausgewählt, reagiert das System – meistens wie erwartet.

Im Vergleich zur menschlichen Interaktion ist diese Art Interaktivität ziemlich trivial. Selbst bei dem intelligenten Schachcomputer verläuft das Spiel streng nach den Regeln, die Programmentwickler zuvor dafür aufgestellt haben. Alle zulässigen Operationen sind mit Variablen und ergänzenden Parametern als Option hinterlegt, alle Regeln und mögliche Züge programmiert, frühere Partien als Muster hinterlegt. Optionen sind qualitativ bewertet, mit Musterpartien abgeglichen und statistisch quantifiziert. Auf dieser Basis berechnet der digitale Schachspieler die nächsten, wahrscheinlich effizientesten Züge. Rechenleistung statt Intuition und Denkvermögen.

Mit dem Wiederaufleben der künstlichen Intelligenz werten deren Anhänger das Bedienen digitaler Systeme nicht nur auf. Sie »vermenschlichen« die Systeme geradezu. Jetzt sprechen wir nicht nur mit unserem Computer (genauer: dem Betriebssystem), nein, der versteht uns sogar. Was im Hintergrund passiert, ist allerdings wenig menschlich: Die Sprache wird aufgezeichnet, im Netz von einer Spracherkennungssoftware ausgewertet und eine »Antwort« zurückgesandt, die uns schließlich eine synthetische Computerstimme (Alexa, Siri, Cortana) vorträgt.

Digitale Anwendungen sind im humanwissenschaftlichen Sprachverständnis nicht »interaktiv«. Es handelt sich vielmehr um Input-Output-Systeme mit programmierten Prozessen, die ein Ergebnis liefern. Durch steigende Rechenleistung und parallele Verarbeitung mehrerer Prozesse können die Reaktionen des Systems und die möglichen Programmaktionen schneller und komplexer werden. Behavioristen und Sozialingenieure überhöhen gemeinsam mit Informatikern und Kybernetikern die technischen Systeme zu quasi menschenähnlichen Interaktionspartnern. Zugleich reduzieren sie den Menschen zu Unrecht zu einem Input-Output-System.

Die Begriffsverschiebung von »zwischenmenschliche Interaktion« zu »Mensch-Maschine-Interaktion« hat konzeptionelle Gründe: Die Maschine (der Computer) wird sprachlich zum potenziellen »Kommunikationspartner« und kann (soll) in Schule und Studium, in der ärztlichen Betreuung, im Call- und Service-Center das (teure) humane Gegenüber ersetzen. Es ist die immer gleiche Denkstruktur: Nachdem Weizenbaum sein Spracherkennungsprogramm »Eliza« vorgestellt hatte, wurden Forderungen laut, diese Software doch in der Psychoanalyse einzusetzen. Man könne Therapeuten sparen. Praktizierende Psychiater glaubten, ein »Doctor-Programm« ließe sich zu einer »völlig automatischen Form der Psychotherapie« ausbauen. Für Joseph Weizenbaum, einen der wichtigsten Computerpioniere des 20. Jahrhunderts, ein erschreckendes Zeichen dafür, »welche übertriebenen Eigenschaften selbst ein gebildetes Publikum einer Technologie zuschreiben kann oder sogar will, von der es nichts versteht« (Weizenbaum 1977, S. 17 f.).

3.11 Popularisierung der Medien

Erinnern Sie sich an die Ausgangsidee des Webs: eine kostenlose und offene Plattform für die Publikation und den Austausch wissenschaftlicher Texte. Mit dem heutigen Web hat diese Idee wenig gemein. Consumer-Web, weltweite Monopolisierung von Diensten (Google, Amazon), abgeschottete Communities (Apple, Facebook) oder Web-2.0-Applikationen, in denen Menschen ihre Privatsphäre für alle Welt öffnen (Facebook, Twitter, Blogs), haben mit der ursprünglichen Intention des weltweiten Netzes in etwa so viel gemeinsam wie ein Großteil der heutigen Buchpublikationen mit der 42-zeiligen Gutenberg-Bibel. Wie bei allen Medien zeigt sich auch im Web eine typische Entwicklung, allerdings im Zeitraffer: Aus einem anfangs elitären und teuren Schriftmedium für die lesekundigen Gebildeten wird mittelfristig ein bildlastiges (und wahlweise: banales, populäres, triviales) Konsum- bzw. Massenmedium zur Unterhaltung.

Das galt bereits zu Gutenbergs Zeiten. Gedruckt wurden zunächst die Bibel und Texte der Kirchenväter. In höheren Auflagen verließen dann Andachtsblätter, Spruchbüchlein, Ablassbriefe und Spielkarten die Druckereien, bevor Flugblätter und Flugschriften auch den öffentlichen Raum okkupierten und der Schriftdruck als Propagandamedium eingesetzt wurde. (Die Reformation 1517 wäre ohne den Schriftdruck und die damit höhere Reichweite der Thesen nicht möglich gewesen.) Ähnliches lässt sich bei den öffentlich-rechtlichen Sendeanstalten der Bundesrepublik feststellen. Deren Programm wurde mit dem aufkommenden Privatfernsehen (1984) und dem simplifizierenden Argument der »Quote« deutlich populärer, unterhaltsamer und trivialer.

Zugleich zeigt sich im Web der mögliche Gebrauch eines öffentlichen und nicht reglementierten Kommunikationsmittels. Positive Verhaltensweisen (Kooperation, Hilfsbereitschaft, Arbeit an Gemeinschaftsprojekten) werden ebenso wie negative Verhaltensweisen (Stalking, Mobbing, Verleumdung, Hasskommentare) verstärkt (siehe Spitzer 2012, S. 110 f.; Lanier 2010, S. 87 f.) – gefördert durch die vermeintliche Anonymität des Webs. Bei direkten zwischenmenschlichen Kontakten würde ein solches Verhalten sofort sanktioniert. Um dem einen Riegel vorzuschieben, müssen die Gesetzgeber mit entsprechenden Gesetzen reagieren und das Primat des Rechts im Web durchsetzen. Vor allem aber muss sich bei den Publizierenden das bislang gültige Rechtsverständnis durchsetzen, dass zur Meinungs- und Publikationsfreiheit zwingend die Kehrseite gehört: Jeder muss sein Tun verantworten und kann für sein Tun zur Rechenschaft gezogen werden. Jeder Post im Web, jede E-Mail lässt sich bis zur Maschine des Senders zurückverfolgen (Laptop, Tablet, Smartphone …). Das Web kennt keine echte Anonymität. Das muss den Handelnden bewusst werden.

Anonymität und Web sind ein Widerspruch

Anonymität und digitale Netze schließen sich aus. Anonym ist man im Netz nur vordergründig. Alle Aktionen eines Nutzers werden sowohl lokal wie beim Provider protokolliert. Jedes digitale Gerät ist über eine eindeutige Netzwerk-Adresse identifizierbar und über GPS lokalisierbar. Wer über entsprechende Dienste (Anonymizer, TOR-Browser, Verschlüsselung) seine Herkunft verschleiert, erhöht den technischen Aufwand für die Identifikation, kann sie aber nicht gänzlich verhindern.

In Deutschland haben die Strafverfolgungsbehörden Zugriff auf die Provider-Daten, sobald ein Richter es genehmigt. Im Rahmen internationaler Operationen tauschen die westlichen Geheimdienste die Metadaten (Verbindungsdaten: wer wann mit wem telefoniert, chattet, bloggt) aus. In den Vereinigten Staaten müssen alle Provider seit 2002 den Geheimdiensten sämtliche Daten bereitstellen, sobald terroristische Aktionen auch nur vermutet werden (»Home Security Act«). Generell gilt: Wer welche Daten in welchem Umfang speichert und auswertet, ist ungewiss und wird, wann immer Geheimdienste involviert sind, ungewiss bleiben. Sicher ist, dass die technischen Möglichkeiten des Speicherns personenbezogener Daten samt Profilierung nicht weniger werden. Sicher ist auch, dass das 21. Jahrhundert verstärkt autoritäre politische Systeme erleben wird, die mit genau diesen Daten gegen alle oppositionellen und nichtkonformen Bürger vorgehen werden. Sicher ist, dass sich Anonymität und digitale Netzwerke ausschließen, weshalb Oppositionsbewegungen in autoritären Staaten heute wieder auf analoge Medien (Flugblätter, Plakate...) und direkte Kommunikation ausweichen. Ein arabischer Frühling, über das Netz organisiert, würde heute von den Sicherheits- und Geheimdiensten durch den Zugriff auf die Social-Media-Dienste und die Auswertung der Metadaten unterbunden.

Grundsätzlich gilt: Es ist nichts neu im Web, nur radikaler. Anonyme Briefe und Anrufe gab es in der analogen Variante ebenso wie Denunziation oder üble Nachrede. Nur verführen die Arbeit am Display ohne persönlichen Kontakt und das vermeintlich geringe Risiko viele Menschen zu unbedachten oder sogar kriminellen Aktionen, etwa zum unberechtigten Kopieren und Downloaden, zu Verunglimpfungen oder Aufrufen zur Selbstjustiz. Es ist dringend notwendig, den Umgang mit digitalen Medien zu lernen. Das gilt umso mehr, als bei den digitalen Diensten das Gegenüber fehlt: Wer sich unbeobachtet fühlt, wagt mehr. Ohne das Regulativ eines sozialen Gegenübers überschreitet man schneller die Grenzen dessen, was man unterlassen sollte.

3.12 Mainframe – PC – Cloud

Wer die Entwicklung und Genese des Webs betrachtet, den dürfte die rasche Akzeptanz und die mittlerweile nahezu allgegenwärtige Präsenz eines bis dato nicht vermissten Mediums überraschen. Kaum mehr als 25 Jahre alt,[9] ist das »24/7-Web« für viele zum unverzichtbaren Leitmedium geworden. Selten haben ein Medium und die dazu gehörenden technischen Geräte die Lebenswirklichkeit so vieler Menschen so deutlich verändert. Kurioserweise hat sich dieser Wandel nach dem ersten Internet-Hype und dem Zusammenbruch des »Neuen Markts« (im Jahr 2000) beschleunigt. Der zweite Hype (2002 bis 2008) erhielt durch die Mobilgeräte und (ab 2007) das Smartphone starken Antrieb. Waren PCs und die meisten Laptops in erster Linie Arbeitsgeräte, mit denen man auch spielen konnte, haben sich die kleinen und mobilen Geräte zum Berufs- und Alltagsbegleiter gewandelt. Wobei Tablet und vor allem Smartphone vom Konzept her zur Unterhaltungselektronik gehören. Und die meisten Menschen nutzen

9 Offizieller Start: 6. August 1991 (Freigabe HTML-Spezifikation).

sie auch so: kommunizieren, konsumieren, spielen. Sie ignorieren dabei die technisch eher rückwärtsgewandte Entwicklung, die aus dem »freien Internet« des Berners-Lee oder der Utopie eines Barlow ein immer stärker reglementiertes Medium macht.

Die technische Entwicklung der Informationstechnologie mit Fokus auf Rechnerarbeitsplätze lässt sich in drei große Schritte einteilen:[10]

1) Von den 1940er Jahren bis Anfang der 1980er Jahre wurden »Mainframes« genannte Großrechner gebaut. Sie waren als zentrale Recheneinheit mit zentraler Rechenleistung sowie zentral gespeicherten Daten und Anwendungsprogrammen konzipiert. Hard- und Software wurden ebenso im Rechenzentrum des Unternehmens, der Universität oder der Behörde installiert und verwaltet wie die Anwenderdaten gespeichert. An den Einzelarbeitsplätzen hatten die Nutzer Zugriff über das interne Netzwerk und physische Kabel. Funkverbindungen, obgleich vorhanden und einsatzfähig, blieben zunächst dem Militär vorbehalten.

   Die »dummen« Terminals (die Arbeitsplätze) bestanden aus Tastatur und Bildschirm – und einem Kabel in der Wand. Jede Eingabe wurde an den Hauptrechner übermittelt, dort verarbeitet, die Ausgabe (z. B. die Anzeige von Buchstaben) von dort auf den Monitor der Benutzer geschickt. Wer programmierte, schickte den Code als Datei an den Zentralrechner und erhielt das verarbeitete (compilierte) Ergebnis zurückgespielt.

   Die Nutzer waren vollständig abhängig vom Rechenzentrum, den dort installierten Anwendungen und den ihnen auf dem Server zugeschriebenen Rechten (Lesen, Schreiben, Programme ausführen). Dafür mussten sie sich weder um Hard- oder Software-Updates, regelmäßiges Sichern der Daten oder das Funktionieren des Systems kümmern.

2) Zu Beginn der 1980er Jahre begann die Umstellung auf Personal Computer (PC),[11] das heißt die Dezentralisierung der Rechenleistung und Auslagerung auf lokale Rechner. Die Struktur aus dezentralen Einzelrechnern bestimmt noch heute in vielen Fällen die Infrastruktur, wenn auch meist in Form von Laptop oder Notebook als Endgeräte. Die Arbeitsplatzrechner oder Mobilgeräte lassen sich untereinander, mit einem zentralen Server oder dem Internet zu einem Netzwerk zusammenschließen, meist per Kabel, alternativ auch per Funk (Akustikkoppler, Modem, Surfstick). Üblicherweise befinden sich auf der Festplatte eines PCs so-

10 Die hier angesprochenen technischen Entwicklungen und Daten fokussieren auf den zivilen und privaten Bereich, auf den Einsatz von Rechnern in Unternehmen, Behörden und Universitäten. Der Einsatz im militärischen Sektor, wo diese Techniken entwickelt wurden, begann in den 1930er Jahren und war Teil der Kriegsführung im Zweiten Weltkrieg. Genannt sei hier nur der Brite Alan Turing, der entscheidend dazu beitrug, die chiffrierten Wehrmachtsbefehle der Enigma-Verschlüsselungsmaschine zu dechiffrieren.

11 Den ersten kommerziell erfolgreichen PC brachte Apple 1977 auf den Markt (Apple II), bevor am 12. August 1981 der erste PC des Marktführers für Großrechenanlagen IBM (International Business Machines Corporation) öffentlich vorgestellt wurde: der IBM 5150.

wohl das Betriebssystem als auch Anwendungsprogramme. Die Arbeitsdaten werden ebenfalls lokal gespeichert.

Personal Computer sind autonome Einheiten, die keinerlei Anbindung an Großrechner benötigen. Die vollständige (technische) Autonomie dieser Geräte überantwortet den Nutzern Aufgaben, die vorher der Administrator oder Systembetreuer übernahm: die Installation von Programmen etwa, Updates oder die regelmäßige Datensicherung.

3) Zurzeit propagieren Telekommunikations- und IT-Unternehmen eine Kehrtwende hin zur zentralen Computerorganisation. Das Schlagwort dafür heißt »Cloud« oder »Cloud Computing«. Hierbei übernehmen die Internet Service Provider (ISP) oder die Softwareanbieter die Installation von Anwendungsprogrammen sowie die Datenhaltung (Data Storing) und Datensicherung (mehrfach redundante Backups). Programme und Anwenderdaten werden im Netz gespeichert. Die Nutzer wählen sich mit Laptop, Notebook oder Smartphone über einen Browser und eine Web-Adresse bei ihrem Provider oder Softwareanbieter ein und arbeiten online. Wer zwischen Off- und Online-Modus wählen will, muss ein Gerät mit eigenem Arbeitsspeicher und mit Festplatte benutzen. Nur damit können lokal Anwendungsprogramme installiert und Daten gesichert werden. Bei Netbooks ohne eigene bzw. mit minimaler Speichereinheit bzw. ohne Festplatte ist nur der Online-Modus möglich.

Der Online-Modus gilt ebenso für Software, die nicht gekauft, sondern geleast wird und nur in der Cloud bzw. online nutzbar ist. Ein rudimentäres Betriebssystem startet die wenigen, lokal installierten Anwendungen (Browser, Internetzugang, Druckertreiber). Alle weiteren Programme und Zusatzangebote liegen extern auf dem Webserver: Dort werden sie gestartet, dort werden die Daten (im Onlinemodus) gespeichert. Wie beim Mainframe-Konzept besteht der Vorteil für die Nutzer darin, dass sie sich weder um die Installation von Software noch um Updates, Datensicherung oder die Sicherheit des Servers kümmern müssen.

Nach etwa dreißig Jahren zunehmender Autonomie durch Personal Computer entsteht aktuell eine Variante des ursprünglichen »Mainframe-Konzepts« mit »dummen Terminals«. Allerdings stehen die Server heute nicht mehr im lokalen Rechenzentrum, auf das nur die jeweiligen Administratoren zugreifen können. Sie befinden sich stattdessen auf einer »Serverfarm« in der ausgelagerten »Cloud«. Bei deutschen Anbietern für Cloud Computing sollten sie aus juristischen Gründen in Deutschland stehen (siehe Lankau/Treffert 2006, S. 37). Bei internationalen Unternehmen und Dienstleistern stehen die Server in der Regel in den Vereinigten Staaten – und gehören entweder Amazon (Amazon Web Services, AWS), Google oder Microsoft. Wer mit ihnen zusammenarbeitet, sollte wissen, dass der physische Standort des Providers bei Rechtsfragen ausschlaggebend ist. »Es gilt das Recht des Staates Ohio.« So stand es vor Jahren in den Verträgen des Providers AOL. Das gilt für Provider und Dienstleister bis heute. Alle, die in der Cloud arbeiten und Daten speichern, sollten sehr genau darauf achten, wo die entsprechenden Server stehen, wo sich die eigenen Daten befinden und wer darauf Zugriff hat.

Aus Sicht von Systemadministratoren ist »Cloud Computing« als aktuelle Form der zentralisierten Netzstruktur sinnvoll und praktisch. Zentralserver können deutlich effizienter und schneller aktualisiert und (täglich) gesichert werden als viele Einzelrechner. Die auf dem Server eingeloggten Benutzer (»Clients«) können nur eigene Daten löschen. Das System ist und bleibt weitgehend stabil, unabhängig davon, was die Menschen – das »Risiko vor dem Bildschirm« – an Tastatur, Maus oder Joystick machen (siehe Blechschmidt 2011).

Die Interessen der Administratoren (zentrale Installation, Rechtevergabe, Datensicherung) korrelieren mit den Interessen der Softwareanbieter. Mit Cloud Computing lässt sich das unberechtigte Kopieren von Software ebenso verhindern wie die mehrfache Installation. Zentralisierung ermöglicht die vollständige Kontrolle über das System und die Nutzer. Dummerweise bietet sie sich zunehmend als Einfallstor für Unberechtigte an. Wer Kontrolle und Datendiebstahl oder -manipulation für sich verhindern möchte, sollte alle Entwicklungs- und Produktionsrechner vom Netz nehmen und sie nur lokal miteinander vernetzen.

3.13 Digitaltechnik als Speichermedium

Mainframe, PC, Cloud: In nur 25 Jahren änderte sich die Arbeitsumgebung der Nutzer mehrfach und grundlegend. Das betrifft die Hardware genauso wie die Software. Die Wechsel beeinflussen die tägliche Arbeit, teilweise behindern sie sie sogar. So wechseln die Speichermedien und die Anschlüsse alle fünf bis sieben Jahre. Wer über längere Zeiträume auf seine lokalen Daten zugreifen will, muss nicht nur die laufenden Projekte speichern und zusätzlich sichern. Auch die alten Daten müssen regelmäßig gesichert werden: auf neuen Datenträgern mit aktueller Technik und neuen Schnittstellen. Datenverlust durch Entmagnetisierung wird durch regelmäßiges Umkopieren verhindert. Viele Nutzer vernachlässigen jedoch die regelmäßige Sicherung ihrer Daten, weil sie sich des Umfangs und der Konsequenzen nicht bewusst sind. Es gibt kein anderes Speichermedium mit so kurzen Lebenszyklen wie die Digitaltechnik. Ob die Alternative, alles ins Netz zu kopieren, eine kluge Lösung ist, wird im Kapitel über Datensicherheit angesprochen.

Update-Zwang

»Im Takt mit der digital geprägten und globalisierten Welt werden Lerninhalte in deutlich kürzeren Zyklen aktualisiert werden müssen«, stellt das BMBF in seinem Strategiepapier fest (vgl. Kap. 1). Der Zwang zum Aktualisieren (Update) in immer kürzeren Zyklen ist ein typisches Merkmal digitaler Technik(en). Bei Kommunikationssoftware (Browser und Apps, E-Mail, Messenger) stört das die Nutzer wenig – kaum jemand dürfte aus dem Stand wissen, welche Version das E-Mail-Programm oder der Browser auf seinem Rechner hat, solange alles einwandfrei funktioniert. Anstrengend und ärgerlich wird es allerdings, wenn sich Arbeitsprogramme (oder Lernprogramme) und deren Funktionalität oder Bedienung immer wieder ändern. Denn der Einsatz von Programmen ist ein typisches Beispiel für die unbewusste (Selbst-)Programmierung durch das Werkzeug und das eigene Tun. Jeder gewöhnt sich an Arbeitsabläufe, entwickelt nach und nach Routinen. Das ist notwendig, um sich nach der Lern- und Einarbeitungsphase auf die eigentlichen Aufgaben konzentrieren zu können. Ändern sich aufgrund eines Updates z. B. Funktionsaufrufe oder Menüstrukturen in einem Programm, dann steht statt der Arbeit die Software – das Werkzeug – im Vordergrund. Dabei sollte die Programmbedienung Mittel und nicht Zweck unserer Arbeit sein.

Wer Software als Werkzeug begreift, hat weder Interesse noch Verständnis für ständige Änderungen der Funktionen, Oberflächen und Icons. Eines der Kriterien für ergonomisch gestaltete grafische Oberflächen ist »Erwartungskonformität«.[12] Die fehlt bei jeder neuen, noch »funktioneller« gestalteten Version. So führen regelmäßige Updates der Software zu regelmäßigen Unterbrechungen im Arbeitsfluss (Workflow). Und mehr noch: Je nach Umfang der Updates müssen Schulungen organisiert (und bezahlt), eventuell Rechner aufgerüstet und vorher Komplettsicherungen angefertigt werden. Das alles kostet Geld, Zeit und Nerven.

Updates, Upgrades (mit neuen Funktionen) oder Relaunches von Oberfläche und Bedienung entsprechen selten den Bedürfnissen der Anwender, sondern der Logik des Anbieters, der Umsätze verstetigen will. Versionswechsel schaffen Sachzwänge. Die notwendige Kompatibilität beim Datenaustausch zwingt alle professionellen Nutzer zum Update.[13]

Online-Zwang

Einen Schritt weiter in Richtung Kontrollgesellschaft (siehe Deleuze 1993) geht der um sich greifende Online-Zwang, um regulär gekaufte Software vollständig nutzen zu können. Der bei Registrierung automatisch generierte Berechtigungscode ist an die

12 Bildschirmarbeitsplatzverordnung (BildscharbV; Richtlinie 90/270/EWG; insbesondere DIN EN ISO 9241) mit den Kriterien 1. Aufgabenangemessenheit, 2. Selbstbeschreibungsfähigkeit, 3. Steuerbarkeit , 4. Erwartungskonformität, 5. Fehlertoleranz, 6. Individualisierbarkeit, 7. Lernförderlichkeit.

13 Mit neueren Programmversionen kann man auch Dateien öffnen, die mit älteren Versionen erstellt wurden (Abwärtskompatibilität). Umgekehrt geht das in der Regel nicht (fehlende Aufwärtskompatibilität). Das sind keine technisch notwendigen Beschränkungen, da neue Funktionen deaktiviert werden könnten. Die vorsätzliche Inkompatibilität schafft stattdessen Sachzwänge für das Update möglichst vieler Beteiligter.

Hardware (Chipsatz, Festplatte, Netzwerkkarte) des Nutzers gekoppelt. Das Wechseln von Hardwarekomponenten erzwingt das erneute Anmelden, um einen neuen Freischaltcode zu erzeugen. »So oft wechselt man Festplatten nicht, so oft installiert man das Betriebssystem nicht neu.« Wer das sagt, verkennt das Grundproblem. Wenn regulär gekaufte Software nur nach einer Online-Identifikation startet, wird der Rechner in den Online-Modus gezwungen. Den Offline-Modus gibt es nicht mehr.

Das bei Online-Computerspielen gängige Modell (es erschwert Raubkopien) wird auf klassische Anwendungssoftware übertragen. Software-Anbieter stellen vom Verkauf auf ein Abonnement (Leasing) um. Statt Software mit Lizenznummer auf Datenträgern zu kaufen, leasen die Anwender ihre Programme für einen monatlichen Fixbetrag. Weil Software und Nutzerdaten auf dem Server des Herstellers liegen, bedarf es zum Arbeiten einer funktionierenden und permanenten Internetverbindung. Ob und in welchem Zyklus die Leasingraten steigen, entzieht sich dem Einfluss der Nutzer ebenso wie die regelmäßigen Zwangs-Updates und Funktionsänderungen der Software. Eine Alternative wäre: Offline-Rechner, lokal installierte Arbeits- und Produktionsumgebung und Open-Source-Software.

Das klingt zunächst absurd, ist aber z.B. das Konzept des Apple Design Center, in dem alle neuen Apple-Geräte entwickelt werden. Die Entwickler und Designer in Cupertino arbeiten offline, morgens geben sie alle privaten Digitalgeräte (Digital Device) am Eingang ab. Sie haben vertraglich vereinbart, nichts über ihre Arbeit und die Pläne nach außen dringen zu lassen. Millionenschwere Konventionalstrafen drohen dem, der sich nicht daran hält. So konnten Steve Jobs und der heutige Apple-Chef Tim Cook entscheiden, wann die Apple-Gemeinde und die Welt ein neues Produkt zum ersten Mal zu sehen bekamen.

Im Design Center selbst hat man neben den neuesten Rechnern und der aktuellen Software all das zur Verfügung, was man zum kreativen Arbeiten, Denken und Entwickeln braucht. Die Rechner sind untereinander vernetzt, doch es gibt keine Verbindung nach außen. Nur so, physisch vom Netz getrennt, kann Geheimhaltung gelingen.

3.14 Geschlossene Gesellschaft

Aus einer großen Idee mit einer ursprünglich einfachen Technik (Browser für jede Hardware und jedes Betriebssystem) wurde ein Marktplatz weniger Global Player, die die Konsumenten in ihre »Community« ziehen (wollen). Vorsätzlich eingebaute Hürden in der Hard- und Software erschweren den Wechsel zwischen den Anbietern. Für das private Kommunizieren, Konsumieren, Selbstoptimieren und Spielen mögen Mainframe-Konzepte in der Cloud-Variante attraktiv sein. Für professionelle Nutzer haben sie jedoch schwerwiegende Konsequenzen. Entwickelt wird nicht mehr hard- und softwareneutral, sondern für die jeweiligen Geräte und Plattformen bzw. Vorgaben des Anbieters. Führend in diesem Konzept des »Walled Garden« ist Apple, das Technik, Applikation und Inhalte nur für die Nutzer der eigenen Hardware anbietet.

Google zieht mit Android nach, »erlaubt« aber, Software (Apps) von Dritten zu installieren. Diese Geschäftsmodelle, »Closed Communities« genannt, werden von Netzaktivisten scharf kritisiert.

Wer sich schon länger mit dem World Wide Web beschäftigt, erinnert sich vielleicht noch an den »Browser-Krieg« zwischen Netscape und Microsoft. Friedlicher ist es seitdem nicht geworden. Gefochten wird heute mehr denn je um die Nutzer, die an die eigene Plattform gebunden werden sollen. Wer sich bei Anbieter XY einloggt, soll dort möglichst alles erledigen können: kommunizieren, informieren, konsumieren. Bei den kleinen Zusatzprogrammen für die Mobilgeräte (Apps) ist das bereits erfolgreich gelungen. Sie werden explizit für die entsprechenden Betriebssysteme (Android, MacOS) entwickelt und laufen ausschließlich dort.

Aus der Idee einer gemeinsamen Kommunikationsplattform wurde Inkompatibilität aus (Geschäfts-)Prinzip. Was Stephane Hessel auf der politischen Ebene einfordert (»Empört euch, engagiert euch«), reklamiert inzwischen der »Vater des Web«, Tim Berners-Lee, für die Internet-Nutzer: »Mischt euch ein. (…) Teilt eure Ideen mit anderen und baut gemeinsam etwas auf. (…) Setzt den Monopolisten im Netz etwas entgegen« (zit. nach Berendsen 2012, S. 27).

Hier öffnet sich ein Aufgabenfeld für Schulen und Bildungseinrichtungen. Qualifizierter IT-Unterricht mit Medienprojekten, Diskussionen und Reflexionen sollte Schülerinnen und Schüler für Daten im Netz und Datenschutz sensibel machen. Andernfalls hat das technologisch totalitäre Mainframe-Cloud-Konzept gute Chancen, sich über Smartphones, Netz-PCs und Tablets durchzusetzen. Die multimediafähigen Endgeräte und vielfältigen Entertainment-Angebote haben immer zwei Seiten: Sie unterhalten und verbinden uns, ziehen aber gleichzeitig all die Daten ab, die wir generieren. Der ständige Rückkanal bildet mit Big Data Analytics bzw. Big Data Mining ein überwältigendes Team. Wir hängen an der digitalen Leine. 24 Stunden am Tag, während der Arbeit und in der Freizeit.

»Es ist so bequem, unmündig zu sein. Habe ich ein Buch, das für mich Verstand hat, einen Seelsorger, der für mich Gewissen hat, einen Arzt, der für mich die Diät beurteilt usw., so brauche ich mich ja nicht selbst zu bemühen. Ich habe nicht nötig zu denken, wenn ich nur bezahlen kann; andere werden das verdrießliche Geschäft schon für mich übernehmen.« Es lohnt sich, Kants Aufsatz »Beantwortung der Frage: Was ist Aufklärung?« angesichts der freiwilligen Entmündigung durch digitale Geräte und Netzdienste neu zu lesen.

4. Datenschutz und Cybersicherheit

Jeder Nutzer von Digital- und Netzwerktechniken nimmt den permanenten Rückkanal in Kauf. Denn Provider und Anbieter speichern nicht nur alle Verbindungsdaten, sondern auch alle Aktionen und medial kommunizierten Inhalte. Die Komplettüberwachung der Bürger demokratischer Staaten durch eigene oder befreundete Geheimdienste ist dabei nur ein Aspekt, wie die von WikiLeaks im März 2017 veröffentlichten CIA-Papiere zeigen. Edward Snowden hatte bereits 2013 den Umfang der Datensammelaktionen der USA und Großbritanniens publiziert.

Die Profilierung von Minderjährigen durch E-Learning-Tools und Learning Analytics ist ein besonders drastisches Beispiel für den Verlust der Kontrolle über die hungrigen Datensammler. Genau das passiert an allen Schulen, die Daten zwischen Schülern, Lehrern und anderen Schulen über das öffentliche Netz austauschen. Um das zu verhindern, ist in den USA das Tracken und Auswerten von Daten in und zwischen Schulen verboten. Der »Childrens Online Privacy Property Act« (COPPA) stellt das Sammeln von Daten Minderjähriger (unter 13 Jahren) unter Strafe. Solche Regelungen fehlen in Deutschland und Europa. Deshalb finden hierzulande Lehrkräfte nichts dabei, auf beliebten Social-Media-Plattformen wie Facebook, WhatsApp oder Instagram mit ihren Schülern zu kommunizieren. Erschreckend ist dabei sowohl das fehlende technische Verständnis – wer weiß schon, welche Daten transferiert werden – als auch die fehlende Sensibilität für personenbezogene Daten von Minderjährigen. Selbstverständlich ist es bequem, am Nachmittag mit Schülerinnen und Schülern online den Kontakt zu halten. Außerdem gilt man so als »moderne Lehrkraft«. Doch mit jedem Datentransfer wächst die Gefahr, Menschen (und ganze Gesellschaften) zu beeinflussen und zu steuern: mithilfe der personalisierten Daten und des automatisierten Feedbacks durch Bots und synthetische Sprachsysteme. Big Brother durch Big Data.

4.1 Datensammler im Netz

Das Netz ist heute eine Datensammelmaschine für personenbezogene Daten. Würden nur die Daten zu Profilen zusammengetragen, die jeder Einzelne für sich selbst eingibt, ließe sich das durch das eigene Verhalten beeinflussen. Doch selbst mit Datensparsamkeit und alternativen Internetdiensten wie Ixquick oder Messenger Signal bleiben die Marktmechanismen der unfreiwilligen Profilierung möglichst vieler Menschen in Kraft. Längst werden die Daten aller im Internet aktiven Nutzer automatisch gesammelt und ausgewertet. Keiner kann sich dem entziehen.

Wer sich ins Netz begibt, sollte sich darüber im Klaren sein, wo welche Daten erhoben und zusammengetragen werden. Amazon, Apple, Facebook und Google zählen zu den großen Datenkraken, doch personenbezogene Daten sammeln fast alle, die im Web Dienste und Waren anbieten. Dazu gehören

1) Daten, die man in Social-Media-Plattformen oder Messenger-Diensten selbst eingibt, wissentlich speichert und seinen »Freunden« zur Verfügung stellt. Die Daten lassen sich nicht oder nur sehr schwer löschen, selbst wenn man sich abmeldet. »Es gibt kein Logout«, hieß es diesbezüglich schon vor Jahren in der FAZ (Haupt 2010, S. 33). Auch wenn z. B. Facebook mittlerweile nicht mehr offensichtlich Nutzer blockiert, die Daten des eigenen Profils direkt oder per Software löschen wollen (Facebook ging eine Weile juristisch gegen Betreiber von Websites vor, die Nutzer beim Ausstieg aus »sozialen Netzwerken« helfen wollten), steht in den Lizenzbestimmungen explizit, dass der Dienstleister die Daten speichern und nutzen darf, auch nach Abmeldung und sogar ohne das Wissen der Nutzer. Die Nutzungsrechte für Bilder erhält Facebook & Co. bereits mit dem Upload.

   Darüber hinaus kommen Keylogger zum Einsatz. Die Wissenschaftlerin Vicki Boykis schreibt, dass Facebook nicht nur von den Nutzern gelöschte Informationen speichert und dem Profil zuordnet (https://veekaybee.github.io/facebook-is-collecting-this). Auch Posts, die nur getippt, aber nicht abgeschickt werden, vergrößern den Datenschatz. »Facebook, führt Boykis auf, analysiert neben dem Sozialgefüge von Migrantengemeinden in den USA auch das Outingverhalten von homosexuellen Nutzern und unterhält dank seiner Deep-Face-Technologie die wohl mit Abstand größte Datenbank von biometrischen Gesichtsmarkern, die es gibt. Genau solche Informationen also, die man im Amerika von Donald Trump nicht in an einer Stelle konzentriert sehen will« (Moorstedt 2017).

   Facebook begründet das offiziell damit, aus rein wissenschaftlichem Interesse die Selbstzensur von Menschen untersuchen zu wollen. Denn aus psychologischer Sicht ist es mindestens so interessant zu lesen, was jemand aus einem Impuls heraus schreibt und wieder löscht, wie zu lesen, was tatsächlich gepostet wird. Diese ersten impulsiven Reaktionen charakterisierten einen Menschen besser als jeder Korrektur gelesene und reflektierte Beitrag.

   Ein Datengeschenk machen all die Nutzer, die ihre digitalen Adressbücher an Anbieter wie Facebook übermitteln, um sie abgleichen zu lassen. Sie erhalten dafür eine Liste mit Namen von den Personen, die ebenfalls auf der Plattform aktiv sind. Den größeren Nutzen hat aber Facebook oder jeder andere Dienst. Denn in dem Adressbuch stehen üblicherweise auch Namen und Kontaktdaten von Menschen, die bisher noch kein Profil angelegt haben. Mit den Adressbuchdaten können sie gezielt zum Beitritt geworben werden. Ähnliche Funktionen gibt es für fast alle Programme und Plattformen, nur werden sie seltener bekannt als bei Facebook oder Google, die aufgrund ihrer Marktmacht stärker im Fokus der (kritischen) Öffentlichkeit stehen.
2) personenbezogene Daten, die auf Anfragen anderer Nutzer hin generiert werden. Wer im Netz nach der Person XY sucht, wird nicht nur mit dieser Person (falls vor-

handen) verknüpft, sondern auch mit allen anderen, die nach diesem Namen gesucht haben, ergänzt um die jeweils vorliegenden Daten zu den einzelnen Profilen.

3) Gesichter auf Fotografien, die beim Hochladen automatisch »getaggt«, also nach biometrischen Merkmalen gescannt und, falls erkannt, mit Namen versehen werden. So zeigt Facebook hochgeladene, automatisch getaggte und mit Namen versehene Fotografien den »Freunden« mit der Bitte, falsche Namen zu ändern oder (noch) unbekannte Gesichter zu identifizieren und den korrekten Namen einzutragen.

   Dank der immer besseren Gesichtserkennungssoftware reicht es inzwischen schon aus, auf einer Fotografie nur im Hintergrund zu stehen. Daraus entsteht ein (nur für den Anbieter sichtbares) Profil mit biometrisch ausgewertetem Foto, Realnamen und weiteren Informationen zur Person. Wer das nicht möchte, kann sich nur noch mit einer Maske in öffentlichen Raum bewegen – oder besser gar nicht. Denn mit der App »FindFace« kann man im Netz auf jedem beliebigen Schnappschuss nach der fotografierten Person suchen. Eine Einladung für Stalker und andere Kriminelle.

4) weiterführende Daten, die aus Verweisen (Links) oder Suchanfragen generiert werden (Name in Verbindung mit Adressen, besuchten Schulen und Klassen, Studienorten und Mitbewohnern, Studienprojekten oder anderen Aktivitäten). Die Häufung von Suchanfragen erzeugt ein indirektes, gleichwohl markantes Profil aus Kontaktdaten, Personen, Orten und Aktivitäten.

5) Metadaten durch den Abgleich mit Datenbeständen der Telekommunikationsanbieter (Telefonlisten, E-Mail-Adressen in Smartphones, Bewegungsdaten per GPS, Protokolle der Internetsitzungen usw.).

6) Daten, die aus öffentlichen Beständen, Netzwerken und Datenbanken (GEZ, Einwohnermeldeamt, Behörden) nach allgemeinen Kriterien (Alter, Geschlecht, Sozialstatuts usw.) zusammengetragen und ausgewertet werden.

Diese Liste ließe sich beliebig verlängern. Durch mobile Geräte teilt sich zwar das Datenprofil jedes Einzelnen auf verschiedene Apps und Dienste auf. Es wird dadurch aber im Detail immer genauer und aussagekräftiger. Wo immer personenbezogene und personalisierte Daten entstehen, werden sie mit anderen Datenbeständen abgeglichen, ergänzt und ausgetauscht. Jeder Nutzer sollte sich darüber im Klaren sein, dass alle im Internet erzeugten Daten (Suchanfragen, Mausklicks, Kommentare, Bestellungen usw.) gespeichert und trotz angeblicher Anonymisierung personenscharf zugeordnet werden können.

Die Währung des Webs sind persönliche Daten

Es heißt: »Was nichts kostet im Netz, kostet dich zumindest deine Daten.« Doch das ist nur die halbe Wahrheit. Daten werden auch gesammelt und ausgewertet, wenn man für Apps und Dienste bezahlt. Die Nutzer und ihre Daten sind die eigentliche Ware im Web.

4.2 Personalisierte Profile

Ziel aller Datensammlungen ist es, jedes Individuum durch einen möglichst exakten Datensatz zu klassifizieren und zu profilieren. Dabei gibt es keine Grenzen. Alle Daten, die gesammelt und gespeichert werden können, werden gesammelt, gespeichert und ausgewertet, um möglichst genaue Profile der »Consumer im Web« zu erstellen. »Targeting« lautet der Begriff dafür. Wer die aktuelle Entwicklung verfolgt, weiß, dass z.B. Apple (Siri), Google (Home) und Amazon (Echo/Alexa) mit akustischen Werbeformen experimentieren. Nachdem die genannten Sprachsysteme ihre Aufgaben erledigt und die gestellte Frage beantwortet haben, schlagen sie neuerdings (kostenpflichtig) vor, welchen Film man im Kino schauen, welches Buch man kaufen oder welches neue Restaurant man besuchen könne. Diese Entwicklung ist in sich konsistent. Weil immer mehr Geräte per Sprache gesteuert werden, entfallen mittelfristig Einnahmequellen für visuelle Werbung. Audio-Werbeformate können das ausgleichen.

Mit dem kommerziellen Web hat sich das Verhalten der digitalaffinen Menschen und der Digital Natives deutlich geändert. Datensammlung und Selbstprofilierung fallen heute leichter denn je, was drei sich überschneidenden Entwicklungen geschuldet ist:

- der selbstverständlichen Medienpräsenz des Einzelnen, auch in Hinblick auf bislang private Informationen (z.B. Web-Tagebuch vs. klassisches Tagebuch);
- einer erhöhten Selbstdarstellung durch Tabu-Brüche, um mehr Aufmerksamkeit zu erhalten (die Ichs dieser Welt als digitale Narzisse);
- einer mangelnden Sensibilität für Privatsphäre und intime Daten bis hin zur medialen Prostitution. »Facebook ist Selbstprostitution auf der Basis von Informationsgier«, schreibt Ernst Pöppel, Professor für Medizinische Psychologie (Haupt 2010, S. 35; siehe auch Schneider 2010, S. 33).

Es ist jedoch nicht »das Netz« allein, das zu einer drastischen Veränderung des Nutzerverhaltens geführt hat: »Was Facebook mächtig gemacht hat, war nicht der laxe Umgang mit Kundendaten. Es war vielmehr die von Beginn an massenhaft vorhandene Bereitschaft der Nutzer, sich digital preiszugeben« (Kittlitz 2010, S. 33).

4.3 Rasterfahndung für alle

Neben dem individuellen »Taggen« der »Freunde« ist auch das »Giga-Tagging« möglich: die Identifizierung von Personen bei Massenveranstaltungen. Giga-Tagging läuft zunehmend automatisch und funktioniert bei Standbildern (Fotografien) und Videoaufzeichnungen. Neben gesuchten Personen lassen sich mittlerweile auffälliges Verhalten, Aggressivität oder atypisches Verhalten via Mustererkennung herausfiltern (Dath 2013, S. 31). Selbst die menschliche Mimik liegt im Fokus der Forscher: Das Fraunhofer Institut für integrierte Schaltungen in Erlangen analysiert Gesichter nach

Stimmungslage mit der Gesichtsdetektionssoftware »Shore« und der Multi-Biometrischen Gesichtserkennung (GES-3D).[14] Denn: »Deine Mimik verrät die böse Absicht« (Güntner 2014).

Aus Daten werden Identitäten. In Großbritannien, dem Land mit der höchsten Dichte an Videokameras im öffentlichen Raum, kann man Personen mittlerweile lückenlos per Videoaufzeichnung durch die Großstädte folgen. Verdächtige Personen werden mit Suchregistern der Polizei abgeglichen. Bei erfolgreicher Identifikation von z. B. Straftätern steuert »intelligente Software« die Überwachungskameras und folgt den Personen durch Bahnhöfe, U-Bahnstationen und Einkaufszentren bis zum Polizeizugriff. Die Grenze zwischen präventiver Beobachtung und »vorsorglichem Eingreifen« wie im Film »Minority Report« verschwimmt.[15]

Nach einer Studie des MIT und der Harvard University lassen sich aus den Verbindungsdaten der Telefonate einer Gruppe von 94 Probanden mit ihren Mobilgeräten deutlich mehr und bessere Rückschlüsse über Freundschaften und Cliquenbildung generieren als über persönliche Interviews (Schulzki-Haddouti 2010, S. 30). Dabei wurden nur Anrufe und Ortsdaten der Beteiligten per GPS ausgewertet. Die ausschließlich mit technischen Mitteln erfassten und ausgewerteten Kontaktdaten waren eindeutiger und treffsicherer als Befragungen – und wirtschaftlich effizienter.

Inzwischen warnen immer mehr Wissenschaftler vor den Folgen der vollständigen Datenerhebung im Netz (stellvertretend: Carr 2011, Lanier 2010, Haffner 2012). Dabei greifen diese Kritiken oft noch zu kurz. Der Vorläufer der qualifizierten Computer-Kritik ist der deutsche Computerpionier Joseph Weizenbaum, der schon 1977 das Buch »Die Macht der Computer ist die Ohnmacht der Vernunft« schrieb, das hier nachdrücklich zur Lektüre empfohlen sei.

»Der Weg von analog zu digital ist auch der Weg von einer Disziplinar- in eine Kontrollgesellschaft (Deleuze). (…) Der Mensch als Datenträger wird, indem er lesbar gemacht wird, auch steuerbar, vorhersehbar, kontrollierbar. Er wird, ohne davon irgendetwas zu wissen, zum Objekt einer auf Dauer gestellten Rasterfahndung« (Schneider 2010, S. 33).

4.4 Angriffe aus dem Netz

»Krankenhäuser sind ungeschützt gegen Hackerangriffe«, schrieb die FAZ am 1. Dezember 2016 (S. 17). Der Hintergrund dieses Artikels: Ein Krankenhaus in Neuss war stolz darauf, digitaler Vorreiter zu sein. Die Ärzte benutzten Mini-Tablets, um Patienten

14 www.iis.fraunhofer.de/en/ff/bsy/tech/bildanalyse/shore-gesichtsdetektion.html; www.igd.fraunhofer.de/projekte/multi-biometrische-gesichtserkennung-ges-3d.

15 Der Film »Minority Report« ist von 2002, die sich daran anlehnende Software »Precop« oder »Predictive-Policing-Software« wird seit 2014 in Berlin und Bayern erfolgreich getestet und eingesetzt.

aufzuklären, Medikamente wurden online bestellt, EKG-Daten direkt aus dem Rettungswagen telemetrisch ans Krankenhaus übermittelt. So konnte Patienten schneller und besser geholfen werden. Alles lief gut, bis Kriminelle über den E-Mail-Server eine Erpressungssoftware einschleusten. Weil das Krankenhaus kein Lösegeld zahlte, arbeitete das System immer langsamer. Keine der üblichen Maßnahmen half, um die Rechner wieder arbeitsfähig zu machen. Spezialisten benötigten ganze vier Tage, um das System wieder hochzufahren. Die meisten Daten konnten gerettet werden. Erst nach sechs Wochen wurde der normale Betrieb wieder aufgenommen.

Die Bedeutung des Datenschutzes kommt heute erfreulicherweise immer öfter zur Sprache, allerdings meist nur, wenn es um gehackte Daten oder Angriffe aus dem Netz geht. Obwohl Datenschutz als wichtiges Thema gilt, handelt es sich um ein technisch nicht einhaltbares Versprechen. Das Beispiel ist kein Einzelfall. Die IT-Infrastruktur von Krankenhäusern ist bundesweit anfällig. Dabei geht es nicht nur um Datendiebstahl, um z. B. Prominente mit ihren Krankheitsdaten zu erpressen, sondern auch um die Manipulation von Daten, was zu Fehlbehandlungen oder Fehlmedikation führen kann. Eine radiologische Praxis konnte zehn Tage nicht arbeiten, drei Krankenhäuser in Hannover konnten zwei Tage nicht operieren. Das Gesundheitsministerium NRW zählte in zwei Monaten 28 Cyberangriffe. Kriminelle hätten noch bei weiteren Kliniken Schadsoftware eingeschleust, die nur noch nicht entdeckt, aber jederzeit zu aktivieren sei, erklärte ein Experte. Solange das Konzept bestehen bleibt, für die Datenhaltung und den Datentransfer das Internet (also das öffentliche Netz) zu nutzen, kann es immer wieder zu vergleichbaren Angriffen kommen. Gefordert sind intelligente, sachbezogene Konzepte, um die technische Infrastruktur nach Aufgaben zu diversifizieren. Separierte Teilnetze sind besser als Zentralisierung und Vereinheitlichung.

Aber nicht nur Krankenhäuser sind gefährdet. Auch der Deutsche Bundestag wurde gehackt. Im Mai 2015 stand fest, dass es gelungen war, einen Trojaner in das IT-System einzuschleusen, Daten zu kopieren und an externe Adressen zu verschicken. Der Umfang des Datendiebstahls ist bis heute nicht geklärt. Insgesamt hatten die Hacker Zugriff auf 14 Bundestagsserver, darunter den Hauptserver mit sämtlichen Zugangsdaten zum deutschen Parlament. Auf welche Informationen die Hacker zugreifen konnten, ist (noch) unbekannt. In der Sommerpause ging der Bundestag für mehrere Tage komplett vom Netz, um die Systeme neu aufzusetzen und zu sichern (siehe Baumgärtner/Röbel/Schindler 2015; Schirrmacher 2016).[16]

»Die Gefahren von Cyber-Angriffen werden immer vielfältiger. Nicht nur mobile Endgeräte sind im Fokus. Auch Strom-, Gas- und Wassernetze sind gefährdet«, schreibt die FAZ (Bünder u. a. 2016). Neben einer funktionierenden Abwehr fehlten

---

16 Sogenannte Mirai-Attacken, bei denen bis zu 400 000 gehackte Online-Geräte zusammengeschaltet werden, um gezielt Server und Dienste außer Gefecht zu setzen, verkaufen Kriminelle im Netz schon zwischen 3 000 und 4 000 US-Dollar (Schirrmacher 2016, www.heise.de/security/meldung/Kriminelle-bieten-Mirai-Botnetz-mit-400-000-IoT-Geraeten-zur-Miete-an-3504584.html).

IT-Security-Notfallpläne. Sicher fehlt es heute noch an vielem (siehe Kapitel 2.5). Trotzdem sollten wir auch andere Fragen stellen. Wieso müssen die Leitstellen der Elektrizitäts- und Wasserwerke im öffentlichen Netz hängen? Wieso die Verkehrsleitstellen? Wie begründen es die Verantwortlichen, dass sie Steuerungszentralen für die öffentliche Infrastruktur weitgehend ungeschützt ins öffentliche Netz hängen? Warum benutzen sie keine geschützten und verschlüsselten Verbindungen? Im Deutschlandfunk warnte der Sprecher des Chaos Computer Club, Linus Neumann, im November 2016 vor dem 10. Nationalen IT-Gipfel vor Gefahren durch Cyberangriffe: »Es gebe in Deutschland nicht das Fachpersonal, um Infrastrukturen wie die öffentliche Verwaltung zu sichern. (...) Dass es hierzulande noch keinen Vorfall wie etwa einen Angriff auf ein Kraftwerk gegeben habe, liege daran, dass das noch niemand wirklich versucht habe«.

Das heißt im Umkehrschluss: Es ist falsch, öffentliche Infrastruktur ins weltweite Netz zu hängen und damit zur Angriffsfläche für militärische oder kriminelle Cyber-Attacken zu machen. Diese Einrichtungen und Server dürften stattdessen nur über gesicherte und verschlüsselte Verbindungen erreichbar sein – und auch das nur von den Servicetechnikern und Systembetreuern. Für alle anderen Nutzer im Netz bleiben diese geschlossenen Netzwerke und Rechner unsichtbar.

4.5 Antiviren-Software

Wer glaubt, er könne sich mit Antiviren-Software behelfen, liegt falsch. In der deutschen Ausgabe des US-amerikanischen Technologie-Magazins »Wired« warnte der ehemalige Firefox-Entwickler vor solchen Programmen.

> »Laut O'Callahan stecken die gängigen Antivirus-Programme voller Fehler und bieten, wenn überhaupt, nur ein zu vernachlässigendes Plus an Sicherheit. Er verweist dabei auf Ergebnisse von Googles Project Zero, in dessen Rahmen Forscher schwere Lücken in Sicherheitssoftware von Symantec aufgedeckt haben. Der Entwickler rät daher dringend vom Kauf einer Antivirus-Lösung ab. User, die schon entsprechende Software verwenden, ermuntert er dazu, sie zu deinstallieren« (Plass-Fleßenkämper 2017).

Das klingt zunächst ungewöhnlich, wird aber vom deutschen Computertechnik-Verlag Heise und Heise-Security bestätigt. Antiviren-Software verursache selbst Sicherheitsprobleme, weil Schutzmechanismen umgangen oder außer Kraft gesetzt würden (Schmidt 2017a). Das ist ein unauflösbares Dilemma. Um einigermaßen zuverlässig Schadsoftware zu erkennen, muss sich Antiviren-Software schon bei der Installation administrative Rechte für das Betriebssystem einräumen. Das ist, sinnbildlich gesprochen, wie ein Hausmeister mit Generalschlüssel. Wenn der Hausmeister Türen nicht mehr abschließt oder den Schlüssel irgendwo liegen lässt, kann jeder in das Gebäude eindringen oder den Schlüssel kopieren. Bezogen auf Antiviren-Software heißt das: Fehler in der Programmierung sind hier besonders schwerwiegend, weil die Software ohne Sicherheitsprüfung installiert wird. Vorhandene Schutzmechanismen müssen vorher sogar deaktiviert werden, damit die Installation funktioniert.

Je mehr digitalisiert wird, desto umfangreicher und kostspieliger wird die Datensicherheit. Es ist ein Wettlauf zwischen Sicherheitsexperten, Geheimdiensten und Kriminellen, bei dem es nur eine Option zu geben scheint: mehr Geld, mehr Stellen, mehr Sicherheitssysteme für eine immer nur vorläufige Sicherheit.

4.6 Ein Positionspapier zur Cybersicherheit

Daten im Netz lassen sich kaum schützen. Mit dem Internet verbundene Rechner können jederzeit angegriffen und gehackt werden. Wer das für überzogen hält, sollte sich mit Computerforensikern und IT-Experten unterhalten. Trotzdem soll möglichst alles ins Netz verlagert werden – auch der Unterricht an Schulen. Ohne Schutz- und Sicherungsstrategien erweist sich das als Himmelfahrtskommando. Wie solche Strategien aussehen könnten und welche Investitionen dafür notwendig sind, steht in einem Positionspapier der Informatikprofessoren Michael Waidner, Leiter des Fraunhofer-Instituts für Sichere Informationstechnologie und Professor für Informatik an der TU Darmstadt, Michael Backes, Professor für Informatik an der Universität Saarbrücken und Max-Planck-Fellow am Max-Planck-Institut für Softwaresysteme, sowie Jörn Müller-Quade, Professor für Informatik und Leiter des Instituts für Kryptographie und Sicherheit am Karlsruher Institut für Technologie (Waidner/Backes/Mülle-Quade 2017).

Die drei Wissenschaftler präsentieren in ihrem Positionspapier sieben Thesen zur Cybersicherheit und stellen konkrete Forderungen, die sie aus einer Ist-Analyse ableiten. Gleich zu Beginn schlagen sie Pflöcke ein, indem sie behaupten, dass Digitalisierung und die ihr zugrunde liegenden Informations- und Kommunikationstechnologien (IKT) von zentraler Bedeutung für Gesellschaft, Staat und Wirtschaft seien: »Die Digitalisierung ist eine notwendige Voraussetzung geworden für gesellschaftliches und wirtschaftliches Wohlergehen und für politische Stabilität und den Schutz unserer Grundrechte«.

Allerdings sehen die Autoren durchaus die Gefahren, über die die Medien regelmäßig berichten: Cyberkriminalität, gestohlene Passwörter und Kundendaten, Angriffe auf IT-Infrastrukturen, die Manipulation politischer Wahlen durch Cyber-Spionage oder Social Bots und Eingriffe in die Privatsphäre, z. B. in Social Networks. Es gebe zwar in Deutschland und europaweit mehrere aktuelle Gesetze und Richtlinien wie das deutsche IT-Sicherheitsgesetz, die NIS-Richtlinie der EU oder die Europäische Datenschutzgrundordnung (»Verordnung zum Schutz natürlicher Personen bei der Verarbeitung personenbezogener Daten, zum freien Datenverkehr und zur Aufhebung der Richtlinie 95/46/EG«). Doch es gebe warnende Stimmen, die befürchten, dass mit einem Mehr an Datenschutz die Überwachungsmöglichkeiten von Verdächtigen sinken könnten. Die Wissenschaftler ziehen den Schluss, dass Cybersicherheit und der Schutz der Privatsphäre der Digitalisierung hinterherhinken. Erschwerend komme hinzu, dass weder Deutschland noch Europa über die Fähigkeit verfügten, die wichtigsten Schlüsseltechnologien selbst zu entwickeln oder bezüglich ihrer Sicherheitsmerkmale zu beurteilen: »Weder Deutschland noch Europa verfügen in diesem Sinne über die digitale Souveränität. Diese Erkenntnis ist umso bedrohlicher, als sich weltweit der Trend zur globalen Zusammenarbeit und gemeinsamen Verantwortung umzukehren scheint und nationale Interessen und Protektionismus in den Vordergrund treten« (S. 1 f.).

In Bezug auf die Entwicklung der Cybersicherheit und den Schutz der Privatsphäre scheine auch die Forschung der allgemeinen Entwicklung in der IKT hinterherzuhinken. Grund sei »einerseits die explosionsartige Digitalisierung aller Lebensbereiche. Alles Physische wird digitalisiert und mit allem vernetzt. Die physische und digitale Welt verschmelzen. Damit ergeben sich auch in bislang nie gesehenem Ausmaße neue Angriffsrisiken. Zugleich erhöhen sich in dramatischer Weise die Schutzanforderungen. Die Risiken steigen und damit auch die Ressourcen, die potenzielle Angreifer bereit sind, in Angriffe zu investieren. Staatliche und damit meist sehr ressourcenmächtige Angreifer, z. B. Geheimdienste, spielen eine zunehmend größere, oder zumindest sichtbarere, Rolle. Trends wie Big Data und Cognitive Computing und neue Technologien wie Quantencomputer können auch von Angreifern genutzt werden und zu ganz neuen Angriffstechniken führen« (S. 2).

Problemfelder

Die Autoren nennen weitere Problemfelder (S. 7 f.):

- *Sicherheitsstatus der ausgerollten Technologie:* Ein Großteil der heute verwendeten Technologien wurde entwickelt, ohne IT-Sicherheitsfragen zu beachten. Entsprechend anfällig sind sie für Angriffe. Die Aufgabe der Forschung müsse es zum einen sein, neue, sichere IT-Systeme zu entwickeln. Zum anderen gelte es Lösungen zum Absichern der vorhandenen Komponenten zu finden.
- *Komplexität, Dynamik und Methodik:* Komplexität und Dynamik heutiger IT-Systeme lassen selbst exzellente Ingenieure an ihre Grenzen stoßen. Die herkömmlichen Methoden, Denkweisen und Lösungen reichen nicht aus, um komplexe IT-Systeme wie das Internet abzusichern. Hier müsse die Cybersicherheitsforschung neue Wege beschreiten und Methoden empirischer Wissenschaften übernehmen.
- *Marktsituation und Abhängigkeit:* Den Markt für IKT-Produkte und -Dienstleistungen dominieren Hersteller außerhalb Europas. Komponenten aus vielen Ländern werden integriert. Das birgt Risiken, die sich verringern ließen, wenn auf alternative und sichere Quellen für Informationstechnologie zugegriffen werden könnte.
- *Fachkräfte und Ausbildungsstand:* Nachholbedarf bestehe bei Fachkräften für Cybersicherheit, weil das Thema bis zum Jahr 2000 kaum im Fächerkanon der In-

formatik oder der Ingenieurwissenschaften enthalten war. Wissensdefizite gebe es vor allem bei älteren Absolventen der Informatik und Ingenieurwissenschaften, aber auch bei Entscheidern in Wirtschaft und Behörden.

- *Sicherheitsprozesse in Unternehmen und Behörden:* Unternehmen und Behörden haben in den vergangenen Jahren bei der Behandlung von Sicherheitsfragen enorme Fortschritte gemacht. Oft sei das Vorgehen jedoch wenig effizient, was die Cybersicherheit verteuere. Firmenübergreifende Gründungen von Tochterunternehmen für Cybersicherheit (Beispiel DCSO) oder öffentlich-private Kooperationen könnten eine effektivere Lösung sein.
- *Forschungsrahmen und Forschungssteuerung für Cybersicherheit:* Die Politik hat nicht nur erkannt, wie wichtig die Erforschung von Cybersicherheit und dem Schutz der Privatsphäre ist. Sie sieht auch, dass das Thema alle Ministerien betrifft. Infolgedessen gibt es so viele Forschungsförderungsprogramme und Forschungsmittel wie noch nie. Doch die üblichen Antragsprozesse brauchen Zeit. Da die Innovationszyklen in der Informationstechnologie und speziell im Bereich der Cybersicherheit oft bei nur wenigen Monaten liegen, sei das viel zu lang. Insbesondere wenn schnell auf tagesaktuelle Ereignisse reagiert werden muss, könne statt des üblichen Prozedere die direkte wissenschaftliche Konkurrenz fruchtbar sein. Als Vorbild nennen die Autoren die »Grand Challenges« in den USA, bei denen sich mehrere Einrichtungen beteiligen, um identische Forschungsaufgaben parallel zu bearbeiten. Ein Umdenken beim Ablauf der Forschungsprojekte sei notwendig und könne dazu beitragen, Spitzenforscherinnen und -forscher (zurück) nach Deutschland zu holen.
- *Organisatorische Einbettung:* Rechtliche und wirtschaftliche Instrumente seien notwendig, um die Cybersicherheit zu erhöhen. Sie sollten Organisationen hinreichend motivieren, das Sicherheitsniveau von Produkten, Dienstleistungen und Infrastrukturen entsprechend hoch zu halten. Dabei könne es sich um ähnliche Anreize handeln wie die Abwrackprämie für PKW oder die Förderung erneuerbarer Energien. Bei hoheitlichen Aufgaben solle der Staat die Infrastruktur in Hinblick auf Cybersicherheit und Datenschutz weiter verbessern. Die Wissenschaftler nennen als Beispiele den neuen Personalausweis und die elektronische Gesundheitskarte.
- *Auswirkung neuer Technologien auf grundrechtliche Werte:* Der Umgang mit neuen Technologien wirkt sich oft auf Werte aus, die im Rahmen des Grundgesetzes oder der Menschenrechte gelten. Dazu zählen die Meinungsfreiheit, der Schutz der Privatsphäre, der Schutz von Minderheiten oder der Schutz unserer demokratischen Grundordnung. Interessen oder Rechte könnten konkurrieren, weshalb sie sorgfältig gegeneinander abgewogen werden sollten, z. B. wirtschaftliche Interessen gegen das Recht auf Datenschutz oder präventive Überwachung gegen Datenschutz. Fragen zu konkurrierenden Werten wurden bisher in öffentlich geförderten Forschungsprojekten immer wieder interdisziplinär untersucht.

Dass sich die Cybersicherheit vor diesem Hintergrund weiterentwickeln muss, steht außer Frage. Nur dann lassen sich folgende Ziele erreichen:

- höhere Sicherheit und besserer Schutz der Privatsphäre,
- Vertrauen in IT-Systeme und
- Gestaltung von Cybersicherheit und Datenschutz durch Strategie und Umsetzung.

Für den letzten Punkt bieten sich die drei Kompetenzzentren als Unterstützer an.

Prognostizierte Gefahren

Wie sich die Rahmenbedingungen für Cybersicherheit entwickeln könnten, beschreiben die Autoren (S. 11 f.) so präzise und folgerichtig, dass ihre Prognosen hier vollständig im Original zitiert werden:

- »Verbreitung von Angriffswerkzeugen und Organisation von Angreifern: Waren für Angriffe früher ausgeprägte Hackerkenntnisse erforderlich, so wird es zunehmend Angriffswerkzeuge geben, auf die man zur Durchführung von Angriffen zurückgreifen kann. Darüber hinaus werden sich Angreifer der Zukunft durch einen immer höheren Organisationsgrad auszeichnen, sie verfügen über mehr finanzielle Mittel und ihre Angriffstechniken werden sich permanent weiterentwickeln.
- Zukünftige Durchbrüche bei Angriffstechniken: Mit der Entwicklung neuer Angriffstechniken wird es zukünftig immer wieder Quantensprünge hinsichtlich neuer Bedrohungen geben. Diese Durchbrüche tragen dazu bei, dass Angreifer immer mächtiger werden.
- Vergrößerung der Angriffsfläche: Informationstechnologie wird immer weiter in vernetzte Geräte verschiedener Technologie- und Anwendungsbereiche diffundieren, die früher keine Informationstechnologie verwendet haben. Bei vielen dieser auf den Markt gebrachten Geräte wurde Cybersicherheit nicht berücksichtigt.
- Zunahme datenzentrierter Geschäftsmodelle: Die Weiterentwicklung von datenzentrierten Geschäftsmodellen auf Basis neuer Big-Data-Algorithmen wird die Privatsphäre von Bürgerinnen und Bürgern immer stärker bedrohen.
- Unzureichendes Lifecycle-Management im Internet der Dinge: Die Geräte in dem sich immer weiter vergrößernden Internet der Dinge bieten keine hinreichenden Funktionen, um die Schutzmechanismen der Geräte zu aktualisieren.
- Weitere Zunahme von Komplexität: Die Menge der IT-Systeme, deren Sicherheit nicht mehr nur mit klassischen ingenieurmäßigen Methoden und Denkweisen behandelt werden kann, wird zunehmen.
- Entglobalisierungstendenzen der Weltwirtschaft: Durch protektionistische Ansätze einzelner Länder wird der Markt für die stark exportorientierte Wirtschaft Deutschlands kleiner. Dadurch kann sich der Wettbewerb verschärfen. Cybersicherheit ist ein wichtiges Qualitätsmerkmal von Produkten und Diensten im Wettbewerb.«

Mächtigere Angriffswerkzeuge, neue Angriffstechniken, größere Angriffsflächen, mehr datenzentrierte Geschäftsmodelle: Da stellt sich für Pädagogen die Frage, ob die (derzeitige) technische Infrastruktur dafür geeignet ist, mit dem Unterricht an staatlichen Schulen ins Netz zu gehen. Wäre es nicht sinnvoller, gerade für Minderjährige andere Konzepte mit geschlossenen Netzen und verschlüsselter Datenübertragung zu etablieren? Wer kann es verantworten, in Schulen digitale Systeme und Funknetze zu installieren, die derzeitig (und wahrscheinlich auch zukünftig) selbst mit hohem technischen Aufwand nicht zuverlässig gegen Datenmissbrauch und Datendiebstahl zu sichern sind? Wer schützt Schulen vor Datensammlern, die sich insbesondere für Lern- und Persönlichkeitsprofile junger Menschen interessieren? Wie viel Geld muss in IT-Sicherheit investiert werden, das für die pädagogische Arbeit und Betreuung – oder schlicht für die schulische Infrastruktur (Renovierungsstau) – fehlt? Stimmt die Kosten-Nutzen-Rechnung noch, wenn man den Netzanschluss und die Ausstattung mit Informationstechnik nicht als erste Prämisse von Schule und Unterricht setzt? Zumal der Nachweis des Nutzens von Digitaltechnik im Unterricht erst noch zu erbringen ist (vgl. Kap. 5.3).

Sieben Thesen zur Cybersicherheit

Folgt man trotz der beschriebenen Gefahren und Gefährdungspotenziale der Grundprämisse der Wissenschaftler – Digitalisierung und IKT sind von zentraler Bedeutung –, sind die sieben Thesen wie das gesamte Positionspapier in sich schlüssig. Nachfolgend werden die Thesen und Forderungen zitiert oder paraphrasiert:

1) *Strategisches Ziel »Digitale Souveränität«:* Die Cybersicherheit müsse auf nationaler wie europäischer Ebene ein vorrangiges strategisches Ziel sein. Die Abhängigkeit der IKT von externen Herstellern sei zu reduzieren. Potenziale für Forschung und Entwicklung müssten in Deutschland und Europa besser genutzt, Kooperationen mit europäischen Partnern und Nationen ausgebaut werden, die in Cybersicherheit führend sind (USA, Israel). Deutschland sei durch Offenheit, Schutz der Menschenrechte und gesellschaftliche Stabilität ein idealer Standort für Hochtechnologiefirmen und hochqualifizierte Mitarbeiter. Gefordert wird der Aufbau ressortübergreifender Strukturen, um Cybersicherheitsstrategien auszugestalten.
2) *Mindeststandards und Produkthaftung:* Damit Vertrauen in Informationstechnologien entstehen könne, werden Mindeststandards gefordert, und zwar für Sicherheit und Privatsphäre, für die verbindliche Testierung von Produkten und Diensten, für Beschaffungsregeln, Sorgfaltspflichten und Haftungsregeln für Produkte und Dienstleistungen.
3) *Öffentlich geförderte Cybersicherheitsinfrastrukturen:* Die digitale Gesellschaft brauche für die Cybersicherheit zuverlässige Infrastrukturen (für digitale Identitäten, Verschlüsselung und Beurteilung von Produkten und Diensten). Sie müss-

ten ebenso von Staat und Wirtschaft gefördert werden wie andere öffentliche Infrastrukturen (z. B. Straßen).

4) *Stärkung von Grundrechten:* Grundrechte und Werte könnten durch Informationstechnologie gestärkt werden, aber nur dann, wenn der gesellschaftliche Interessenausgleich gelingt. Das Leitprinzip sei der Wertekanon des Grundgesetzes. Der Schutz der Grundrechte aller Bürger solle Vorrang vor datenbasierten Geschäftsmodellen oder der Überwachung von Verdächtigen haben.
5) *Aus- und Weiterbildung:* In Deutschland und Europa seien mehr Fachkräfte für Cybersicherheit auszubilden. Fachkräfte müssten schnell und bedarfsorientiert qualifiziert werden. In der schulischen Ausbildung und in der beruflichen Weiterbildung sollte ein Basiswissen über Cybersicherheit fest verankert sein.
6) *Cybersicherheitsforschung:* Die zunehmende Bedrohung erfordere mehr exzellente Grundlagen- und Technologieforschung. Konkret heißt das, mehr Geld und mehr Stellen für die Forschung.
7) *Innovationsrahmen für Cybersicherheit:* Für Innovation durch Forschung und Entwicklung müsse ein Rahmen geschaffen werden, der den Wettbewerb exzellenter Forschung und den Transfer aus Deutschland und Europa in den internationalen Markt fördere. Clusterbildung, wettbewerbliche Forschung und deren kommerzielle Verwertung sowie Start-ups in Cybersicherheit sollten gefördert und nationale Vorgaben angepasst werden.

Das Positionspapier der drei Wissenschaftler ist nicht ganz neu. Es schreibt das Positionspapier von 2013 fort. Dabei erkennen die Autoren an, dass viele ihrer Forderungen in Programmen der Bundesregierung und der Bundesministerien aufgenommen wurden (etwa in der Digitalen Agenda, dem Sicherheitsforschungsrahmenprogramm oder der deutschen Cybersicherheitsstrategie). Die Forderung nach einer staatlich finanzierten Infrastruktur hat kurz nach Erscheinen des Positionspapiers Gehör gefunden. »Bundesregierung und Wirtschaft wollen bis 2025 insgesamt 100 Milliarden Euro in den Ausbau der digitalen Infrastruktur in Deutschland investieren«, hieß es dazu in einer dpa-Meldung vom 7. März 2017. Hier werden Pflöcke eingeschlagen und Prioritäten gesetzt: Infrastruktur vor Bildung.

Auch den Ausbau der Forschungslandschaft treiben Bund und Länder voran. So kommt 2017 zu den bestehenden Instituten für Internetsicherheit das vom BMBF geplante und mit 50 Millionen Euro geförderte »Deutsche Internetinstitut« in Berlin dazu. An Hochschulen und Universitäten gehört das Thema »IT-Security« inzwischen zum festen Fächerkanon. Aktuell gibt es mehrere hundert IT-Sicherheitsstudiengänge in Deutschland. Hinzu kommen Weiterbildungsangebote, die Vermittlung grundlegender Cybersicherheitskenntnisse in Informatik und allen informatiknahen Fächern sowie die frühe Sensibilisierung für Cybersicherheit über die Lehrpläne in allgemeinbildenden Schulen.

Wer das Positionspapier aufmerksam liest, fängt irgendwann an zu rechnen. Der finanzielle Aufwand für eine wirksame Cybersicherheit ist selbst für ein reiches Land wie Deutschland enorm hoch – und niemals abgeschlossen. Wir müssen begreifen, dass die vollständige Digitalisierung (möglichst) aller Lebensbereiche keine zwingende Entwicklung ist. Wir sollten beginnen, die Szenarien der IT-Wirtschaft auf ihre Sinnhaftigkeit zu hinterfragen. Nur weil etwas technisch möglich ist, z. B. Kühlschrank und Toaster im Internet, ist es noch lange nicht sinnvoll. Wir müssen IT neu denken. Wir sollten sie wieder zu einem Werkzeug machen, mit dem man arbeiten *kann*, nicht *muss*. Statt alles auf eine Karte zu setzen und mit Chips, Sensoren und Sendern ins Netz zu hängen (und von einem funktionierenden Netz abhängig zu machen), sollten wir nachhaltige Digitalisierungsstrategien aufbauen. Diversifizieren statt vereinheitlichen.

4.7 Wie reagiert die Politik?

Interessanterweise steht die Forderung der drei Wissenschaftler nach einer Stärkung der Grundrechte im krassen Gegensatz zu dem, was derzeit von einigen Regierungsmitgliedern zu hören ist. Ein Beispiel zum Datenschutz:

> »Die Bundesregierung will es künftig Unternehmen überlassen, ob sie Bürger informieren, wenn sie deren persönliche Daten für einen anderen Zweck nutzen, als ursprünglich vereinbart. Sobald eine Benachrichtigung einen ›unverhältnismäßigen Aufwand‹ bedeute, müssten Firmen ihre Kunden nicht mehr darauf ansprechen. (…) Bundesminister Thomas de Maizière (CDU) will mit diesem Entwurf die europäische Datenschutz-Grundverordnung umsetzen, die von Mai 2018 an gelten wird. Zwar hat de Maizière ergänzt, dass Unternehmen auch die Interessen der Bürger berücksichtigen sollen. Dennoch bleibe das Gesetz hinter der EU-Verordnung zurück, moniert der Vorstand des Verbraucherzentrale Bundesverbandes, Klaus Müller« (Süddeutsche Zeitung vom 25.1.2017, S. 5).

Diese Haltung ist umso erstaunlicher, als viele Wirtschaftsvertreter ganz unverhohlen fordern, den Datenschutz zugunsten einer schnelleren und besseren Vermarktung von IT-Produkten und -Dienstleistungen auszuhebeln. So heißt es beispielsweise auf der Website des Feldafinger Kreises (vgl. Kap. 1.4), man verfolge das Ziel, »der Internet-Forschung in Deutschland neue Impulse zu geben (…) und Forschungsergebnisse schneller und effizienter in innovative Produkte, Dienste und Verfahren umzusetzen« (www.feldafinger-kreis.de).

Im Saarbrücker Manifest von 2016 wird es konkret. Das Grundgesetz (Stichwort Föderalismus der Länder) müsse ebenso geändert wie Ländergesetze aufgehoben werden können (Stichworte Bildungshoheit, Kooperationsverbot): »Hier müssen Hemmnisse der verteilten Zuständigkeiten von Bund, Ländern und Gemeinden ausgeräumt und bundesweit einheitliche Systeme eingeführt werden« (S. 3). Auch der Datenschutz gehöre auf den Prüfstand, wenn IT-Projekte durch gesetzliche Vorgaben erschwert oder behindert werden: »Engmaschige Regeln zum Datenschutz müssen hinsichtlich ihrer Wirkung auf die Verzögerung von Innovationen geprüft werden« (S. 3). Und ganz allgemein gelte für das Arbeits- und Tarifrecht mit Blick auf Unternehmen wie Uber oder AirBnB: »Neue Businessmodelle z. B. in Medizin, Mobilität und Übernachtungsgewerbe dürfen nicht durch alte Regeln verhindert oder verzögert werden« (S. 4). Wer die Chancen für die Zukunft nutzen wolle, müsse zu »massiven Investitionen, bewusster Risikobereitschaft und disruptiven Veränderungen in den Rahmenbedingungen« (sprich: den gesetzlichen Grundlagen des Bundes und der Länder, der Arbeits- und Tarifverträge etc.) bereit sein (S. 2).

Es war das erste Mal, dass deutsche Lobbyisten öffentlich proklamierten, dass die verfassungsrechtlichen Grundlagen von Rechtsstaat und Demokratie zugunsten der Partikularinteressen der Digitalwirtschaft aufzuheben seien. Auch den Datenschutz gelte es zu überdenken, sobald »engmaschige Regeln zum Datenschutz« zu »Verzögerung von Innovationen« führten oder gesetzliche Regelungen neue Geschäftsmodelle behinderten.

Befremdlich ist die Reaktion der Bundeskanzlerin und des damaligen Wirtschaftsministers Sigmar Gabriel. Auf dem 10. Nationalen IT-Gipfel in Saarbrücken postulierten sie unisono, der Datenschutz müsse sich den Erfordernissen der IT-Wirtschaft anpassen. Gabriel forderte salopp, »dass wir uns endgültig verabschieden müssten von dem klassischen Begriff des Datenschutzes«. Das »Minimierungsgebot von Daten« sei »das Gegenteil des Geschäftsmodells von Big Data« und daher aufzuheben. Statt Datenschutz müsse »Datensouveränität zum Gegenstand von Politik im Umgang mit Daten« werden. Das Problem dabei: Wer z. B. bei Google oder Facebook Datensouveränität einfordert, scheitert schon an den AGB. Datensouveränität und Internet sind bereits technisch ein Widerspruch.

Auch die Bundeskanzlerin warnt vor einem zu restriktiven Datenschutz. Das Prinzip der Datensparsamkeit könne »heute nicht die generelle Leitschnur sein für die Entwicklung neuer Produkte«. Sie ignoriert dabei das Grundrecht der informationellen Selbstbestimmung (Artikel 8 der EU-Grundrechtecharta), das verletzt wird, wenn sich der Datenschutz der Entwicklung neuer IT-Produkte unterordnen muss.

5. Medien, Technik, Unterricht

Dieses Kapitel wendet sich dem Thema »Medien und Medientechnik im Unterricht« zu. Medien sind aus pädagogischer Perspektive in der Regel Mittel zum Zweck (Ausnahme: Medienkunde). Die erste Frage ist die nach den Inhalten und dem Fach, die zweite die nach dem Alter und die dritte die nach dem didaktischen Konzept. Um dieses Zusammenspiel geht es im Folgenden.

5.1 Kein Unterricht ohne Medien

Beim Thema »Medien und Medientechnik im Unterricht« ist es wichtig, zu Beginn drei Dinge klarzustellen:

1. Es gibt keinen Unterricht ohne Medien, wenn man unter dem Begriff »Medien« tatsächlich alle Medienformen versteht. Das vermeidet Missverständnisse und die oft übliche Verkürzung auf elektronische und digitale Medien. Zu »den Medien« gehört zum Beispiel als erstes und wichtigstes Medium überhaupt die menschliche Sprache. Zusammen mit Mimik und Gestik sowie der Haptik (griechisch háptein: berühren, angreifen, berührt werden) sind Sprache und akustische Kommunikation (Sprechen, Singen, Summen usw.) elementare Medien des Menschen. Das Akustische ist prägend und auch emotional bindend. Wir wachsen in eine akustische Sozialgemeinschaft hinein, bevor wir selbst sprechen lernen.
2. Auch Medientechnik gehört schon immer zum Unterricht. Es fängt mit dem einfachen Schreibgerät (Stift und Schiefertafel) oder der oft geschmähten Wandtafel an. Die elektrischen bzw. elektronischen Medien sind Neuerungen des 20. Jahrhunderts. Wie alle Medientechniken sind sie zum Unterrichten nicht unbedingt notwendig, als Ergänzung aber mitunter hilfreich. Weder der Inhalt noch die Qualität des Unterrichts hängen von den eingesetzten Medien ab. Mit Sprache allein oder erweitert um audiovisuelle und digitale Medien lässt sich guter wie schlechter Unterricht gestalten. Allerdings bestimmt das Medium die Art des Unterrichtens mit (vgl. Kapitel 3.3).Entscheidend ist dabei zum einen das Speicherformat oder die physische Form von Medien: Ob wir etwas erzählen, an die Tafel schreiben, aus einem Buch vorlesen oder am Bildschirm betrachten, unterscheidet sich elementar voneinander. Zum anderen ist von zentraler Bedeutung, wie die (technischen) Medien im Unterricht eingesetzt werden. Diese Einsatzmöglichkeiten führen direkt zum dritten Punkt.
3. Medien im Unterricht sind kein Selbstzweck, sondern unterstützen die pädagogische und didaktische Arbeit der Lehrenden beim Vermitteln der jeweiligen Lehrinhalte. Daraus ergeben sich zwei weitere Aspekte:

- Die im Unterricht eingesetzten Medien müssen altersgerecht sein; je jünger die Kinder, desto sparsamer der Medieneinsatz, insbesondere bei technisierten Medien. Bildschirmmedien überfordern Kinder in den ersten Lebensjahren aufgrund der vielen unterschiedlichen Reize. In der pädagogischen und erzieherischen Arbeit haben sie keine Berechtigung. Je länger Kinder ohne Bildschirmmedien aufwachsen, desto besser (vgl. Kap. 5.3, 7.1 und 7.2).
- Die Altersangemessenheit von (technischen) Medien im Unterricht hängt neben dem Alter der Kinder oder Jugendlichen von ihren lernpsychologischen Entwicklungsstufen ab, wie sie Jean Piaget in vier Stufen beschrieben hat (vgl. Kap. 2.1). Je nach Alter und Entwicklungsstufe wächst die intellektuelle Reife, also das Abstraktions- und Reflexionsvermögen. Der Medieneinsatz im Unterricht sollte das berücksichtigen.

Heute melden sich zunehmend Kognitionswissenschaftler, Lernpsychologen und Pädagogen zu Wort, die den Einsatz von digitalen Medien in Kindertagesstätten und Grundschulen empfehlen. Eine belastbare Datenbasis dafür fehlt bisher. Medienpädagogen plädieren grundsätzlich für einen frühen Einsatz technischer Medien und verkürzen dabei oft auf digitale Medien. Pädagogische oder didaktische Gründe konnten sie dafür bislang nicht nachweisen. Vielmehr geben es die medienpädagogischen Projekte vor, die von den Landesmedienanstalten und vielen privaten Stiftungen oder Anbietern finanziert werden. Auch wenn grundsätzlich immer das Primat der Pädagogik vor der Medientechnik beschworen wird, fällt auf, dass am Ende meistens Projekte mit elektronischen oder digitalen Medien finanziert und realisiert werden.

Exemplarisch sei hier das Handbuch »Medienpädagogik Praxis« zitiert (Rösch et al. 2012). Alle dort beschriebenen Projekte und Kategorien (Audio, Foto, Games, Mobile, Quer, Video, Web) benutzen Computer und Software, selbst wenn für eine Übung wie das »Plakate gestalten mit Kindern« (Pack)Papier, Stifte und Farben reichen würden. Hier zeigt sich deutlich ein Problem der Medienpädagogen wie auch vieler Junglehrer: Sie werden kaum für den Einsatz analoger Medien- und Gestaltungstechniken geschult, beherrschen sie nicht und setzen sie dementsprechend nicht ein.

Analog ist besser

Heute werden Medienpädagogen dafür ausgebildet, den Einsatz technischer Medien zu vermitteln. Insbesondere in Kita und Schule muss Medienpädagogik stattdessen alle Medien thematisieren: das Sprechen und die Körpersprache (Artikulation und Rhetorik, Bewegung, Theater und Tanz), die Gestaltungstechniken mit analogen Medien (Zeichnen, Malen, Modellieren mit Stift, Farbe und Knetmasse) und das »Lautmalen« mit analogen akustischen Medien (Singen, Musizieren). Ziel sollte sein, mit analogen Mitteln die Basis zu legen, um digitale Werkzeuge in weiterführenden Schulen als Werkzeuge kreativ zu nutzen. Wer am Bildschirm startet, bleibt immer im Wischmodus (=Softwarebedienung und Programmlogik).

Wer nach medienpädagogischen Projekten zum Gestalten und Experimentieren mit analogen Medien sucht, findet wenig. Fast immer fehlt dafür die Finanzierung. Gefördert werden derzeit fast nur digitale Projekte. So heißt es bei der »Stiftung Digitale Chancen«: »Die Stiftung Digitale Chancen informiert als gemeinnützige Organisation über die Chancen und Möglichkeiten des Internets. Sie unterstützt Menschen dabei, das Internet zu nutzen und Digitale Inklusion zu verwirklichen« (www.digitale-chancen.de/index.cfm). Wie bei den meisten Stiftungen kann man über die Gemeinnützigkeit auch dieser Stiftung geteilter Meinung sein. Ein Blick auf die Unterstützer gibt gute Hinweise auf die Interessen der dahinterstehenden Netzwerke und Kooperationen: AOL Deutschland, Universität Bremen, Telefónica Deutschland, Accenture, Hubert Burda Stiftung u. a. Das sind Verlage, Medienanbieter, Telekommunikations- und IT-Dienstleister sowie wissenschaftliche Einrichtungen. Wer mehrere solcher Projekte oder Stiftungen durchleuchtet, findet schnell wiederkehrende Initiatoren, Mitglieder und Sponsoren.

Kulturtechnik vor Medientechnik

Es gibt gute Gründe, warum Grundschulen als erstes die elementaren Kulturtechniken Lesen, Schreiben und Rechnen per Hand (analog und manuell) vermitteln. So entwickelt sich beim Schreiben mit der Hand (Druckschrift und Schreibschrift) die eigene Handschrift. Sie ist Ausdruck von Individualität und Persönlichkeit. Neben dem Schreiben fördert Lesen die Persönlichkeit, Vorstellungskraft und Fantasie. Deshalb sollten in jedem Klassenzimmer Bücher stehen, jede Schule sollte über eine Bibliothek verfügen.

Die Fixierung auf digitale Medientechnik verstellt den Blick auf die vielen Möglichkeiten, Medien im Unterricht zu thematisieren. Statt in der Grundschule eine Schülerzeitung am PC und mit einem Desktop-Publishing-Programm zu gestalten, könnten Schülerinnen und Schüler mit viel weniger Aufwand eine analoge Wandzeitung gestalten und aufhängen. Das ist individueller als jedes Softwareprodukt. Zudem entfallen teure Softwarelizenzen und es gibt keine Probleme mit dem Datenschutz. Warum sollte die Schule Kinder und Jugendliche nicht (wieder) daran gewöhnen, Ereignisse als Ereignisse zu erleben, ohne alles (digital) dokumentieren und ins Netz stellen zu müssen?

Medienerziehung beginnt bei den Eltern

Wer Kinder und Jugendliche zu einem verantwortungsvollen und vernünftigen Umgang mit (elektronischen und digitalen) Medien anleiten und erziehen will, muss die Eltern und deren Verhalten thematisieren. Ziel ist die Präsenz aller Beteiligten, nicht das Verschwinden hinter Displays. Notwendig sind direkter Kontakt und Zuwendung. Und: Das offene Netz als Datensammeldienst ist ungeeignet für private und familiäre Daten von (Klein-)Kindern.

Medienkunde für Einsteiger

Wenn wir von Medien sprechen, sprechen wir zugleich von Medienbausteinen (»media assets«), aus denen sich alle Medien aufbauen: analoge, elektronische und digitale (vgl. Lankau 2007, S. 33-90). Davon gibt es genau sechs:

Kategorie	Beispiel
Text	Text, Schrift, Alphabete, Kalligrafie
Bild	Fotografien, auch Montagen und Collagen aus Fotografien
stehendes Kunstbild	Grafik, Computergrafik, Vektorgrafik
Audio	Sprache, Musik, Geräusche, Lärm
bewegtes Realbild	Film und Video mit Realbildern
bewegtes Kunstbild	Animation, 3D, Zeichentrick aus Grafiken, Augmented (erweiterte) Reality und Virtuelle Realität (VR)

Tab. 1: Die sechs Medienbausteine

Diese sechs Medienbausteine lassen sich vier Ausgabemedien zuordnen:
- Druckerzeugnisse (Print)
- Audio (Ton, Radio, Musik, Hörspiel)
- Bewegtbild (Film, Kino, TV)
- Bildschirmmedien (neue, digitale Medien)

Daraus ergibt sich die folgende Klassifikation der Medien mit Beispielen für Ausgabemedien. Die Klassifikation berücksichtigt noch nicht die Medienproduktion, die mittlerweile fast vollständig auf Digitaltechnik umgestellt wurde und zunehmend digitale Vertriebskanäle nutzt (digitales Radio, digitales Fernsehen):

Print	Non-Print		
statische Medien	zeitbasierte Medien		
Druckerzeugnisse	Audio	AV-Medien (Bewegtbild, Ton)	Digitale Medien
Zeitung, Buch, Kalender, Plakate, Grafik, Fotografie (Abzüge) usw.	Radio, Schallplatte, Kassette, Compact Disc (CD und DVD)	Film (8, 16,35 mm), Fernsehen, DVD, Videokassette	Inter- und Intranet, Computer und Netzwerke, Online-Dienste

Tab. 2: Die Klassifikation der Medien nach Ausgabemedien bzw. Medienkanälen

Diese Aufstellung ist aus zwei Gründen relevant:
- Wer den Unterricht sinnvoll konzipieren will, muss wissen, welche Ausgabemedien sich für welche Medienbausteine (assets) eignen.
- Je nach Medium werden unterschiedliche Sinne angesprochen. Das Rezipieren und Lernen verlangt besonders bei technischen Medien entsprechende Geräte und ein entsprechendes Mediennutzungsverhalten.

Bei statischen (Print-)Medien bestimmt der eigene Rhythmus den Takt, z. B. wie schnell wir lesen und blättern. Bei zeitbasierten Medien wird der individuelle Rhythmus hingegen durch einen technischen Takt ersetzt. Zeitbasierte Medien geben den Takt vor. Man kann zwar ab- oder ausschalten, bei Speichermedien (Kassette, CD, DVD) auch vor- und zurückspulen. Aber wie schnell oder langsam ein Musikstück oder ein Film abläuft, steht von vornherein fest.

	Schrift, Text	Realbild, Foto	Grafik	Audio, Ton, Sprache, Geräusch	reales Bewegtbild, Film, Video	künstliches Bewegtbild, Animation
Print	Ja	Ja	Ja	Nein	Nein	Nein
Audio	Nein	Nein	Nein	Ja	Nein	Nein
AV-Medien	alle sechs Bausteine					
Digitale Medien	alle sechs Bausteine					

Tab. 3: Zuordnung der Medienbausteine zu Ausgabemedien

Tabelle 3 zeigt, dass auditive Medien ausschließlich Sprache, Klänge und Geräusche nutzen, während dieser Medienkanal ebenso wie das Bewegtbild (Animation, Film) bei Printmedien fehlen. Die Medienbausteine beschränken sich hier auf Schrift (Text), Grafiken und Fotografien. Bei Film und TV sowie bei den neuen (digitalen) Medien sind im Prinzip alle Medienbausteine einsetzbar, wenn auch mit unterschiedlicher Gewichtung. AV-Medien arbeiten mit wenig Schrift und Grafik, bei Online-Medien hängt es von Angebot und Zielgruppe ab. Das Web war (als Wissenschaftsnetz) ursprünglich textlastig und ist jetzt (als Konsummedium) bunt und bewegt.

Es ist ein Trugschluss, zu denken, dass sich AV- und digitale Medien besonders gut für Schule und Lernen eignen, weil sie mit allen Medienbausteinen arbeiten. Warum das so ist, wird in Kapitel 3.2 erklärt.

Ein weiteres Modell unterscheidet Medien und Medienkanäle nach den technischen Hilfsmitteln, die einen Informationsaustausch zwischen Sender und Empfänger ermöglichen. Ein zentrales Kriterium dabei ist, ob die Übermittlung von Information eindirektional (in eine Richtung; von A nach B) oder bidirektional (in zwei Richtungen; von A nach B und wieder zurück) ist. Medien werden nach diesem Modell von Harry Pross in drei, von einigen Kollegen neuerdings auch in vier Gruppen eingeteilt, wenn man bidirektional nicht nur empfangen, sondern auch senden kann. Hier wird die dreiteilige Gliederung bevorzugt:

- *Primäre Medien:* Weder Sender noch Empfänger setzen technische Hilfsmittel ein (direkte Kommunikation, die Beteiligten müssen physisch anwesend sein).
- *Sekundäre Medien:* Nur der Sender setzt technische Hilfsmittel ein, der Empfänger kann darauf verzichten.
- *Tertiäre Medien:* Sowohl Sender als auch Empfänger setzen technische Hilfsmittel ein.

Primäre Medien	Sekundäre Medien	Tertiäre Medien
Sprache, Lautstärke, Tonfall, Mimik, Gestik, Kleidung, Haltung, Gerüche (Parfum, Deodorant)	Glocken, Rauchzeichen, Signalsysteme, Druckerzeugnisse auf der Basis von Schrift, Zeichnung und Grafik oder Bild	Telegraf, Telefon, Radio, TV, Ton- und Datenträger, Computer

Tab. 4: Einteilung der Medien nach technischen Kriterien

Als quartäre Medien werden digitale Medien und Internet-Dienste bezeichnet, die auf beiden Seiten Geräte voraussetzen (also technisch betrachtet tertiär sind), aber wechselseitig Interaktionen mit Rechnersystemen und anderen Nutzern zulassen, etwa bei Onlinespielen in Gruppen. Das ist technisch betrachtet keine neue Kategorie, weil man schon beim Telefon interagieren kann. Daher hat sich diese Ergänzung zu Pross bis heute nicht durchgesetzt. Man sollte nur wissen, was damit gemeint ist.

Medienkonvergenz

Medienkonvergenz bedeutet, dass alle Inhalte sowohl der statischen wie der dynamischen Medien (Text, Grafik, Fotografie, Ton, Animation, Film) digitalisiert und als Digitalisate auf einer gemeinsamen Plattform zusammengeführt werden können. Das gelingt seit 1985. Das Ergebnis nennt sich »Multimedia« und lief zunächst auf Personal Computern. Zum Abspielen mussten sich Nutzer einen »Media Player« oder ein entsprechendes PlugIn installieren. Ähnliches lässt sich heute im Web und in beliebigen Netzwerken realisieren, wenn auch mit anderer Werkzeugen (HTML 5) und im Idealfall ohne proprietäre (herstellerabhängige) PlugIn. Das Prinzip ist aber identisch: Sobald Inhalte digitalisiert sind, bedarf es »nur« des entsprechenden Decodierers, sprich einer passenden Software zum Öffnen, Anzeigen, Abspielen und Ausdrucken auf entsprechenden Endgeräten. Multimedia bedeutet dabei: Alle Bausteine können kombiniert werden. Das beherrschen heute so gut wie alle mobilen Geräte mit Display (Organizer, Smartphone, Tablet-PC), und viele Angebote werden multimedial aufbereitet, unabhängig davon, ob es sinnvoll ist. Denn alles, was sich bewegt – im echten Leben wie am Bildschirm –, fordert mehr Aufmerksamkeit.

Hören und Nebenbei-Medien

Töne und Sprache sind die ersten Medien, die den Menschen in eine Sozialgemeinschaft einbinden. Wir hören bereits im Mutterleib. Auch wenn wir es nicht wahrnehmen (z. B. im Schlaf), lässt sich das Gehör nicht abstellen. Um das Gehör und alle Sinne nutzen zu können, muss unsere differenzierte Sinnlichkeit geschult werden. Das heißt, wir müssen die Aufmerksamkeit für das einzelne Erlebnis schulen (beim Hören ist es das Klangerlebnis) und sensibel werden für das Besondere. So können wir z. B.

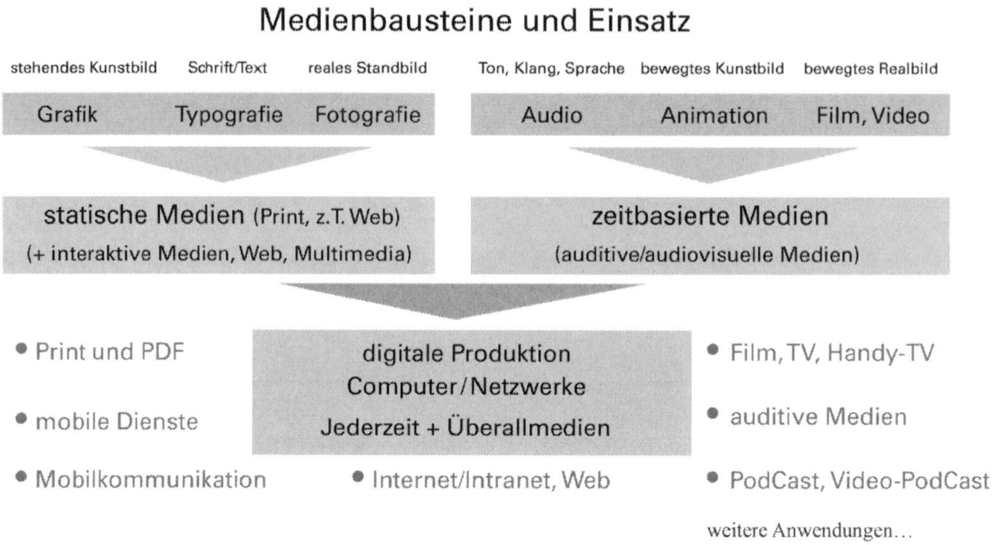

Abb. 5: Medienkonvergenz

einzelne Töne oder Klänge bewusst wahrnehmen. Das gilt für Vogelstimmen ebenso wie für Instrumente oder ganze Klanglandschaften.

Töne und Laute gelten zugleich als erste Gestaltungsversuche, die nichts als den eigenen Körper voraussetzen. Die kleinkindliche Intonation dient der (akustischen) Selbstvergewisserung ebenso wie der Kontaktaufnahme und der vorverbalen Kommunikation. Darum reden wir mit Säuglingen, die die Worte nicht dem Sinn nach verstehen, aber sehr wohl die Stimmung erkennen. Darum lesen wir schon kleinen Kindern vor, die später selbst Lesen lernen. Sie entwickeln beim Zuhören ein Sprachgefühl, das für die Ausbildung des eigenen Sprechens und des eigenen Wortschatzes entscheidend ist. Kinder ohne direkte Ansprache verkümmern sinnlich, emotional und intellektuell, weil weder das Sprechen als sozialer Prozess geübt noch ein Wortschatz entwickelt wird.

Auditive Medien haben sehr spezifische Eigenschaften. So bleiben, anders als bei allen anderen Medien, beim Hören (Radio, Musik, Hörspiel, Hörbuch) beide Hände frei. Je nach Situation und Umgebung kann man sich frei im Raum bewegen. Die Bewegungsfreiheit macht auditive Medien zu den klassischen »Nebenbei-Medien«, wobei sie »Nebenbei-Hören« (z.B. beim Autofahren, Kochen, Essen) und konzentriertes Hören gleichermaßen zulassen. Außerdem versetzen Hörmedien viele Erwachsene in eine Zeit zurück, in der sie aufmerksame Zuhörer waren. Wer als Kind vorgelesen bekam, erinnert sich an dieses Gefühl, beieinander zu sitzen und gespannt einer Geschichte zuzuhören. Der große Erfolg der Hörbücher beruht auf dieser Kindheitserfahrung des Geborgenseins im akustischen Raum. Darauf bauen die heutigen Betriebssysteme mit ihren synthetischen Stimmen auf, wie sie Breithaupt oder Ferreira beschreiben und wie sie E-Learning-Programme oder Smartphones nutzen. Anders als Navigationssysteme, die letztlich nur verbale Anweisungen geben, sind die neuen Sprachsysteme interaktiv, sie »reden mit uns«.

Des Weiteren überlassen es die auditiven Medien dem Zuhörer, aus den Tönen und Klängen eines Musikstücks, eines Hörspiels oder einer Lesung ganz eigene Vorstellungswelten zu entwickeln, zu »imaginieren«. Das ist der Grund, warum man Kindern viel vorlesen und sie selbst zum Lesen anhalten sollte. Während bildlastige Medien die Bilder mitliefern und damit verhindern, dass sich eigene Vorstellungswelten entwickeln (können), fordern auditive Medien (Musik, Lieder, Hörspiele) dazu auf, eigene Vorstellungen zu entwickeln. Die Hände bleiben frei, z. B. für Stifte oder Fingerfarben.

Lesen als Selbstermächtigung der Fantasie

Bereits beim Lesen – egal ob Bücher oder E-Books – hat man etwas in der Hand, auf das der Blick fällt. Wer konzentriert liest, versinkt in einer Vorstellungswelt, zieht sich zurück und schottet sich von anderen ab. Konzentriertes Lesen ist im Wortsinn »a-sozial«, weil Lesende nicht mit anderen reden können (und wollen). Das hängt damit zusammen, dass das Sprachzentrum für das Lesen gebraucht wird und somit nicht für das Sprechen zur Verfügung steht. Im Gegensatz zum Betrachten von Bildern oder Bildschirmmedien ist Lesen aktiv und konstruktiv, nicht nur rezeptiv. Während wir die Figuren, Landschaften und Situationen beim Schauen von AV-Medien lediglich aufnehmen, entwickeln wir beim Lesen Szenarien und Charaktere selbst. Aus ein paar Buchstaben werden ganze Bild- und Fantasiewelten.

Die Entwicklung eigener Bild- und Vorstellungswelten ist ein komplexer und langwieriger Prozess, der sich nur durch das Wechselspiel aus Anschauung und Sprache (Begrifflichkeit) entwickelt. Was der Philosoph Immanuel Kant aus erkenntnistheoretischer Sicht formuliert hat: »Gedanken ohne Inhalt sind leer, Anschauungen ohne Begriffe sind blind« (Kritik der reinen Vernunft), erklärt sehr gut die Entwicklung von Kindern und Jugendlichen und ihren Umgang mit Büchern.

Die Bücher für die ganz Kleinen sind Bilderbücher, die Ältere zusammen mit ihnen anschauen. Dabei geben die Älteren den abgebildeten Dingen Namen, nennen also die Bezeichnungen und Begriffe. So lernen Kinder, den Dingen Worte zuzuordnen, und entwickeln ihren Wortschatz. Schon vor dem Schreiben lernen sie zeichnen, malen und modellieren. Sie übersetzen das Sichtbare in eigene Symbolformen, die für Kinderzeichnungen charakteristisch sind, etwa die Kopffüßler[17] oder schematisch gezeichnete Häuser mit senkrechten Schornsteinen auf den Dächern.

---

17 Kopffüßler nennt man vereinfachte Darstellungen von Menschen, die nur aus Extremitäten (Arme und Beine) und einem großen, kopfähnlichen Gebilde mit Augen, Nase und Mund bestehen.

Mit etwa fünf bis sechs Jahren sind Kinder in der Lage, Buchstaben zu schreiben. Das ist eine komplexe Abstraktionsleistung, die mit dem feinmotorischen Halten eines Stifts und dem möglichst eindeutigen »Nachmalen« der Buchstabenformen beginnt. Aus den Buchstaben werden Wörter, die etwas bezeichnen. Für alle Zeichensysteme gilt: Wer sie manuell (von manos, Hand) auf Papier schreibt, lernt sie am besten. Dabei laufen feinmotorische Bewegungen ab, die im Gehirn differenziertere Prozesse initiieren als das Tippen auf Tastatur oder Touchscreen (Schulte von Drach 2015, Berninger et al. 2006, James/Engelhardt 2012). Der körperliche Akt des Schreibens ist Teil des Lernprozesses. Im Idealfall schreibt man mit verschiedenen Stiften, auf unterschiedliche Trägermaterialien und in unterschiedlicher Größe: mit Kreide an die Wandtafel oder mit Straßenkreide auf die Straße und den Schulhof. Gerade für das kindliche Lernen ist die Verbindung von körperlichem Tun und Sinnlichkeit (aisthesis) entscheidend.

Die weitere Entwicklung des Abstraktionsvermögens zeigt sich bei der Analyse von Kinder- und Jugendbüchern. Aus den Bilderbüchern der ganz Kleinen werden bei älteren Kindern bebilderte Bücher, bis sich Bilder und Illustrationen bei Kinder- und Jugendbüchern ab circa zwölf Jahren auf den Kapitelanfang reduzieren. Jugendbücher haben in der Regel nur noch wenige oder keine Illustrationen. Der abnehmende Bildanteil korrespondiert mit dem zunehmenden Wortschatz und dem wachsenden Vermögen, sich eigene, individuelle Bildwelten vorzustellen (zu imaginieren). Genau das ist der Grund, weshalb man Kinder und Jugendliche zum Lesen anhält und den Bildanteil bei Kinder- und Jugendbüchern mit zunehmendem Alter reduziert. Vorstellungsvermögen und Vorstellungskraft sind die notwendige Basis für neugieriges, selbstständiges und kreatives Arbeiten.

Die Welt ist eine Scheibe

Bei den Bildschirmmedien bleibt möglicherweise die Hand frei (beim Schauen), aber Blick und Bewegungsradius sind gebunden. Wer auf statischen Geräten (Fernsehgerät und PC) etwas sehen will, muss vor dem Gerät stehen oder sitzen. Mobile Geräte (Laptop, Tablet, Smartphone) kann man zwar mitnehmen, dafür werden Augen und Ohren jedoch mit Informationen bespielt, oft über Kopfhörer. Die Zuschauer und Zuhörer sind visuell und akustisch »zugestöpselt«.

Audiovisuelle Medien beanspruchen viel Aufmerksamkeit: der Sehsinn mehr als 80 Prozent und das Hören etwa 10 Prozent. Da bleibt für die anderen Sinne (riechen, schmecken und spüren) wenig übrig. Zudem erfordert der schnelle Bildwechsel eine permanente Konzentration auf den Bildschirm. Das hat bei Blockbustern oder in der Werbung System: Die Zuschauer sollen möglichst keine Zeit finden, woanders hinzuschauen.

Die neuen Medien bieten im Unterschied zu den audiovisuellen Medien mehr Möglichkeiten der Interaktion. Einen Fernseher schalten wir ein und aus, wechseln den Sender oder legen eine Kassette bzw. DVD ein. Dann läuft das Programm oder der Film ohne unser weiteres Zutun ab. Dagegen verlangen die neuen Medien in der Regel nach unserer Aktivität: Adressen werden eingetippt, Verweise angeklickt, neue Seiten gesucht, Videos oder Spiele gestartet. Wir agieren permanent mit Tastatur, Maus oder Touchscreen. Die Welt des 21. Jahrhunderts ist wieder eine Scheibe, wenn auch in der Variante des Monitors oder Displays. Die Kamera und das Mikrofon sorgen dabei für einen permanenten Rückkanal, digitale Geräte senden und empfangen fortlaufend Daten. Was man aus Marketing und Werbepsychologie kennt – die Analyse des Nutzerverhaltens mit dem Ziel, die Nutzer manipulieren und medial steuern zu können –, wird bei digitalen Online-Medien mit permanentem Rückkanal perfektioniert.

Drei Displays statt Augen auf

Wer mehrere Geräte parallel laufen lässt und dabei seine Zerstreuung über mehrere Bildschirme verteilt, füttert nicht nur sein Datenprofil, sondern bewegt sich wahrnehmungspsychologisch permanent im Überlastungsmodus – oder auf Deutsch: im permanenten Stress. Das führt mittelfristig zu körperlichen und psychischen Schäden, von Aufmerksamkeits- und Schlafstörungen bis hin zu Verhaltensstörungen. Besonders bei Kindern und Jugendlichen korreliert die intensive Mediennutzung (hier vor allem Handy und Smartphone) mit einer Reihe von Verhaltens- und Gesundheitsstörungen (Markowetz 2015, S. 80; Spitzer 2012, S. 222; Spitzer 2017, S. 206).

Die alltägliche Beobachtung (und die Beobachtungen von Kinderärzten) spricht eine deutliche Sprache: Wo immer man sich im öffentlichen Raum bewegt und andere Menschen beobachtet, sind viele mit ihrem Smartphone beschäftigt. Wer die tägliche Nutzungsdauer der Geräte kennt – je nach Statistik und Auftraggeber zwischen vier und acht Stunden täglich bei Jugendlichen –, kann sich ihr Gefahrenpotenzial ausmalen. Die viel genutzten »sozialen Medien« sorgen vor allem dafür, dass Menschen virtuelle Kontakte pflegen, während Bildschirme und Online-Dienste ihre Aufmerksamkeit absorbieren.

5.2 Lernsoftware für »individuelles« Lernen

Wenn Medientechnik an Schulen und Hochschulen als mögliches Lehr- und Lernmittel eingesetzt werden soll, sind immer zwei Fragen zu stellen: die Frage nach dem konkreten pädagogischen Nutzen; nicht jede Form der Medialisierung von Inhalten ist sinnvoll. Und die Frage nach den Nutznießern: Sind es wirklich die Lernenden selbst oder sind andere Interessen im Spiel?

Niemand wird in Abrede stellen, dass Grafiken, Bilder, Tonaufnahmen oder Filme im Unterricht eine sinnvolle Ergänzung zum gesprochenen Wort oder zu gedruckten Texten sein können. Doch bei der aktuellen Diskussion über Computereinsatz und E-Learning, Mobile Learning oder Digital Learning in der Schule ist zu beobachten, dass den digitalen Medien im Unterricht oftmals mehr Bedeutung zugesprochen wird als dem eigentlichen Unterrichtsgeschehen. Das Wechselspiel aus Instruktion (Lehrervortrag am Anfang der Stunde), Dialog und Lernen in der Klassengemeinschaft mit begleitendem Medieneinsatz gilt bei Digitalanhängern als überholt. Sie sehen Geräte und Software als Mittelpunkt von Unterricht und Lernen. Dem Lernen an elektronischen bzw. digitalen Geräten (Laptop, Tablet, Smartphone), den softwaregesteuerten Lernprozessen (E-Learning) mit automatisierter Auswertung (Learning Analytics) gehöre die Zukunft, behaupten sie.

Die Grundidee dahinter ist so alt wie durchgängig: Medien objektivieren und standardisieren Inhalte und Lernprozesse. Geschriebene oder gedruckte Texte seien personenunabhängig und würden daher die Standardisierung und Medialisierung des Lernens erlauben. Der Pädagoge Edwin Hübner hat die historischen Parallelen der Argumentation herausgearbeitet. Er vergleicht die Gründe für den angeblich notwendigen Einsatz von Medien im Unterricht bei Comenius (Didactica Magnifica, 1657) mit der Argumentation des Erziehungswissenschaftlers Peter Struck (Struck 1998). Die Argumente des Pädagogen Comenius für die Bilderbücher sind die gleichen wie die der Digitalbefürworter für den Computer: desolate pädagogische Verhältnisse, mangelnde Effizienz, die Relativierung des Lehrers oder die prognostizierte »Steigerung der Lernmotivation« (Hübner 2005, S. 274 ff.).

Comenius nutzte ein Bilderbuch als erstes Medium zur Normierung der Inhalte und des Unterrichts (Orbis sensualium pictus; Die sichtbare Welt, 1658). Die Illustrationen (Holzschnitte) sollten zum einen das Lernen der Schrift und der Worte erleichtern, weil die Visualisierung das Lernen unterstützt. Zum anderen wollte er damit die bis dahin dominante Position der Lehrenden entwerten, Lehrkräfte zu Hilfslehrern degradieren. Die normierten Lehrmedien sollten das Lehren, die Hilfslehrer oder Lernbegleiter die soziale Kontrolle übernehmen. Das Prinzip gilt bis heute: mehr Medien, mehr Technik statt mehr Menschen. Wenn Kinder mit den gleichen Büchern und Abbildungen Deutsch oder Latein lernen, wenn ergänzend Fragen vorbereitet und gültige Antworten ausformuliert und bereitgestellt werden, können sogar technische Hilfslehrer (Software-Agenten, Avatare oder Bots) die Anwesenheit überprüfen, Lehrmedien zur Verfügung stellen und die Übereinstimmung von vorgegebenen und tatsächlichen Antwort prüfen. Evaluierte Wissensproduktion 4.0.

Genau so arbeiten Computersysteme, wenn Aufgaben automatisiert auf Korrektheit geprüft werden. Es kann zwar unterschiedliche Prüfungsformen und Lösungen geben, aber sie sind immer vorgegeben: vom einfachen Ankreuzen über Multiple-Choice-Aufgaben bis hin zu Sprach- und Texterkennung und handschriftlichen Eingaben via Grafiktablett oder Touchscreen. Freie Antworten kann das System nicht auswerten. Alles, was automatisiert und digital abgeprüft werden soll, muss ins Antwortraster fallen. Software kann auf Richtig und Falsch prüfen, nicht auf Verständnis. So begrenzen Medientechnik und Prüfungsart die Lehrinhalte, die Darstellung und die Prüfung selbst. Als gäbe es z. B. in der Mathematik nur einen richtigen Lösungsweg.

Selbst wenn inzwischen immer mehr digitale Systeme »individuelle« Aufgaben zusammenstellen – »individuell« oder »personalisiert« bedeutet lediglich, dass die nächsten Aufgaben und Übungen aus einem vorgegebenen Pool nach den bisherigen Lernleistungen und anhand von Mustererkennung, Statistik und Wahrscheinlichkeitsrechnung ausgewählt werden. Denn Algorithmen und Software haben keinerlei Vorstellung von Individualität oder Persönlichkeit. Für technische Systeme sind Benutzereingaben nur Daten, die mit Datensätzen anderer Nutzer abgeglichen und nach typischen Eingabemustern sortiert und klassifiziert werden. Es ist egal, wer vor dem Bildschirm sitzt. Protokolliert wird, welche Aufgaben in welcher Zeit mit welchen Fehlern bearbeitet werden. Daraus berechnet das Programm den Schwierigkeitsgrad der nächsten Aufgaben für den Prüfling und berücksichtigt dafür typische Fehler anderer Probanden. Gleiches gilt für die Zusammenstellung ganzer Lerneinheiten und Curricula anhand entsprechender Kriterienkataloge (Inhalt, Credits, Sprache, Kosten). Es sind Algorithmen, die Kursinhalte mit den dazu gehörenden Übungs- und Prüfungsaufgaben zusammenstellen. Individuelles Lernen sieht anders aus.

Am Ziel »winkt« die vollständige Vereinzelung der Lernenden am Display: Sie sehen sich Vorlesungen im Netz an (Video-Teaching), bearbeiten Aufgaben am Display und legen ihre Prüfungen im Netz ab (vgl. Lankau 2013; 2013a; 2013b). Für alle Varianten des »digitalen Lernens« gilt:

- Modularisierte Inhalte werden in audiovisuelle, »interaktivistische«,[18] heute digitale Medienformen verlagert, was die bessere Steuer- und Prüfbarkeit durch IT-Systeme erleichtert. Interessant ist die Dominanz des Audiovisuellen, wo doch schon Konfuzius Schauen und Hören als schwächere Formen des Lernens erkannte: »Ich sehe und vergesse. Ich höre und erinnere. Ich tue und verstehe«.
- Lernprozesse und -ergebnisse werden normiert mit dem Ziel, sie möglichst einfach und standardisiert (technisch) überprüfen zu können. Dabei liefert die Digitalisierung durch das Protokollieren aller Nutzeraktionen nicht nur die gewünschten Prüfergebnisse, sondern auch Metadaten über das Verhalten (Stressresistenz, Aufmerksamkeitsspannen, Fehlerquotienten etc.).
- Lehrende werden (wahlweise) zum Lernbegleiter, Internet-Mentor oder Video-Tutor degradiert, während der personenzentrierte Unterricht (Lehrer und Schüler im Dialog) auf maschinenzentrierte Lern- und Prüfformen (Schüler am Rechner, Video-Teaching, allenfalls Online-Coaches) umgestellt wird.
- Das Lehrpersonal wird abgebaut, während die Stellen für das technische Personal aufgestockt werden (Administratoren, Programmierer, Systementwickler und -betreuer). In diesen Lernfabriken werden Systembetreuer und -entwickler die Technik auf dem neuesten Stand halten, während Psychologen, Sozialarbeiter und Ärzte die »automatisiert Beschulten« betreuen, bei Bedarf auch medizinisch.

---

18 Zur Unterscheidung von Interaktion und interaktivem Handeln zwischen Menschen auf der einen und »Interaktivität« (Bedienung einer Maschine) auf der anderen Seite muss es hier semantisch korrekt »interaktivistisch« heißen.

5.3 Besser offline: Lernen ist ein analoger Prozess

Selbst wenn die Profiteure des digitalisierten Unterrichts etwas anderes behaupten, folgt der Einsatz von Digitaltechniken im Unterricht keiner pädagogischen Notwendigkeit. Es handelt sich vielmehr um Geschäftsmodelle für den expandierenden Bildungsmarkt. Es gibt nichts, was man nicht auch ohne Rechner lernen könnte. Der Psychologe Manfred Spitzer empfiehlt den Einsatz von Computern erst ab zwölf Jahren. In seinem Buch »Digitale Demenz« unterlegt er seine Empfehlung mit aktuellen Studien und zieht den Schluss, es gebe keine Studie, die den Nutzen von Digitaltechnik für den Unterricht belegt, dafür aber viele Studien, die einen Schaden nachweisen: im Denkvermögen (Kap. 4), im Sozialverhalten (Kap. 5), in der Aufmerksamkeit (Kap. 10). Sein Resümee: »Nach den vorliegenden wissenschaftlichen Erkenntnissen braucht man einen Computer zum Lernen genauso dringend wie ein Fahrrad zum Schwimmen oder ein Röntgengerät, um Schuhe anzuprobieren« (Spitzer 2012, S. 23; siehe auch Lankau 2013).

Vielleicht sollten die Kultusminister einmal nachlesen, warum Steve Jobs und Bill Gates ihren Kindern die Geräte der Konsumelektronik bis zu einem gewissen Alter vorenthalten haben, statt Steve-Jobs- oder Microsoft-Schulen mit Tablets auszurüsten. Die beiden Unternehmer waren die Vordenker der digitalen Elite, als Väter hingegen waren sie »low-tech-parents«. Steve Jobs verbot seinen Kindern das iPad, wie ein Artikel aus der New York Times zeigt. Andere Mitglieder der Technologie-Elite gingen ähnlich restriktiv vor, um ihre Kinder vor Mediensucht zu schützen (Bilton 2014; zu Bill Gates siehe FAZ vom 24.4.2017, S. 9, und Kap 6.2.1).

Steve Jobs und Bill Gates haben intuitiv gewusst, was die Ergebnisse der BLIKK-Studie und ähnlicher Untersuchungen (vgl. Kap. 7.1 und 7.2) mittlerweile empirisch belegen. Schon vor diesen Studien gab es Nachweise, dass der Einsatz von Informationstechnik, Computern und Software wenig bis keine positiven Effekte auf Lernprozesse hat. Bislang fehlen auch belastbare, von der IT-Wirtschaft unabhängige Nachweise über den Nutzen digitaler Techniken für Lernprozesse. Metastudien wie die von John Hattie verdeutlichen dagegen (bei aller Problematik von Metastudien) die zentrale Rolle der Lehrpersönlichkeit, auch wenn man dem Konzept des »Visible Learning«, das Hattie daraus ableitet, nicht folgen muss (siehe Hattie 2009; Terhart 2011; Brügelmann 2013). Die Metastudie rehabilitiert die Rolle der Lehrenden als wichtige Einflussgröße für gelingenden Unterricht, neben dem Vorwissen der Schüler, dem Unterrichtsklima, der Strukturiertheit des Unterrichts und aktivierenden Lernstrategien sowie Förderprogrammen für stärkere und schwächere Schüler. Im Zentrum steht der aktive, anleitende und herausfordernde Lehrer, für den wiederum die Schüler im Mittelpunkt stehen. Die technische Form der eingesetzten Lernmedien (ob analog oder digital) ist laut Hattie zu vernachlässigen.

Lernen ist ein analoger Prozess, für den digitale Medien im Unterricht nicht notwendigerweise die erste Wahl sind. Dazu ein anschauliches Beispiel: Hans Giessen, Professor an der Universität des Saarlandes, hat bei einem Experiment zum Vokabellernen festgestellt, dass traditionelle Lernformen zu besseren Ergebnissen führen als das Lernen am Monitor:

> »Die traditionelle Vorkabelliste erwies sich als deutlich effektiver als das Lernen vom Computermonitor aus. Vokabeln, die man am Computermonitor lernt, werden dagegen schlechter memoriert. Und am schlechtesten waren die Ergebnisse, wenn die Studierenden die Vokabeln mit der aufwendigen Flash-Animation gelernt hatten« (SWR2 Aula: Computer oder doch Papier? Wann und wie wir am besten lernen, 10.7.2016).

Das verwundert nicht. Die aufwendigen Flash-Animationen absorbieren die Aufmerksamkeit, die zum Lernen nötig wäre. Am größten war der Lernerfolg, wenn die Listen bzw. Kärtchen selbst mit der Hand geschrieben und nicht am Bildschirm getippt und ausgedruckt wurden. Das ist für Erzieher und Pädagogen keine neue Erkenntnis. Heute belegen neurowissenschaftliche Experimente und Studien diesen Sachverhalt. Körperliche (manuelle, sinnliche) Tätigkeiten wie das Schreiben von Hand verstärken den Lernerfolg. Wer nur schaut, vergisst. Wer tippt, protokolliert. Wer per Hand schreibt, denkt mit. Lernen und »Be-Greifen« sind nun mal körperliche und sinnliche Akte, während das immer gleiche Wischen und Tippen auf Glasflächen keine dauerhaften Gedächtnisspuren im Gehirn hinterlässt. Ein bekanntes Buch von Marshall McLuhan trägt den Titel »The Medium is the message« (Das Medium ist die Botschaft). Die Kernbotschaft: Das Medium bestimmt die Form der Informationsübermittlung und das Rezeptionsverhalten. Übertragen auf das Lesen bzw. Lernen am Bildschirm bedeutet das: Das Medium ist die Methode: anschauen, wegwischen und vergessen.

Die Qualität des Unterrichts hängt nicht vom Medieneinsatz und von der technischen Codierung der Inhalte ab, sondern vom Fachwissen und Vermittlungsvermögen der Lehrenden. Die entscheidenden Parameter sind die Lehrpersönlichkeit und die Unterrichtskonzeption. Das ist Konsens, selbst bei Befürwortern von Digitaltechnik im Unterricht. Wilfried Bos, der Leiter der Telekom-Studie »Schule digital. Der Länderindikator 2015«, weist selbst und mit Bezug auf eine OECD-Studie auf den fehlenden Nachweis von Digitaltechnik für bessere Unterrichtsergebnisse hin:

> »Die Sonderauswertung[19] hat auch gezeigt, dass Staaten, die in den letzten Jahren verstärkt in die Ausstattung der Schulen investiert haben, in den vergangenen zehn Jahren keine nennenswerten Verbesserungen der Schülerleistungen in den Bereichen Lesekompetenz, Mathematik oder Naturwissenschaften erzielen konnten. Die verstärkte Nutzung digitaler Medien führt offensichtlich nicht per se zu besseren Schülerleistungen. Vielmehr kommt es auf die Lehrperson an« (Deutsche Telekom-Stiftung 2015, S. 8).

---

19 Zitiert wird die PISA-Sonderauswertung über »Students, Computers and Learning«.

Welche Konsequenz Bos aus diesem Befund zieht, dürfte hingegen eher dem Auftraggeber der Studie denn pädagogischer Notwendigkeit geschuldet sein. Der Lehrperson, fordert Bos, »muss es gelingen, digitale Medien sinnvoll in den Unterricht zu integrieren« (Deutsche Telekom-Stiftung 2015, S. 8). Tatsächlich? Wird digitale Medientechnik dadurch nicht zum Selbstzweck?

Vernetztes und softwaregestütztes Lernen fördere die Motivation, die Eigen- und Selbstständigkeit des Lernens, sei sozial und demokratisch. So lauten die Versprechen der Digitalanhänger. Belege dafür fehlen allerdings oder halten einer sachlichen Prüfung nicht stand (siehe Hattie 2009, Steffens/Höfer 2016, Terhart 2011, Brügelmann 2013). Wer die einzelnen »Argumente« prüft, kommt schnell zu dem Schluss, dass klassische Medien Gleiches (oder Besseres) leisten.

- Eine »individuelle Lern- und Lesegeschwindigkeit« erlaubt beispielsweise jedes Buch und jedes Aufgabenheft, mit dem Schüler eigenständig arbeiten. Das Buch und eine konzentrierte Lektüre sind vorbildliche Beispiele für eigenständiges und selbstbestimmtes Lesen und Lernen. Ergänzende Aufgaben- und Übungsblätter mit Lösungen im Anhang lassen jederzeit eine Lernkontrolle zu – durch die Schüler selbst, nicht durch Lehrende oder ein IT-System.
- Richtige Lösungen am Bildschirm anzuklicken ist allenfalls Rezeptions- bzw. Reaktionsverhalten. So ignoriert eine digitale Lernplattform die Vielfalt der Lerntypen und Lernformen, adressiert primär visuell orientierte Menschen und »belohnt« nur diejenigen, die mit Lernkontrollumgebungen zurechtkommen.
- Eine höhere Lernmotivation hängt weniger vom Medium ab als von Individuum und Persönlichkeit, von der sozialen Situation, von Zeit und Raum, Sozialkontakten und eigenen (nach Habermas erkenntnisleitenden) Interessen (Habermas 1994, Mittelstraß 2011). Um diese verfolgen zu können, sollten junge Menschen angeleitet und ermutigt werden. Neugier etwa ist ein großer Motivator, der durch den häufigen Einsatz von Lernvideos konterkariert wird. Lernvideos können zu passivem Verhalten führen, wenn man im Rezeptionsmodus verharrt. Wer nur zuschaut, tut nichts. Statt Videos zu schauen und auf Displays zu tippen, sollten Schüler wieder in Werkstätten gehen und dort praktisch arbeiten (dürfen).

Rückkanal und stetiges Feedback verhindern Lernen

Selbstbestimmtes Lernen und Computer bzw. Lernprogramme mit stetiger Rückmeldung sind ein Widerspruch in sich. Sofortige Rückmeldung verändert das Lernverhalten hin zu einer Erwartungshaltung auf Feedback. Die Software unterscheidet dabei nur zwischen »richtig« und »falsch«. Sie kann nur schwer oder gar nicht ermitteln, ob die Schülerinnen und Schüler etwas verstanden haben.

Vom Grundprinzip her funktionieren Lernprogramme so ähnlich wie Lichtschalter. Man kann Licht an- oder ausschalten. Komplexe Programme haben viele Schalter, die nacheinander oder miteinander kombiniert gedrückt werden können, was dann entsprechend viele Aktionen nach sich ziehen kann. Aber selbst aufwendige Computersimulationen und Spiele sind im Kern so strukturiert, dass auf die Eingaben der Nutzer etwas Vordefiniertes passiert. Es können, je nach Rechenleistung und Programmierung, mehrere hundert oder (zehn-)tausend Prozesse parallel laufen. Die Komplexität steigt, das Prinzip bleibt das Gleiche.

5.4 Neue (Absatz-)Märkte für Medientechnik

Die Überschätzung von Technik und Medien im pädagogischen Kontext hat seit Comenius Tradition. Neu ist allenfalls, dass Kinder jetzt möglichst früh den Verwertungsinteressen der Wirtschafts- und Industrieverbände ausgesetzt werden. Früh übt sich, wer für das lebenslange Lernen am Bildschirm konditioniert werden soll (Pongratz 2007, Krautz 2007).

Digitale Lernbiografien

Bei allen Formen des E-Learning, des elektronischen, digitalen oder mobilen Lernens gelten die gleichen Grundprämissen: Die Probanden sitzen isoliert vor dem Bildschirm oder Touchscreen und arbeiten die von einem Algorithmus zusammengestellten Aufgaben ab. Nur wenn Kinder und Jugendliche allein am Display oder Touchscreen arbeiten, lässt sich »individuell« berechnen (nach Strukturablaufplänen und vordefinierten Mustern), was der oder die Einzelne als nächstes zu tun hat.

Digitale Lernumgebungen ermöglichen »nebenbei«, alle Aktionen zu protokollieren und zu speichern. Welche Texte oder Videos wurden angeklickt und wie lange angeschaut, wo unterbrochen und wie oft wiederholt? Welche Aufgaben wurden wie oft mit welchen Fehlern bearbeitet? Digitale Lernumgebungen protokollieren alles und profilieren jeden Einzelnen mitsamt seiner »digitalen Lernbiografie«. Der Begriff dafür lautet »Learning Analytics«, eine Datenbankanwendung, die aus Lernprotokollen Profile, Prognosen und Arbeitspakete berechnet. Für das an Hochschulen oft eingesetzte Lernsteuerungsprogramm »Moodle« heißt die Funktion (ab Version 2.0) »Lernpfade«. Über einfache Befehle (»if-then«) legt ein Programm für jeden Lerner fest, welche Inhalte aufgrund welcher Bedingungen freigeschaltet werden. Für die Lernenden handelt es sich um eine intransparente Steuerung und Bevormundung, weil sie weder die Lerninhalte noch die Protokolle einsehen können. Die Lehrenden hingegen können sich exakte Lern- und Verhaltensprofile anzeigen lassen: mit quantifizierten Stärken und Schwächen, typischen Fehlern, Reaktionszeiten etc.

Wenn die Systemanbieter beteuern, diese Funktionen seien deaktiviert, kann man das glauben oder nicht. Intern werden jedenfalls alle Protokolle mitgeführt – und sei es auch nur mit dem Argument, dadurch das typische Nutzerverhalten besser analysieren und das Programm optimieren zu können. Wissen sollte man: Die automatisch generierten Lernprofile sind Ware. Je mehr persönliche Daten (Alter, Kulturkreis, Geschlecht, Vorbildung etc.) sie enthalten, desto wertvoller sind sie. Alle Aktionen, Übungen, Aufgaben und Fehler werden protokolliert, um daraus Lernprofile zu erstellen, die laut AGB an potenzielle Interessenten verkauft werden können. Ein Algorithmus bestimmt, wer welche weiteren Kurse belegen und später welche Studien- oder Arbeitsplätze aufnehmen kann. So entstehen gläserne »Lerner«. Alle Lernprofile sind Ware, und es gibt viele Interessenten, die sie kaufen. Dabei gilt: Je früher Kinder mit Digitalgeräten arbeiten (man denke an Kampagnen wie Schulen ans Netz, Laptop- oder Tablet-Klassen), desto früher setzen diese Profile an, desto umfassender ist die Lernentwicklung protokolliert.

Der gelesene Leser

Dass Digitaltechniken via Netz nicht nur dem Nutzer, sondern auch dem Anbieter Informationen liefern, lässt sich am Beispiel der elektronischen Bücher verdeutlichen. Man liest nicht nur, sondern »wird gelesen«:

> »Während das Lesen eines Papierbuches eine private, manchmal sehr intime Angelegenheit ist, kann ein E-Book-Lesegerät jede Menge über die Lesegewohnheiten verraten. Welche Seiten mehrfach oder gar nicht gelesen werden, wie schnell und zu welchen Tageszeiten gelesen, was angestrichen oder kommentiert, ob bis zu Ende durchgelesen und an welcher Stelle die Lektüre abgebrochen wird – all das kann die Digitalmaschine dem Anbieter verraten« (Kurz 2012).

Wer digitale Bücher liest, wird in seinem Verhalten ebenso transparent wie Internetnutzer durch die Protokolle der Internetsitzungen. Wer sich ein Buch wie »Fifty Shades of Grey« als E-Book statt als Print-Ausgabe kauft, um »heimlich« lesen zu können, sollte wissen, dass die Lektüre minuten- und seitengenau protokolliert wird. Was bei E-Books quasi »nebenbei« als Nutzerverhalten protokolliert wird, gehört beim E-Learning zum Konzept (und Geschäftsmodell). Das sollte man wissen, wenn man über elektronische Bücher oder E-Learning-Software für Schulen diskutiert. Zusammenfassend kann man sagen:

- Lernprozesse werden medial unterstützt, auch mit digitalen Medien. Trotzdem lernt kein Mensch digital, auch nicht elektrisch oder elektronisch wie beim »E-Learning« oder »M-Learning« (für mobile Angebote) behauptet. Diese griffigen Schlagworte beschreiben Techniken zum Strukturieren, Darstellen, Anzeigen, Speichern und

Verteilen von Daten über digitale Geräte und gegebenenfalls Netzwerke. Lernprozesse laufen anders ab.

- Statt auf digitale Geräte, »Lernmaschinen« und betriebswirtschaftliche Effizienz muss sich der Fokus wieder auf das Individuum und dessen Bedürfnisse richten. Andernfalls werden digitale Techniken und Medien zum Zwang. Wenn z.B. in einem oberbayerischen Gymnasien alle Kinder zum Lernen mit und an digitalen Geräten verpflichtet werden, weil es in dieser Schule nur noch digitale Geräte gibt, wird man kaum von individuellem und selbstbestimmtem Lernen sprechen können (Weber 2012, Lankau 2012).
- Digitale Angebote und Verfahren führen zwangsläufig zu einem normierten Nutzungsverhalten. Der Rechner und die Software geben die Handlungsanweisungen, »Lernwege« und einzelnen Schritte vor, auch wenn »variable Lernpfade« angeboten werden, zwischen denen die Lernenden wählen können. Selbst die Wahl zwischen Variante A, B oder C zwingt immer noch auf vordefinierte Wege.
- Die Lehrmittel determinieren und strukturieren den Unterricht und die Lehrinhalte. Wer vor dem Bildschirm sitzt, konzentriert sich auf das, was dort angezeigt wird (maschinelle Instruktion). Vor Bildschirmen findet keine Interaktion zwischen Menschen statt.
- Lernen an Maschinen macht nicht nur Schulen zu »Schulmaschinen«, um die Terminologie von Comenius aufzunehmen, sondern auch Lernende zu »Lernmaschinen«. Das behavioristisches Verständnis des »programmierten Lernens« (Blackbox, Reiz-Reaktions-Schema von Pawlow bis Skinner) schien überwunden, wird jedoch in den aktuellen E-Learning-Konzepten des »digital learning« reaktiviert.

Hinter verkürzten Sichtweisen auf Lernprozesse stehen oft ökonomische Interessen. Propagiert werden Geschäftsmodelle und Wachstumsmärkte, im Hintergrund blinken Kommerz und Dividenden. Lernen in allen Altersstufen und auf allen Ebenen ist jedoch mehr als ein Geschäftsmodell. Es ist ein individueller und zugleich sozialer Prozess. Reale Sozialgemeinschaften statt digitaler »Communities« sind für die Entwicklung der Persönlichkeit ebenso entscheidend wie die Personen der Lehrenden.

Menschliches Lernen ist vielfältiger und vielschichtiger als das, was sich in Software abbilden lässt. Deshalb sollte Lernen von und mit Menschen das primäre Ziel des Unterrichts bleiben. Schulen (und Hochschulen) müssen (wieder) Orte werden, die Menschen zurück ins »reale Leben« holen, gerade wegen der Dominanz digitaler Geräte und allgegenwärtiger Social-Media-Dienste.

6. Blick hinter die Kulisse: Um was geht es wirklich?

Ginge es nur um den technischen Fortschritt der Medien im Unterricht, so würde das den üblichen Technikwandel betreffen, z.B. DVD statt Videokassette, um Filmausschnitte zu zeigen. Hierbei bestimmen Lehrkräfte nach pädagogischen Prämissen, welche neuen Medien den Unterricht unterstützen. Das ist längst Praxis. Es geht um mehr, wie die Beiträge, Bücher, Manifeste und Texte der Anbieter und ihrer Unterstützer verdeutlichen. Danach bedeutet »Digitaler Unterricht«, dass Digitaltechnik zusammen mit der »Neuen Lernkultur« den herkömmlichen Unterricht ersetzen. Dem isolierten, »individuellen« Arbeiten an Lernstationen gehöre die Zukunft, nicht dem Lernen im Klassenverband und mit ausgebildeten Lehrkräften.

Konkret heißt das:

- systematische Vereinzelung der Lernenden an Lernstationen, damit einhergehender Kontaktverlust durch Kopfhörer und die Fixierung auf einen Bildschirm;
- Verlust des Sozialverbundes »Schulklasse« und der Klassengemeinschaft;
- (mediale) Konditionierung durch Rechner und Software;
- Akzeptanz der (Verhaltens-)Steuerung durch Bots und Sprachsysteme;
- systematisches Infantilisieren und Entmündigen durch mediale Fremdsteuerung infolge (Medien-)Hörigkeit (Günter Anders);
- Akzeptanz technokratischer Systeme;
- Degradierung der Lehrpersönlichkeiten zu Lernbegleitern oder Lern-Coaches; »Ersatz« durch Video-Teacher und Avatare.

Das übergeordnete Ziel ist der digital vermessene und steuerbare Mensch. Nur die Wenigsten ahnen, wie weit solche Szenarien bereits gediehen sind und dass sie ihre Kinder und die Schule betreffen, wenn zu den automatisch generierten Persönlichkeits- und Verhaltensprofilen aus den Webaktivitäten auch noch Lernprofile dazukommen. Das Ziel der Beeinflussung gilt für alle »personalisierten« Webdienste. Das beginnt bei Google als Selektionsmaschine, die verschiedenen Nutzern bei gleichen Begriffen unterschiedliche Ergebnislisten anzeigt. Google Maps wiederum führt Besucher in Stadtplänen gezielt an Läden oder Cafés vorbei, die Anzeigen geschaltet haben, selbst wenn es sich um Umwege handelt (Lobe 2017c). Auch Facebook bestimmt, nach welchen Kriterien News für die einzelnen Nutzer angezeigt oder aussortiert werden. Im Jahr 2014 hat Facebook sogar in einem Experiment versucht, die Stimmung der Nutzer ohne deren Wissen durch positive bzw. negative Nachrichten zu beeinflussen (Bernau 2014). Zur Einflussnahme gehört ferner das neue User Experience Design mit dem Ziel, die Nutzeraktivitäten durch das Design zu steuern. E-Learning-Programme arbeiten mit den gleichen Studien und Ergebnissen der Werbepsychologie und Benutzerführung.

Insbesondere Medienpädagogen agieren hierbei wie Biedermann in Max Frischs »Biedermann und die Brandstifter«. Die Benzinfässer sind schon auf dem Speicher, Biedermann schaut weg und reicht noch die Zündhölzer. Dabei gilt:

Bildschirme verstellen den Blick auf die Welt

Kein Mensch braucht Bildschirme und Rechner zum Lernen. Es ist nicht die vordringliche Aufgabe von Pädagoginnen und Pädagogen an allgemeinbildenden Schulen, Kinder und Jugendliche an das Arbeiten mit Display und Touchscreen zu gewöhnen. Aufgabe ist vielmehr, Neugier und Erkenntnisinteresse zu fördern (zu bewahren), um die reale Welt mit offenen Augen und neugierigem Blick zu begreifen und mitzugestalten. Das ist auch die Basis, um in einer vernetzten, mit digitalen Geräten ausgestatteten Welt selbstbewusst und selbstbestimmt handeln zu können.

6.1 Der digital vermessene und steuerbare Mensch

Die meisten Eltern und selbst Lehrkräfte denken, dass es bei der Digitalisierung von Schule und Unterricht darum geht, Schulen mit neuer Medientechnik auszustatten, damit die sogenannten »Neuen Medien« (digitale Geräte und Dienste) bzw. Medientechniken (Computer, Tablet, Smartphones und Datentransfer über Funknetze) sinnvoll im Unterricht eingesetzt werden können. Nach dieser Überzeugung unterrichten Lehrerinnen und Lehrer weiterhin im Klassenverband, Kinder und Jugendliche lernen weiter im gemeinsamen Unterricht, gelehrt und gelernt wird nach Lehrplänen aus dem Kultusministerium. Nach dieser Auffassung geht es in erster Linie darum, wie man mit digitalen Geräten und Techniken umgeht und wie man sie als Arbeitsgerät für die jeweiligen Fächer einsetzen kann. Durch Medienbildung würden Kinder und Jugendliche auf die »digitale Zukunft« ebenso vorbereitet wie auf die »digitale Arbeitswelt«. Die »Medienkompetenz«, also der Umgang mit ausschließlich digitalen Medien, sei heute deshalb wichtiger denn je.

Wer Schulen als Vorbereitungskurs auf die Arbeitswelt verkürzt, dem gefällt die große Akzeptanz des »Digitale-Medien-Bedien-Unterrichts«. Dem gefällt ebenso, dass fast niemand hinterfragt, warum so viele Lobbygruppen ihr spezifisches Thema als Unterrichtsfach im Curriculum verankert sehen wollen, als sei der Lehrplan allgemeinbildender Schulen ein Wunschkonzert für Partikularinteressen der Wirtschaft. Hinterfragt wird auch nicht, wie selbstbestimmtes oder selbstorganisiertes Lernen, Automatisierung und Technisierung an digitalen Lernstationen zusammenpassen. Und wer hinterfragt, dass Algorithmen aus personalisierten Lern- und Persönlichkeitsprofilen »individuelle« Lernwege berechnen sollen?

Messen, steuern, regeln, berechnen: Genau das steht in den Konzepten für die digitale Schule der Zukunft, sofern man diese Einrichtungen überhaupt noch Schulen nennen kann. Ähneln sie doch eher Lernleistungszentren, in denen man, wie im Fitness-Studio, an Stationen nach einem vorgegebenen Trainingsplan Übungen absolviert. Es sind Szenarien, die der Biochemiker und Science-Fiction-Autor Isaac Asimov in einer kurzen Geschichte von 1965 erzählt hat und die sich nur in einem Punkt von dem Szenario unterscheiden, das Dräger und Müller-Eiselt in ihrem Buch beschreiben: Bei Asimov werden die Kinder zu Hause in kleinen Lernkabinetten von Maschinen beschult, während Dräger und Müller-Eiselt in ihren Zukunftsszenarien von »riesigen Räumen« (ganze Stockwerke von Fabriken ohne Zwischenwände) berichten, in denen Kinder unterschiedlicher Jahrgänge, mit Display und Kopfhörern ausgestattet, an ihren Lernstationen sitzen, um zu lernen, was ihnen ein Programm als Lernpensum ausgerechnet hat.

Isaac Asimov: Die Schule (oder: Der Spaß, den sie hatten)

Asimov interessierte sich schon früh für Künstliche Intelligenz (KI), Roboter und ferne Galaxien. In der Geschichte »Die Schule« (Originaltitel: »The Fun They Had«) von 1965 beschreibt er, wie die Schule der Zukunft aussieht – oder genauer: dass es gar keine Schulen mehr gibt. Jedes Kind hat neben seinem Kinderzimmer im Elternhaus einen kleinen »Schulraum«, in dem es von einem »mechanischen Lehrer« (einer Maschine mit Bildschirm und einem Schlitz zum Einwerfen der Hausaufgaben) unterrichtet wird. Diese Lehrmaschine ist perfekt auf die Fähigkeiten des einzelnen Kindes eingestellt und kann es so optimal beschulen.

Ein 13-jähriger Junge findet nun ein altes Buch auf dem Speicher und erzählt der elfjährigen Margie, was drinsteht. Dass es früher Geschichten nur in solchen gedruckten Büchern gab und die Schule ein Ort war, an dem menschliche Lehrer in einem Klassenzimmer einer ganzen Gruppe von Kindern etwas beibrachten. Das kann Margie erst gar nicht glauben, weshalb sie der Junge verspottet. Sie bettelt darum, das Buch lesen zu dürfen. Doch die Mutter ruft sie zur Ordnung, sie müsse an ihre Schulmaschine. Während sie isoliert vor ihrer mechanischen Lernmaschine sitzt, stellt sie sich vor, wie es wohl wäre, mit anderen Kindern zusammen in einem Klassenraum zu lernen, gemeinsam zu spielen und sich gegenseitig zu helfen. Daraus leitet sich der Titel der Kurzgeschichte ab: »She was thinking about the fun they had«.

Das Quintett der maschinellen Zurichtung

Begriffe und Denkweisen der industriellen automatisierten Produktion (Stichwort: »4.0«) werden inzwischen wieder auf Bildungs- und Sozialeinrichtungen übertragen. Das Quintett der maschinellen Zurichtung des Menschen, das in den 1960er Jahren bereits gescheitert war und überwunden schien, erlebt aufgrund enormer Rechenkapazitäten ein Revival:

- Die Basis ist die Kybernetik, die Maschinen, Organismen und Sozialgemeinschaften steuern und regeln will.
- Biologie und (Lern-)Psychologie liefern mit Behaviorismus, Konditionierung und dem programmierten Lernen Modelle für die Verhaltenssteuerung durch Anreizsysteme (bei Tieren: Dressur und Drill).
- Die empirische Bildungsforschung verkürzt Pädagogik auf prüfbare Lernleistung und permanente Lernstandskontrolle durch psychometrische Vermessung, Statistik und Rankings. Sie hat die inhaltliche Entleerung der Fächer durch die Kompetenzorientierung zu verantworten.
- Die Digitalisierung mit Big Data Mining bzw. Big Data Analytics (neu: Data Sciences) und Learning Analytics reduziert die Lernenden auf Lieferanten für Datensätze. Diese werden mithilfe von Mustererkennung, Statistik und Wahrscheinlichkeitsberechnung ausgewertet.
- Die Neue Lernkultur beseitigt die pädagogische Arbeit. Sie schickt Kinder und Jugendliche an Lernstationen, an denen diese laut konstruktivistischer Pädagogik »selbstorganisiert« (konkret aber: algorithmisch gesteuert) lernen, anstatt unterrichtet zu werden.

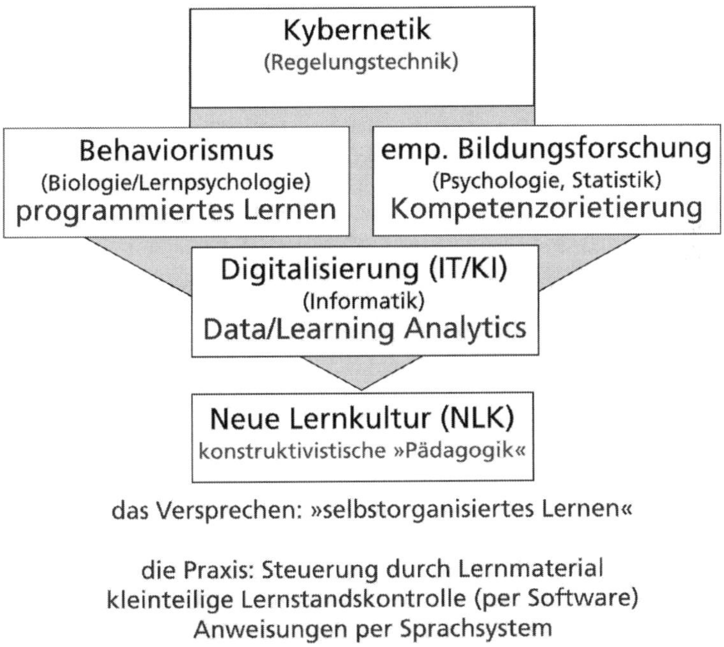

Abb. 6: Die Produktion von Humankapital

Vermeintlich wohltätige Stiftungen verteilen weltweit Rechner an Behörden, Schulen und Krankenhäuser oder schicken sich an, ganze Kontinente zu vernetzen. Microsoft z. B. spendet mit eigener Software ausgestattete Computer, Facebook lässt WLAN-Hotspots einrichten, auf dass die Facebook-Gemeinschaft wachse. Unternehmen und Interessenvertreter bieten unter dem Begriff »Open Education Resources« (OER) kostenlose Inhalte an.

Über die technischen Systeme greifen die »Spender« auf die Daten zu, über kostenlose Lehrmittel beeinflussen sie Einstellungen, Meinungen und Werte. Mit dem Argument, es sei doch immer noch besser, standardisierte und digitalisierte Angebote aus dem Netz zu nutzen als ungebildet zu bleiben, meinen die Vordenker der Global Education Industries (GEI), Kritiker besänftigen zu können.

Digitalisierung als Kolonialisierung

Die weltweite Vernetzung der Computer und die Digitalisierung der Lehrinhalte (samt kostenloser Bereitstellung als Open Education Resources) bilden zusammen mit Rückkanal und durch Big Data ausgewertete Nutzerdaten die technische Infrastruktur für eine neue Form der Kolonialisierung. Weltmarktführer und Militär stellen nicht nur die Infrastruktur bereit, sondern auch die Inhalte. Die Vision einer »neuen Bildungswelt für alle« und die Hoffnung auf neue Bildungschancen für sozial Benachteiligte blenden die finanziellen und machtpolitischen Interessen aus. Infrastruktur, Dienste und Inhalte finanzieren sich über Nutzerdaten und Einflussnahme und stabilisieren bestehende Monopol-Strukturen.

Historische Konstante: An Apparaten lernen

Angeblich geht es bei den Digitalisierungskonzepten für Schulen und andere Bildungseinrichtungen darum, dass Kinder mit neuer Medientechnik lernen. Angeblich geht es darum, dass sie »zeitgemäße« Medien nutzen, um sich in einer modernen, digitalen Welt zurechtfinden. Das ist vor allem Propaganda. Kinder sind neugierig und medienaffin. Auf die Idee, Medientechnik anstelle von Lehrkräften einzusetzen, kommen nur technikbegeisterte Erwachsene.

Für die heutige Diskussion über digitale Medien ist ein Blick in die Vergangenheit aufschlussreich:

> »1910 wurden im amerikanischen Rochester erstmals Filme im Unterricht verwendet. Thomas Edison proklamierte wenig später, dass die Bücher demnächst überflüssig würden, weil bald jeder Zweig des menschlichen Wissens durch Bewegtbilder lehrbar sei. 1923 veröffentlichte der renommierte Experimentalpsychologe Edward Thorndike, getragen vom Pathos des Neuanfangs, sein Buch ›Education. A First Book‹, in dem er einen Apparat vorschlägt, der immer erst dann ein Häppchen Lernstoff nachliefert, wenn das vorangegangene verdaut und abgeprüft ist« (Pias 2013).

Heute sind es keine Filme mehr, sondern Videos im Netz. Aber das Prinzip bleibt das Gleiche: E-Learning-Software bietet Lernhäppchen inklusive Überprüfung. Versprochen werden Modernität, Zeitgemäßheit, größere Lernfreude oder bessere Chancen auf dem Arbeitsmarkt. Ob die Versprechungen einer Prüfung standhalten, ist fraglich. Die Qualität von Unterricht und Bildung lässt sich nicht am Einsatz von Medientechnik festmachen. Auch weiß heute keiner, wie (digitale) Arbeitsplätze in fünf oder zehn Jahren aussehen. Aber zum Blenden und Ängstigen scheint es zu reichen.[20]

Claus Pias hat in seinem eben zitierten Beitrag »Eine kurze Geschichte der Unterrichtsmaschinen« (Pias 2013) eine andere Konstante der Technisierung von Unterricht herausgearbeitet: das Scheitern der »Lerngutprogrammierung, Lehrstoffdarbietungsgeräte und Robbimaten«. Aufschlussreich ist dabei, dass schon einer der ersten Entwickler einer Unterrichtsmaschine formulierte, dass die automatisierte und effizienzoptimierte Belehrung von Lernenden in Analogie zu industriellen Produktionsprozessen das zentrale Ziel sei:

> »Erziehung habe, so Pressey [ein Psychologe, der 1926 eine der ersten Lehrmaschinen konstruierte; Anmerkung des Autors], den geringsten Wirkungsgrad aller denkbaren Unternehmungen, weshalb der Lehrbetrieb arbeitswissenschaftlich optimiert werden müsse. Im Klartext: Wie bekommt man mit möglichst wenig Ressourcen möglichst viel Stoff möglichst schnell in die Köpfe?« (Pias 2013).

Das klingt nicht zufällig nach Nürnberger Trichter. Dass es nicht um Verstehen gehe, schreiben sowohl Pressey als auch der Behaviorist Frederic Skinner, der nach dem Zweiten Weltkrieg mit eigenen Versuchen an Pressey anknüpft. Beide erklären, es sei unmöglich, durch Lernmaschinen so etwas wie Einsicht (als Verständnis für eine Sache) zu vermitteln. Skinner formuliert folgerichtig, dass es bei der Beschulung durch Maschinen gar nicht um das Verstehen einer Sache gehe, sondern um angepasstes Verhalten, das »so aussehe als ob«. Er macht es am Begriff »historisch« als Kategorie deutlich:

> »Die Kategorie des Historischen wäre demgemäß während des Studiums der Geschichte nicht konditionierbar. Stattdessen müsse durch bestimmtes Lehrmaterial darauf hingewirkt werden, dass Fragen so beantwortet und Situationen so bewältigt werden, dass darin ein studentisches Verhalten beob-

20 Carl Frey und Michael Osborne kamen 2013 in einer Studie zu dem Schluss, dass bis zu 47 Prozent der amerikanischen Jobs der Digitalisierung zum Opfer fallen werden (www.oxfordmartin.ox.ac.uk/downloads/academic/The_Future_of_Employment.pdf). Für den deutschen Arbeitsmarkt hat ING-DiBa eine vergleichbare Liste für das Risiko von Berufen erstellt (www.daserste.de/information/wirtschaft-boerse/plusminus/sendung/bedrohte-jobs-100.pdf).

achtbar ist, das nach historischem Denken aussieht. Was dabei im Kopf vorgeht, ist egal, Hauptsache, die Äußerungen können so konditioniert werden, dass das Verhalten in ein Geschichtsseminar ›passt‹« (Skinner, zit. nach Pias 2013).

Konditionierung (Verhaltensanpassung) ist der erste Begriff, den man im Kontext von automatisierter, heute digitalisierter Beschulung durch Computer, Algorithmen und Netzdienste im Kopf behalten sollte. Der zweite ist die Umdeutung der Lehrtätigkeit, die sich bis heute durchzieht. Laut Pressey zeichne sich durch die Maschinisierung für Lehrerinnen und Lehrer eine Befreiungsfigur ab, »gemäß der diejenigen Teile maschinisiert werden, die maschinisierbar sind, damit man sich zugleich umso besser auf das ›Eigentliche‹ konzentrieren könne, auf wahre Bildung und Erziehung, die erhöhte Freisetzung von Kreativität als Gegenleistung zur Automatisierung in Aussicht stellt« (Pias 2013).

Wenn Maschinen das Belehren übernähmen, könnten sich die Lehrenden auf das »Eigentliche« konzentrieren – als könne man aus dem pädagogischen Dreieck (vgl. Abb. 4, Kap. 2.2) wahlweise die Lehrenden oder die Lehrinhalte eliminieren, ohne das Lehren und Lernen als interpersonalen pädagogischen Prozess zu zerstören. Die Digitalisten schaffen die Lehrpersönlichkeit ab und meinen, Kinder ausschließlich am Bildschirm belehren zu können. (Lern-)Psychologen wie Pressey streichen die Vermittlung der Fachinhalte durch Lehrende (das sollen Maschinen machen) und verweisen auf ein nicht näher definiertes »Eigentliches«. Pressey etabliert damit bereits 1926 eine bis heute oft wiederholte Ideologie: die maschinelle und vermeintlich effektive Produktion von »Bildung« (gemeint ist abprüfbares Wissen). Anders als in der heutigen Diskussion wurde bereits in den 1960er Jahren klar benannt, um was es tatsächlich geht:

> »›Unterrichten heißt: das Lernen kontrollieren‹, schrieb Gordon Pask in ›Learning and Teaching Machines‹ (1961). Und dies auf beiden Seiten, denn der Computer als neuer Maschinentypus unterscheide sich von den mechanischen und optischen Vorrichtungen eines Pressey oder Skinner dadurch, dass er selbst lernfähig sei und komplexes, algorithmisches Verhalten zeige. Die Lehrmaschine – so die Hoffnung im proklamierten Zeitalter der ›Elektronengehirne‹ – lernt zugleich etwas über den, der an ihr lernt, und kann sich dies zunutze machen. Die Systeme sollen adaptiv und individualisierend werden: Aus den Schwächen des Einzelnen mögen die Stärken des Lehrsystems erwachsen« (Pias 2013).

Aus dieser Zeit stammen erste Lernprogramme wie Plato (Programmed Logic for Automated Teaching Operations) und Akronyme wie CAI (Computer Aided Instruction). Entwickelt wurden erste Messenger und Computerspiele, die seit 1963 von Gruppen über das Netz gespielt werden konnten (was viele auch taten, statt zu lernen).

Aus dieser Zeit stammt auch die pauschalisierende Kritik an Bildungseinrichtungen, Schulfächern und Lehrplänen mitsamt der Überhöhung der Digitaltechnik. Jeder könne am Computer alles lernen, propagierte etwa Ted Nelson in seinem Manifest »Computer Lib – Dream Machines« von 1974. Typisch ist, dass sich darin technische und religiöse Gläubigkeit vermischen. Der Mensch sei »von Gott aus« interessiert und werde erst durch die Bildungsinstitutionen verdorben. Aus dieser Zeit stammt der Anspruch, Lerninhalte individualisieren zu können. Die Folge: Jeder lernt für sich allein am Bildschirm. Im Unterschied zu Asimov glaubte Nelson noch daran, dass jeder spielend und forschend mit den Computersystemen arbeiten könne. Bei Asimov gibt die Maschine das Lernpensum vor und prüft das Gelernte ab.

Die Geschichte von Asimov sollte im Hinterkopf haben, wer »moderne« Konzepte heutiger Bildungsexperten liest. Eines haben alle technik- und digitaleuphorischen Konzepte gemeinsam: Sie sind nicht vom Menschen her gedacht, berücksichtigen nicht seine Bedürfnisse nach Wissen und Bildung. Sie konzentrieren sich auf technische Systeme und die Steuerbarkeit von Prozessen. Ziel ist der vollständig vermessene und gesteuerte Mensch. Darin zeigt sich der pseudoreligiöse Glaube an die Quantifizierbarkeit von Wissen, Können und menschlichem Verhalten, eine krude Mischung aus technologischen Biologismus und dem Glauben an die Programmierbarkeit von Körper und Psyche, die nicht davor zurückschreckt, schon Kinder für Menschenversuche an Rechnern heranzuziehen.[21]

6.2 Inkompetenzkompensationskompetenz[22]

Ein Begriff aus der Bildungsdebatte muss an dieser Stelle gesondert thematisiert werden: die Kompetenzorientierung. Dagegen zu argumentieren, fällt schwer: Wer hat schon etwas gegen Kompetenzen oder dagegen, dass Kinder und Jugendliche Kompetenzen erwerben? Die traditionellen Begriffe für das, was wir heute mit »Kompetenz« bezeichnen, lauten Wissen, Können und Fertigkeiten. Sie unterscheiden schon sprachlich zwischen mentalen und körperlichen Fähigkeiten und beschreiben eigenständige Qualitäten, nicht nur Mittel zum Zweck. Der heute übliche Kompetenzbegriff hingegen verkürzt auf formal Prüfbares.

21 Einen ähnlichen Ansatz verfolgt die empirische Bildungsforschung mit ihrer Fixierung auf Messbarkeit, Statistik und Rankings.

22 Der Titel spielt auf den gleichnamigen Aufsatz von Odo Marquard (2003) an, der damit die gegenwärtige Lage der Philosophie bezeichnet, bezieht sich hier jedoch auf die bildungsbürokratische Diskussion über Kompetenzen, Kompetenzorientierung, Kompetenzraster und -stufen.

Das Kompetenzprinzip als Definitionsfrage

Grundsätzlich lässt sich alles zur Kompetenz erklären, wenn es sprachlich definiert, standardisiert geprüft und in ein formal definiertes Leistungsraster übertragen werden kann. Es ist wie beim »Malen nach Zahlen«. Wer die vorgemischten und durchnummerierten Farben korrekt in die vorgesehenen Felder mit den eingedruckten Zahlen einträgt, lernt zwar nicht malen, erfüllt aber die gestellte Aufgabe. Für die Bewertung und Evaluation sind solche Aufgaben ideal. Die Lehrerinnen und Lehrer protokollieren und quantifizieren anhand von Bewertungstabellen, ob und wie viele Farbfelder in welcher Zeit korrekt ausgemalt wurden. Daraus lassen sich dann Statistiken und Rankings erstellen, die es erlauben, das Ganze mit den Werten anderer Gruppen vergleichen.

Eigenständige Werke entstehen so zwar nicht, aber für die Vertreter der Kompetenzorientierung ist es auch gar nicht notwendig, dass aus einzeln trainierten Kompetenzen ein Gesamtverständnis für einen Sachverhalt (ein Bild malen) entsteht. Kompetenzen und Kompetenzorientierung sind bereits vom Prinzip her so angelegt, dass formal definierte Fertigkeiten trainiert und von den Probanden bei Bedarf oder nach Aufforderung abgerufen werden können. Handlung und Ergebnis lassen sich dann in vordefinierten Kompetenzstufen und Kompetenzrastern abbilden.

Franz E. Weinert, einer der Stichwortgeber der Kompetenzorientierung, definiert Kompetenz als »die bei Individuen verfügbaren oder durch sie erlernbaren kognitiven Fähigkeiten und Fertigkeiten, um bestimmte Probleme zu lösen, sowie die damit verbundenen motivationalen, volitionalen und sozialen Bereitschaften und Fähigkeiten, um die Problemlösungen in variablen Situationen erfolgreich und verantwortungsvoll nutzen zu können« (Weinert 2001, S. 27). Kompetenz wird zu einer »Verfügbarkeit allgemeiner Problemlösungsstrategien«. Das ist ein fach- und sachunabhängiges Instrumentarium zum Normieren, Standardisieren und Strukturieren von Aufgaben oder Fragestellungen. Fachwissen und spezifisches Können spielen allenfalls eine untergeordnete Rolle, da es gerade nicht mehr um spezifisches, fachgebundenes Wissen geht.

Die Regelkreisläufe der Kybernetik (messen, steuern, regeln) sind Modell und Basis der empirischen Bildungsforschung. Die Folgen: Normierung und Standardisierung der Lehr- und Lernprozesse, Fokussierung und Reduktion auf messbare Kompetenzen, immer detailliertere Kompetenzmodelle mit immer kleinteiliger beschriebenen Einzelkompetenzen sowie aufwendige Testmethoden. Die Kompetenzorientierung ist das Dorado der Bildungsbürokraten, die jede noch so kleine »Kompetenz« formal klassifizieren und ins Raster sortieren können. Der »Fantasie« sind hier keine Grenzen gesetzt.

Ein besonders absurdes Beispiel für das Aufzählen und Ausformulieren von über 4 000 Einzelkompetenzen stand im ursprünglichen Lehrplan 21 für Schweizer Volksschulen (www.lehrplan.ch). Der Erziehungswissenschaftler Roland Reichenbach von der Universität Zürich hatte auf einer Tagung im Jahr 2014 scherzhaft vorgerechnet, dass bei vier Jahren Grundschulbesuch, geteilt durch die Anzahl der Schulstunden, für jede der im Lehrplan formal korrekt definierten (und daher abzuprüfenden) Kompetenzen etwa 20 Minuten Unterrichtszeit blieben.

Mittlerweile wurde die Zahl der Kompetenzen im Schweizer Lehrplan auf etwa 3 000 reduziert (wobei sie sich durch die Anzahl der Unterpunkte bzw. Detailkompetenzen wieder erhöht). Andere Zählweisen kommen auf 363 Kompetenzen (nach 819 in der ersten Version), unterteilt in 2 304 Kompetenzstufen (Loacker o. J.). Welche Zahlen man auch zugrunde legt: Es bleiben bürokratisierte Bildungsversprechen, die eine exakte Definition und Prüfbarkeit nur vorgaukeln und sich in der Praxis weder einhalten noch einfordern lassen.

Dazu kommen inhaltlich entleerte Schulfächer (Entfachlichung), wie ein Zitat von Heymann deutlich macht:

> »Die Kompetenzorientierung steht für den Anspruch, dass die Ergebnisse schulischen Lernens handlungsrelevant, praktisch anwendbar sowie persönlich und gesellschaftlich bedeutsam sein sollen. Mit anderen Worten: Die Aufmerksamkeit gilt dem anzustrebenden Können der Schüler und nicht den im Unterricht zu behandelnden Inhalten« (Heymann 2004, S. 8).

Wie das anzustrebende Können ohne direkten Bezug zum Lehrinhalt möglich sein soll, wird nicht erläutert. Nach dem bisherigen pädagogischen Selbstverständnis waren die im Unterricht zu behandelnden Inhalte selbst Gegenstand und Ziel des Könnens und Wissens. Im Mathematikunterricht etwa lernten die Kinder tatsächlich das Rechnen (in altersangemessenen Zahlenräumen). Gleichwohl plädieren kompetenzorientierte Mathematiker für weniger mathematisches Grundlagenwissen in der Oberstufe und stellen Behauptungen auf wie »Um Mathematik-Kompetenz zu vermitteln, ist kein Mathematikunterricht nötig« (Hesse 2017). Diese Aussage eines Professors für Statistik ist kurioserweise die Replik auf einen Brandbrief von über einhundert Mathematikerinnen und Mathematikern an Universitäten und Hochschulen, die die mangelnden Mathematikkenntnisse von Studienanfängern beklagen (www.tagesspiegel.de/downloads/19549926/2/offener-brief.pdf). Die hohen Abbruchquoten in mathematisch-technischen Fächern führen dazu, dass immer mehr Hochschulen Vorbereitungskurse für Mathematik anbieten.

Der Unterricht vermittelt Fakten und Wissen, auch Orientierungswissen, damit sich Kinder und Jugendliche in der Welt zurechtfinden. Im traditionellen Verständnis von Unterricht, Lehre und Lernen sind das zu erwerbende Wissen und Können und die zu erlernenden Fertigkeiten Mittel, um sich selbstständig Aufgaben stellen und eigene Ideen entwickeln zu können. Es geht nicht darum, Probleme zu lösen. Das Aneignen von Wissen und Können und das Erlernen von Fertigkeiten zielen auf Selbstständigkeit und größtmögliche Autonomie. So ermöglichen es gelernte Mal- und Zeichentechniken, nach dem Hören einer Geschichte eigene Bildvorstellungen zu entwickeln und eine eigene Bildwelt aufzubauen. Das ist etwas ganz anderes als Schablonen auszumalen. Am Ende entsteht ein individuelles Bild, das sich nicht quantifizieren und nicht sinnvoll nach formalen Kriterien standardisieren, sehr wohl aber nach ästhetischen Kriterien besprechen lässt.

Bei der Kompetenzorientierung hingegen können individuelle Resultate gar nicht das Ziel sein. Individualität und Originalität sind gerade *nicht* vergleichbar und lassen sich nicht standardisieren. Es lohnt sich, daran zu erinnern, woher die Kompetenzorientierung als Modell ursprünglich kommt: aus dem Qualitätsmanagement der produzierenden Industrie, das darauf abzielt, Prozesse durch permanente Überwachung und kleinteilige Kontrollen zu optimieren. Dazu zwei Thesen:

Empirische Bildungsforschung ist Lernleistungsforschung

Empirische Bildungsforschung ist keine Bildungsforschung, sondern Lernleistungsforschung mithilfe standardisierter Tests, definierter Ergebnisse und psychometrischer Vermessung. Die theoretische Basis ist die psychologische Lern- und Verhaltensforschung, die ideologische Basis ist das aus der industriellen Produktion (Industrie 4.0) übernommene Qualitätsmanagement (QM) bzw. Total Quality Management (TQM). Methodisch werden standardisierte Tests und Leistungsraster entwickelt, die fest definierte Kompetenzen abfragen. Das Ziel sind weltweit vergleichbare Messergebnisse und Rankings, mit denen wiederum Curricula und Lehrmethoden beeinflusst werden. Die Digitalisierung von Lehrmedien und Unterrichtsformen ist Teil der Strategie.

Kompetenzorientierung als Arbeitnehmerflexibilisierung

Die Kompetenzorientierung ist mit Kompetenzen, die sich beliebig definieren und isoliert trainieren lassen, das zukünftige Lernmodell für abhängig Beschäftigte, die je nach Bedarf (und möglichst automatisiert) flexibel beschult und umgeschult werden, um an den jeweils vakanten Arbeitsstationen eingesetzt zu werden.

Das mag überspitzt klingen. Wer aber die Diskussion über Cyborgs und Micro-Chip-Implantate verfolgt, weiß, dass der Mensch mittlerweile selbst als zu optimierende Maschine definiert wird.

Kompetenzorientierung als Verhaltenssteuerung

Die Nutzlosigkeit des Kompetenzbegriffs für die pädagogische Diskussion hat Volker Ladenthin in seinem Beitrag »Kompetenzorientierung als Indiz pädagogischer Orientierungslosigkeit« bereits 2011 angeprangert. Die Kernthesen werden hier paraphrasiert, um zu verdeutlichen, wie weitreichend sich das Selbstverständnis von Schule als sozialem Lernort verändert hat (Ladenthin 2011; siehe auch Krautz 2013).

Ladenthin kritisiert, dass aus Lehrplänen Kompetenzlehrpläne werden und traditionelle Lernziele (Kenntnisse, Fähigkeiten, Fertigkeiten) durch ein Output-System ersetzt werden.[23] Das übergeordnete Ziel hinter dem Wechsel von der Input-Orientierung (Bildungs- und Lehrpläne) zur Output-Orientierung (Kennzahlen, Prozessoptimierung, Kostenreduktion) seien normierte und vereinheitlichte Bildungssysteme weltweit. Um die internationale Vergleichbarkeit zu gewährleisten, würden internationale Testreihen ohne Rücksicht auf nationale Bildungssysteme aufgezwungen. Das sei schließlich Ziel der Global Education Industrie (GEI): weltweite Standards, weltweite Reichweite, weltweite Märkte für digitale Lehrmittel, die lediglich – und da auch nur für Kinder – an den jeweiligen Sprachraum angepasst werden müssen. Bereits Jugendliche trainierten ihre Sprachkompetenzen durch englischsprachige Kurse für den weltweiten Arbeitsmarkt. Kompetenzen und Kompetenzorientierung seien zentrale Bausteine, um Bildungssysteme zu lenken und zu steuern. Das wiederum sei Voraussetzung für zentralisierte und globalisierte Bildungsangebote. Für Ladenthin entspricht dies exakt dem, »was die Soziologie in der Nachfolge des Rationalisierungsbegriffs von Max Weber – mit einem aktuellen Schlagwort – als ›McDonaldisierung‹ bezeichnet: Man möchte das gleiche Produkt – den Output – in der gleichen Qualität unabhängig von Voraussetzungen und Vorlieben herstellen« (Ladenthin 2011, S. 22; siehe auch Krautz 2007).

Dabei sei die Produktionsmetapher für Bildungseinrichtungen falsch. Bildungseinrichtungen »produzieren« nichts. Absolventen sind kein Produkt. Der »Produktionsgedanke« manifestiere sich denn auch nicht in der direkten pädagogischen Arbeit, sondern in den begleitenden Kontrollstrukturen zur Qualitätssicherung:

- Beobachtung, formale Analyse und Beschreibung der Produktionsprozesse und Arbeitsschritte mit dem Ziel der Normierung;
- Definition und Festlegung (Akkreditierung) der prozessoptimierten, normierten Produktion;
- regelmäßige Fremd- und Eigenevaluation: Prüfung und Kontrolle der laufenden Produktion mit dem Ziel, die evaluierten Ergebnisse jederzeit reproduzieren zu können;
- Modularisierung der Arbeitsschritte, Abläufe und Inhalte nach den Konzepten des Taylorismus;[24]
- feste Verhaltensnormen und ständige Kontrolle aller Beteiligten.

Das überträgt im Kern den Gedanken der Fließbandproduktion auf Lehr- und Lernsituationen. Dabei entsteht beinahe zwangsläufig ein kurioses Paradox:

---

23 »Output« (Ausstoß) oder Output-Orientierung (= Anzahl der korrekt produzierten Werkstücke) ist eine typische Kenngröße der produzierenden Industrie.

24 »Steigerung der Produktivität menschlicher Arbeit. Dies geschieht durch die Teilung der Arbeit in kleinste Einheiten, zu deren Bewältigung keine oder nur geringe Denkvorgänge zu leisten und die aufgrund des geringen Umfangs bzw. Arbeitsinhalts schnell und repetitiv zu wiederholen sind« (http://wirtschaftslexikon.gabler.de/Definition/taylorismus.html).

Entmündigung durch Kompetenz
Lernende werden durch das standardisierte Lernen und Abprüfen nach dem Kompetenzmodell, mit Kompetenzstufen und Kompetenzrastern, nicht fachkompetent, sondern fachlich entmündigt. Durch den fehlenden Kontext der Einzelkompetenzprüfungen entsteht kein Verständnis mehr für Zusammenhänge.

Es ist, als würde man beim Kochen nur das Putzen und Kleinschneiden des Gemüses beobachten und Mengenangaben notieren, aber vergessen, dass es dabei auch um Essen, Genuss und Geschmack geht.

Die Kompetenzorientierung ist für Ladenthin eine besonders ausgeprägte Form von Fremdsteuerung (Ladenthin 2011, S. 24). Im Kern würden totalitäre Ansprüche formuliert, der autoritäre Charakter des Kompetenzbegriffs würde sich in diesen Definitionen niederschlagen. Charakteristisch sei zugleich dessen Inhaltsleere, die sich beliebig mit Inhalten füllen ließe. Ladenthin spitzt dies auf die These zu: »Aus Kompetenzen lässt sich kein humanes Handeln ableiten« (Ladenthin 2011, S. 24).

Damit markiert Ladenthin die Tragweite des Paradigmenwechsels, der mit dem Begriff »Kompetenzorientierung« eingeführt werden soll. An die Stelle der Subjektorientierung, die dem Einzelnen überantwortet, etwas zu tun oder nicht zu tun, treten Fremdbestimmung und Fremdsteuerung. »Alles, was als ›Pädagogik‹ geschieht«, fordert er hingegen, »muss unter der Maßgabe geschehen, dass sich das Subjekt selbst das Ziel setzt, und es muss so geschehen, dass das Subjekt dabei sich selbst als Ziel setzt. Alles andere ist Abrichtung, Dressur, Konditionierung – oder Verhaltenssteuerung« (Ladenthin 2011, S. 8 f.).[25]

6.3 »Künstliche Intelligenz« beim Lehren und Lernen

Sollen digitale E-Learning-Umgebungen Menschen automatisiert beschulen und prüfen? Sollen Algorithmen anhand der erbrachten Leistungsnachweise über (Aus-)Bildungswege und Studiengänge und damit über die Zukunftschancen junger Menschen entscheiden dürfen? Welche Entscheidungen und welche Macht delegieren wir damit an technische Systeme?

---

25 Der Philosoph Christoph Türcke hat seine Kritik am Kompetenzmodell wie folgt formuliert: »Wenn Inhalte, Stoffe, Sachen nur noch das Schmieröl für den Erwerb von Methoden hergeben, nähert sich die dabei antrainierte Kompetenz der von Maschinen an. Maschinen können atemberaubend viel, und was sie können, können sie zumeist ungleich genauer, schneller und ausdauernder als Menschen. (…) Wer Maschinen baut, stellt massenhaft solches Können her: Kompetenz am Laufmeter. Sie ist das unausgesprochene Ideal, das über der Umstellung des Bildungssystems von Inhalts- auf Kompetenzorientierung schwebt. Sämtliche Bildungsstätten, vom Kindergarten bis zur Uni, sollen Menschen kompetent machen. Das ist Machbarkeitswahn« (Türcke 2012).

Gruß von HAL: KI als rhetorische Figur*

Die Gefahr, sich als Geisteswissenschaftler zu einem technischen Thema zu äußern, ist mir bewusst. Die damit zusammenhängenden ethischen und didaktischen Fragen aber, ob und gegebenenfalls ab welchem Alter und für welchen Zweck KI in Bildungseinrichtungen eingesetzt werden darf, können aus meiner Sicht nicht IT- oder KI-Spezialisten entscheiden. Für Leserinnen und Leser, deren Kinder von solchen Systemen womöglich ihr Leben lang (Breithaupt: ab fünf Jahren) beschult werden (sollen), ist es relevant, die Kritik an autonomen technischen Systemen aus humanistischer und pädagogischer Perspektive zu kennen. Gleiches gilt für Lehrkräfte, die die Verantwortung für das Belehren und Lernen von Schülerinnen und Schülern an technische Systeme abgeben zu können glauben.

Künstliche Intelligenz ist eine rhetorische Figur

Der Begriff »Künstliche Intelligenz« im Kontext von Schule und Unterricht ist Ablenkungsrhetorik. Eltern sollen zustimmen, dass ihre Kinder an das automatisierte und sozial isolierte Beschulen an Rechner und Touchscreen gewöhnt werden. Lehrkräfte sollen die Verantwortung über Lernstoff und Methoden an digitale Systeme delegieren. Der Begriff »Künstliche Intelligenz« kaschiert die beabsichtigte De-Humanisierung der Bildungssysteme durch Automatisierung und Digitalisierung.

Die Behauptung, Lernsysteme basierten auf »künstlicher« (technischer) Intelligenz, hat ein Ziel. Die Eltern sollen zustimmen, dass ihre Kinder möglichst früh an Displays und Touchscreens gewöhnt werden. Wer den Eltern sagt: »Ihr Kind sitzt bei uns in einer Fabriketage am Bildschirm und bekommt die Aufgaben nach statistischen Regeln und Methoden der Mustererkennung von der Software zugewiesen«, dem dürfte kaum Begeisterung entgegenschlagen. Sagt man den Eltern aber, eine »künstliche Intelligenz« wähle die Lerninhalte passgenau für jedes Kind und sein aktuelles Leistungsvermögen aus, damit es an seiner Lernstation optimal lernen und sich ideal gefördert entwickeln könne, schwindet der elterliche Widerstand.

Unterschlagen wird die soziale Isolierung an Lernstationen ebenso wie die Tatsache, dass die Lernenden für dieses »individualisierte, personalisierte Beschulen« psychometrisch vermessen und zum »Datenhaufen« (Yvonne Hofstetter) werden. Lernende werden zur rein statistischen Größe, zum Muster und Datensatz. Das ist weder Aufgabe noch Ziel von Bildungseinrichtungen und Bildungsprozessen. Insofern handelt es sich auch nicht um eine »fachfremde« Kritik, da sich zunächst die Frage stellt, welcher pädagogische Sinn hinter dem Einsatz von KI in Bildungseinrichtungen steckt. Gerade weil diese Techniken und Prozesse immer mehr entscheiden (sollen), ist eine pädagogische Kritik dringend nötig.

Und wer ist *HAL? Das ist der Bordcomputer in Stanley Kubricks Film »2001 – Odyssee im Weltraum« aus dem Jahr 1968. Wer den Film kennt, weiß nicht nur, wo

Steve Jobs seine Ideen für Touchscreen und Tablet gefunden hat, sondern erinnert sich auch an den sprechenden Computer. HAL ist eine künstliche Superintelligenz auf Weltraummission, deren Ziel nur er kennt, nicht die Besatzung. Hier ist nicht der Ort, die Geschichte dieses hervorragenden Films zu erzählen, nur so viel: Computer der Serie 9000 wie HAL gelten als perfekt und absolut fehlerfrei. Als aufgrund eines Vorfalls klar wird, dass HAL eben doch Fehler macht (was ja bei Software üblich ist), beginnt dieses autonome intelligente System ein irrationales Eigenleben. Es tötet vier Astronauten aus Furcht, abgeschaltet zu werden. Nur der fünfte, Bowman, kann sich mit Not retten – und schaltet HAL im Finale »Mensch gegen Superintelligenz« ab, auch wenn das Raumschiff und Bowman dadurch verloren sind.

Zum Abschalten des Rechners entfernt Bowman nach und nach die Speicherbausteine des Arbeitsspeichers (1968 waren das noch Bauteile zum Anfassen.) HAL verliert seine Rechenfähigkeit (seine technische »Intelligenz«) und entwickelt sich erst zum Kind zurück, schließlich zum lallenden, nicht mehr sprechfähigen Säugling. Bereits 1968 hat Kubrick damit eine visuell und akustisch eindrückliche Metapher für KI ins Bild gesetzt: Intelligenz, die nur auf Rechenleistung und Rechenoperationen beruht. Schauen Sie sich den Film an, bevor Sie Schülerinnen und Schüler von vollautomatisierten Systemen beschulen lassen wollen. Kubricks »2001 – Odyssee im Weltraum« ist zwar Science-Fiction, visualisiert aber explizit den beinahe religiösen Glauben an die Macht der digitalen Technologie, deren oberflächliche Glätte und vermeintliche Unfehlbarkeit.

Dass es keine fehlerfreien Systeme gibt, weiß jeder, der diese Systeme nutzt oder entwickelt. Bezeichnenderweise trauen nicht einmal die Entwickler des Silicon Valley der von ihnen so lauthals propagierten KI. In seinem Beitrag »Schöne neue Welt, deine Schöpfer trauen Dir nicht« beschreibt Adrian Lobe, wie sich das Valley gerade auf den Untergang durch einen »Cyberwar« vorbereitet. Angriffe auf die digitalisierte, zivile Infrastruktur (Strom, Wasser, Verkehrsleitsysteme) könnten zum Systemausfall und vollständigen Kollaps führen. Amerikanische Hacker erwarten ein digitales 9/11, das sich gegen die Zivilbevölkerung richte und unbekannte militärische Schritte zur Folge habe. Wer im Valley genug Geld habe, kaufe oder baue sich einen Bunker oder investiere sein Geld für eine Insel. Womöglich, so die Furcht, laufe auch das Experiment der künstlichen Intelligenz aus dem Ruder und das »Geschöpf« wendet sich gegen seine Schöpfer. »Google-Ingenieure tüfteln bereits an einem Aus-Knopf, der außer Kontrolle geratene KI-Systeme wieder abschaltet (Lobe 2017b, S. 13).

Ganz enge Grenzen: Die Regeln der Regelsysteme

Was auch immer man von solchen Horrorszenarien halten mag: Aus humanwissenschaftlicher und erkenntnistheoretischer Perspektive gibt es keine »künstliche Intelligenz«, sondern allenfalls autonome technische Systeme. Diesen mehr oder weniger autonom agierenden Systemen fehlt aber ein entscheidender Aspekt, um sie als intelligent zu bezeichnen: das Bewusstsein über das eigene Tun oder auch »nur« die eigene Existenz. Weder Auto, Computer, Kühlschrank noch Zahnbürste sind »intelligent« im Sinne von autonom handlungsfähig. Gerade komplexere Systeme wie das »selbstfahrende« Auto sind eben nicht autonom. Sonst würde ihr Algorithmus entscheiden, wohin die Fahrt geht. Das Auto fährt von A nach B, nachdem der Fahrgast seinen Befehl erteilt hat.

Intelligenz ohne Bewusstsein ist keine Intelligenz

Es gibt aus humanwissenschaftlicher und erkenntnistheoretischer Perspektive keine »künstliche Intelligenz«, sondern immer nur (zum Teil autonom agierende) technische Systeme. Diesen Systemen fehlt als entscheidender Aspekt für Intelligenz das Bewusstsein über das eigene Tun.

Die Regelsysteme (oder ganz profan: Berechnungen) werden zwar immer komplexer. Trotzdem bleiben sie ihrem Wesen nach Regelkreisläufe und Rechenoperationen, bei denen Daten über Dateneingabegeräte wie Sensoren, Mikrofone, Kameras oder Messfühler aufgenommen, verarbeitet und ausgewertet werden, um daraus die nächsten Anweisungen für die Maschine zu generieren. Es handelt sich um Mustererkennung, Identifikation und Reaktion gemäß programmierter Vorgaben. Auch sprachliche Anleihen aus anderen Wissenschaften, z. B. den Kognitionswissenschaften, wie die »neuronalen digitalen Systeme«, sind Metaphern. Denn diesen Systemen wachsen weder Neuronen, noch werden physische Verbindungen im »Elektrogehirn« gestärkt, wie man es bei organischen Gehirnen beobachten kann. Bei digitalen »neuronalen« Netzen werden nur bestätigte Annahmen und korrekt erkannte Muster stärker gewichtet. Dadurch sinkt die Fehlerquote, aber es bleibt Berechnung, Statistik, Wahrscheinlichkeit und Mustererkennung.

Nach diesem Prinzip arbeitet jede E-Learning-Software. Das Programm bietet die Inhalte gemäß der Vorgaben an, reagiert auf Eingaben und berechnet daraus die nächsten Arbeitsschritte anhand von standardisierten Lernverläufen und gespeicherten Lernpfaden. Diese Einschränkung ist systembedingt. Wer Lernziele definiert, muss Lern- und Prüfungsinhalte sowie mögliche Wege zum Lernziel definieren und somit vorgeben. (Ergebnisoffene Lern- und Arbeitsformen, etwa im Kunstunterricht, sind technisch nicht abbildbar, weil es keine standardisierten Ergebnisse gibt.)

Je nach Lerngeschwindigkeit oder Eingabefehler der Probanden werden Aufgaben oder Videos übersprungen, wiederholt und weitere Aufgaben ergänzt. Das Ziel ist bekannt: Die Probanden sollen die Prüfungsaufgaben korrekt lösen. Die Wege dahin können sich unterscheiden: Die Variablen dafür sind Geschwindigkeit, Reihenfolge und Zahl der Übungsaufgaben bzw. Wiederholungen.

E-Learning konditioniert den Menschen auf das IT- System

Software versteht nichts vom Lernen und nichts von den Inhalten. Programme laufen ab und verarbeiten Eingaben. Software prüft deren Relevanz bzw. Korrektheit und reagiert gemäß der vorgegebenen Programmstruktur.

Die Struktur technischer Systeme erzwingt ein maschinenangepasstes Lernverhalten: Wie wird das System bedient, was kann gesprochen (Spracherkennung), was muss eingegeben, bestätigt, wiederholt werden, wofür gibt es Punkte etc.? Lernen am System konditioniert auf das System und die Programmlogik. Dabei wird man nicht unbedingt klüger, in jedem Fall aber maschinenkonform.

Drei Komponenten des Lernens: Studieren am MIT

Da Maschinen und Software weder Verstehen lehren noch Verständnis prüfen können, reduziert sich das maschinell zu Lehrende systembedingt auf automatisierte Abfragen, auf Repetitionswissen. Das ist Konsens, zumindest unter Lehrenden, die Medien als Mittel zum Zweck (nicht Selbstzweck) verstehen. Selbst der Chef der amerikanischen Elite-Uni Massachusetts Institute of Technology (MIT), Rafael Reif, ein Befürworter und Förderer digitaler Lehrangebote, sieht die Grenzen des Lernens mit digitalen Medien:

> »Die Ausbildung bei uns besteht aus drei Komponenten. Erstens: das Lernen von bestehendem Wissen. Zweitens: das Verbessern von bestehendem Wissen. Drittens: die Anwendung des Wissens, um etwas Neues zu schaffen. Den letzten Punkt nennt man Innovation. Digitales Lernen können wir nur für den ersten Teil nutzen. Aber wir gewinnen damit mehr Zeit für die beiden anderen Komponenten« (NZZ-Interview, 21.1.2015).

Reif spricht an dieser Stelle über junge Menschen, die kurz vor dem Highschool-Abschluss stehen oder ihn bereits in der Tasche haben. Diese jungen Menschen bringen eine entsprechende Lernbiografie mit und können digitale wie analoge Medien für Selbstlernphasen und zum Einlesen in Wissensbestände nutzen. Der Klassiker ist das Lehrbuch oder das Vorlesungsskript. Es wird sich zeigen, ob Lehrvideos die Klassiker voll ersetzen können. Wahrscheinlich wird es Mischformen geben, je nach Lernkultur, Fach und Persönlichkeit.

Wie auch immer: Ohne anschließende Präsenzphase mit Diskurs über das Gelesene oder Geschaute bleibt es Angelesenes oder Angeschautes ohne diskursive Reflexion. Wir brauchen aber, selbst als Erwachsene und Wissenschaftler, ein Gegenüber, um Sachverhalte mit eigenen Worten formulieren, auf Fragen, Anregungen oder Kommentare reagieren und argumentieren zu können. Es ist ja ein bekanntes Phänomen: Man lernt etwas dann besonders gut, wenn man es anderen mit eigenen Worten erklärt. Daher wird Lernen nach Möglichkeit immer als Wechsel von Selbstlernphasen und Präsenz mit Diskussion und Diskurs organisiert. Das ist Konsens und heißt heute »Blended Learning« oder »Flipped Classroom«. Je nach Alter der Lernenden, je nach Fach und Lehrsituation werden Lehrmedien vorbereitend, begleitend oder ergänzend zur Präsenzlehre eingesetzt. Waren es früher eher Skripte oder Bücher, die vor den Unterrichtsstunden oder Vorlesungen und Seminaren zu lesen waren, so sind es heute öfter Videos, die anzuschauen sind. Das Prinzip aber ist identisch: Wer sich auf den Unterricht vorbereitet, kann ihm besser folgen und Verständnis für eine Sache oder ein Fach entwickeln. Nur für Lernkontrolleure reduziert sich das Lernen auf »lernen und geprüft werden an der Maschine«.

KI ist Lernkontrolle statt Intelligenz

Für das Lehren und Lernen gibt es keine Systeme, die den Begriff »Künstliche Intelligenz« rechtfertigen. Es sind Lernkontrollsysteme, die immer mehr Daten der Lernenden und ihrer individuellen Lernprozesse erfassen. Der Fachbegriff dafür ist »Learning Analytics«, die Techniken basieren auf Big Data Analyzing und protokollieren das gesamte Lernverhalten der Probanden. Erstellt werden Lernleistungs- und psychometrische Persönlichkeitsprofile zur besseren Lernsteuerung und Lernkontrolle.

Der Gegenpol: Humane Intelligenz

Die Aussage »Es gibt keine künstliche Intelligenz im Kontext der Human- und Sozialwissenschaften« leitet sich aus der Gegenüberstellung von »künstlich« zu »human« ab. Wer von »künstlicher Intelligenz« spricht, setzt eine nicht-künstliche, also organische und humane Intelligenz als Gegenpol und Maßstab an, da wir über die Intelligenz von anderen Organismen allenfalls sehr bedingte Aussagen machen können. Die Frage aber, was die menschliche Intelligenz sei und was dazu gehöre, ist weder definiert, noch lässt sie sich in ihrer Gesamtheit bestimmen. Einigkeit besteht darüber, dass das, was umgangssprachlich als Intelligenz bezeichnet wird und sich in Testreihen (vor allem sogenannter Intelligenztests) messen lässt, nur Teilaspekte menschlicher Intelligenz erfassen kann. Bereits das Testdesign (Erkenntnisinteresse, Fragestellung, Methode etc.) bestimmt, was überhaupt erfasst und gemessen werden kann.

Zum Reichtum menschlicher Intelligenz gehören viele nicht quantifizierbare Aspekte wie Reflexionsvermögen, Emotionalität, moralische bzw. ethische Empfindungen (z. B. Gerechtigkeitssinn, Moralvorstellungen) oder auch das Sozialverhalten (soziale Intelligenz). Diese sind technischen Systemen nicht zugänglich bzw. mit Testreihen nicht quantifizierbar, weil sie auf den Erfahrungen und Werten der individuellen Persönlichkeit beruhen.

Wie schwer Fragen der Wertethik zu programmieren sind, zeigt etwa die Diskussion um selbstfahrende Autos. Wie programmiert man ein technisches System, das selbst entscheiden soll, wer bei einem absehbaren Unfall mit Personenschaden verletzt oder vielleicht sogar getötet werden soll? Ein anderes Beispiel: Alphabet/Google hat eine Software entwickelt, die bei Schwerkranken ausrechnet, wie hoch Lebenserwartung und Kosten bei verschiedenen Varianten von Operation, Medikation und Therapie sind. Noch entscheiden Ärzte, wer welche Behandlung bekommt. Wäre es ethisch zu verantworten, Ärzten diese schwere Entscheidung abzunehmen?

Dazu kommen schon bei Kindern vorhandene, sehr individuell ausgeprägte, ergebnisoffene und intuitive Handlungspotenziale wie Fantasie, Imagination oder Kreativität, die sich gerade dadurch auszeichnen, dass sie weder berechnet (quantifiziert) noch vorherbestimmt oder antrainiert werden können (siehe Lankau 2014, S. 131 f.; S. 144 f.). Kommerziell beworbene Kreativitätstechniken und -methoden können Prozesse initiieren, führen aber ohne die individuelle Persönlichkeit nicht zu eigenständigen Ergebnissen. Durch Methoden und Techniken allein ist noch niemand ein herausragender Künstler oder Wissenschaftler geworden. Die beiden großen Disziplinen, Wissenschaft und Kunst, erzeugen Erkenntnisse. Sie leben von Persönlichkeiten, die nicht aufgrund messbarer Eigenschaften, sondern aufgrund ihrer Individualität, Neugier und Kreativität Neues schaffen. Die erste Erkenntnis im Diskurs über KI ist daher, dass wesentliche Teile der menschlichen Intelligenz nicht gemessen, quantifiziert oder auch nur verbindlich beschrieben und definiert werden können. Das ist erfreulich.

Technische Systeme sind asozial

Ein Softwaresystem kann weder emotional reagieren, noch sind soziale oder moralische Einstellungen programmierbar, allenfalls Reaktionsmuster. Es wird versucht, durch die Aufzeichnung von Mimik und Stimme Emotionen zu erkennen und mit Software emotionale Reaktionen der Systeme zu simulieren, aber es bleiben Simulationen und Scheinhandlungen.

Der Mensch kann Nein sagen

Die zweite Erkenntnis aus der Beschäftigung mit künstlicher Intelligenz ist weniger erfreulich. Die Behauptung, KI existiere nicht nur, sondern sei dem Menschen überlegen, dient dazu, zunächst die Freiheit des Handelns einzuschränken. Das ist die fürsorgliche Bevormundung oder Belagerung, für die sich das Wort »Nudging – Anstupsen« eingebürgert hat. Das Ziel dabei ist, die Handlungen und Entscheidungen einer Person zu beeinflussen und in die gewünschte Richtung zu lenken.

Im zweiten Schritt wird der menschliche Wille als Entscheidungsinstanz generell entwertet. Nicht nur sei der menschliche Intellekt der technischen Intelligenz unterlegen, heißt es. Fehlerhaft seien auch die daraus abgeleiteten Handlungen, Wünsche, Vorstellungen etc. Das technische System wisse besser, was gut für einen ist, was man tun, lesen, hören, essen soll, was man will und was man davon (politisch oder genderkorrekt) auch wollen darf.

Hier kann nicht die ganze Ideengeschichte über die Existenz, Nichtexistenz oder Freiheit des menschlichen Willens diskutiert werden. Spannend wäre an dieser Diskussion vor allem, wer dem Menschen seinen Willen abspricht und warum. Die zweite Frage wäre dann, wer (oder was) für menschliches Verhalten verantwortlich gemacht wird.

Aus der pädagogischen Praxis weiß man erfreulicherweise, dass schon kleine Kinder einen eigenen Willen haben. Der eigene Wille ist Voraussetzung für den Prozess der Individualisierung und Persönlichkeitswerdung. Das »Ich« als eigenständige Person zu erkennen und sich den eigenen Willen einzugestehen bedeutet sowohl, etwas zu wollen wie etwas nicht zu wollen. Nur wer Ja oder Nein sagen und danach handeln kann, ist in seinen Entscheidungen frei. Würden Menschen diese Form der Handlungsentscheidung nicht lernen, blieben sie weisungsgebunden. Sie blieben Hörige, weil sie täten, was man von ihnen verlangt, da sie nicht gelernt hätten, sich zu widersetzen. Die Möglichkeit der Negation eines erwarteten oder geforderten Verhaltens ist Bedingung für die Autonomie der Person. Wer dem Menschen einen eigenen Willen abspricht, spricht ihm damit die Möglichkeit zur Autonomie ab.

Technischen Systemen fehlt jegliche Möglichkeit, die Ursachen und Folgen ihres Handelns zu reflektieren. Sie verstehen nicht, was sie tun, noch welche Folgen das für andere Systeme haben kann. Sie arbeiten Befehle in ihren Programmen ab. Technische Systeme haben weder Verstand noch ein Bewusstsein oder einen Willen. Die entscheidende Frage ist: Warum nennt man solche Systeme intelligent? Chris Boos, Gründer der auf KI spezialisierten Firma Arago, resümiert im Interview mit der Süddeutschen Zeitung, was er von der »intelligenten« Sprachassistentin Alexa von Amazon hält: »Das sind doch traurige Blechkästen. 80 Prozent der Antworten sind: ›Ich kann Dir leider nicht helfen‹. Ein Dreijähriger kann bessere Dialoge führen und sich dabei gleichzeitig noch die Zähne putzen« (Martin-Jung 2017, S. 18).

7. Das digitale Deutschland im Faktencheck

Wenn Lobbyisten der IT-Industrie über den Zustand Deutschlands sprechen, scheint die Bundesrepublik bestenfalls auf dem Stand eines Entwicklungslandes zu sein. Gerne wird Frau Merkel zitiert, die 2013 bei einem Besuch des damaligen US-Präsidenten Barack Obama vom »Internet als Neuland« gesprochen hat (Pressekonferenz am 19. Juni 2013). Unterschlagen wird dabei, dass sie nicht von neuer Computertechnik oder neuen Geräten gesprochen hat, sondern von unbekannten, aber möglichen Folgen. Da ist das Internet in der Tat Neuland. Internet, Web und Apps stellen sich zunehmend als Ursache medialer und sozialer Phänomene heraus, die neben neuen Formen der Kommunikation und des Konsums bislang unbekannte Gefahren für die demokratische Grundordnung und das gesellschaftliche bzw. soziale Miteinander bereithalten.

Im Jahr 2017, nach einem US-amerikanischen Wahlkampf, der maßgeblich von gezielten Falschmeldungen, gehackten E-Mail-Konten, Meinungsmache durch Millionen von Bots[26] und die gezielte Beeinflussung von Wählern durch Social-Media-Kanäle geprägt war, sollte sich Nachdenken breitmachen. Denn in der Tat sind die Manipulationsmöglichkeiten der neuen Medien nicht nur bei Wahlkämpfen, sondern bei der Meinungsbildung jedes einzelnen Nutzers wie der Öffentlichkeit insgesamt noch nicht abschätzbar. Dazu zählen nicht nur Fake News und Propaganda, sondern auch Datenspionage und Cyberangriffe auf die zivile Infrastruktur, gegen die sich die öffentlichen Dienste und Unternehmen wehren (Stichwort »Hack Back«, Gegenangriffe als Abwehr). Für viele Fragen gibt es derzeit weder technische noch juristische Lösungen. Hier von »Neuland« zu sprechen, war durchaus angebracht.

7.1 Ein paar Zahlen – Studien zur Nutzung digitaler Geräte

Die Werbeindustrie nutzt und erforscht seit Jahrzehnten die Beeinflussbarkeit von Menschen durch Medien (Bernays 2007). Neu ist, dass seit der Einführung des Smartphones im Jahr 2007 nicht nur die passende Werbung eingespielt werden kann, sondern dass dies auch zum richtigen Zeitpunkt und am richtigen Ort geschieht. Das heißt: Moderne Werbung ist personalisiert und wird auf Angebote vor Ort angepasst.

Die Aufmerksamkeit der Nutzer ist ihr dabei sicher, ob diese nun alle 18 Minuten auf ihr Smartphone schauen, wie es Alexander Markowetz mit einer App und Studierenden aufgezeichnet hat (Markowetz 2015, S. 12), oder nicht vielleicht doch öfter, ob die Nutzer das Gerät 88 Mal entsperren (Menthal Balance-Projekt, https://menthal.org) oder »nur« 76 Mal, um es anschließend mehr als 2 600 Mal (bei Intensiv-Nutzern

---

26 Software, die in Social-Media-Kanälen selbstständig postet, liked etc.

mehr als 5 400 Mal) zu berühren (www.galileo.tv/life/so-oft-beruehren-wir-unser-handy-pro-tag). Ein 24-Stunden-Tag hat 1 440 Minuten, ein 18-Stunden-Tag 1 080 Minuten. Die Zeitspannen zwischen dem Entsperren des Smartphones sind so kurz, dass konzentriertes, geistiges Arbeiten kaum mehr möglich ist. Nach jeder Unterbrechung müssen wir neu beginnen, uns zu konzentrieren.

Hinzu kommt: Neben der Häufigkeit, mit der auf das Handy oder Smartphone geschaut wird, steigt die Nutzungsdauer und damit die Möglichkeit der Einflussnahme. Das gilt insbesondere für Kinder und Jugendliche, die aufgrund ihres Alters einfacher zu beeinflussen und zu steuern sind. »Gebt uns die Kinder«, heißt es schon bei den Jesuiten, »sie werden ein Leben lang auf uns hören« (vgl. Spiewak 2015, S. 4 f.).

Permanente Beobachtung führt zu Konformität

Wer beobachtet wird, verhält sich in der Regel konform, selbst ohne angedrohte Sanktionen. Die vollständige Überwachung des öffentlichen Raums wie der (privaten) Kommunikation führt zu einem Konformitätsdruck, der es insbesondere jungen Menschen erschwert, eigene und soziale Grenzen auszutesten oder bewusst zu übertreten. Permanente Beobachtung führt zu Konformität und schränkt die Persönlichkeitsentwicklung ein.

Wie verhalten sich diese Zahlen mit der Behauptung, Deutschland sei ein digitales Entwicklungsland? Laut Statistik gehen 85 Prozent der Deutschen jeden oder fast jeden Tag ins Internet, 11 Prozent einmal die Woche und nur 4 Prozent seltener als einmal in der Woche. 81 Prozent der Internetnutzer gehen per Handy oder Smartphone ins Netz, über 95 Prozent der deutschen Haushalte haben ein Mobiltelefon. Auch bei der Ausstattung mit digitalen Geräten ist Deutschland kein Entwicklungsland. Laut Statistischem Bundesamt hat jeder deutsche Haushalt (statistisch) 1,76 Handys oder Smartphones.[27] Vielleicht sollten IT-Lobbyisten die Statistiken des Bundesamts und der Medienanstalten lesen, bevor sie eine mangelnde Ausstattung mit Digitaltechnik unterstellen.

Gemäß der Studie »Kinder in der digitalen Welt« des Deutschen Instituts für Vertrauen und Sicherheit im Internet (DIVSI 2015) nutzen bereits 10 Prozent der Dreijährigen (!) das Internet. Was sie da genau tun und was unter »nutzen« zu verstehen ist, bleibt unklar. 28 Prozent der Sechsjährigen seien regelmäßig im Netz unterwegs, bei den Achtjährigen seien dann schon 55 Prozent online, davon 37 Prozent mehrmals in der Woche oder sogar täglich.

---

27 Private Nutzung von Informations- und Kommunikationstechnologien: www.destatis.de/DE/ZahlenFakten/GesellschaftStaat/EinkommenKonsumLebensbedingungen/ITNutzung/Tabellen/NutzungInternetGeschlecht_IKT.html.
Ausstattung privater Haushalte mit Informations- und Kommunikationstechnik – Deutschland: www.destatis.de/DE/ZahlenFakten/GesellschaftStaat/EinkommenKonsumLebensbedingungen/AusstattungGebrauchsguetern/Tabellen/Infotechnik_D.html.

Nach der ICILS-Studie (International Computer and Information Literacy Study) haben 91 Prozent der Zwölf- bis 13-Jährigen ein eigenes Smartphone und loggen sich täglich ins Internet ein, 40 Prozent von ihnen länger als eine Stunde (ICILS 2014). Zeit für das Spielen an PCs und an Spielekonsolen komme dazu. Laut Branchenverband Bitkom besitzen von den Sechs- bis Siebenjährigen bereits 20 Prozent ein Smartphone, die Zwölfjährigen haben alle eins. Vom zehnten Lebensjahr an sind 94 Prozent der Kinder täglich im Netz unterwegs, die Kleinen zehn oder 15 Minuten, die 16 bis 18-Jährigen mehrere Stunden.

Die Bitkom-Studien

Nach der Bitkom-Studie »Digitale Schule – vernetztes Lernen« (Bitkom 2015) gehören stationäre PCs und Notebooks (99 bzw. 89 Prozent), Beamer (98 Prozent) sowie Digitalkameras (91 Prozent) zur digitalen Grundausstattung der Schulen. Fast alle Schulen haben einen Internetzugang (S. 5). Lehrer sind gegenüber neuen Technologien sehr aufgeschlossen, 95 Prozent sind bereit, digitale Medien einzusetzen oder tun es bereits (S. 6), auch wenn sie dafür private Geräte (in der Regel eigene Laptops) mitbringen (müssen). Ein paar zentrale Ergebnisse der Bitkom-Studie »Jung und vernetzt. Kinder und Jugendliche in der digitalen Gesellschaft« (Bitkom 2014) zeigen, dass die Ausstattung von Kindern und Jugendlichen mit digitalen Geräten nahezu flächendeckend und die Nutzung alltäglich ist.

Zentrale Ergebnisse im Überblick

- In der Altersgruppe von 10 bis 11 Jahren sind mit einem Anteil von 94 Prozent nahezu alle Kinder online und verbringen im Schnitt 22 Minuten pro Tag im Internet. Bei Jugendlichen von 16 bis 18 Jahren sind es schon 115 Minuten.
- Im Alter von 12 bis 13 Jahren gehören Smartphones mit einer Verbreitung von 84 Prozent zur Standardausstattung.
- Für ältere Jugendliche ist das Smartphone das wichtigste Zugangsgerät zum Internet: 89 Prozent der 16- bis 18-Jährigen gehen damit online. Auf Platz zwei liegen Notebooks mit 69 Prozent, gefolgt von stationären Computern mit 52 Prozent und Tablet-Computern mit 26 Prozent.
- Die Nutzung sozialer Netzwerke beginnt mit 10 bis 11 Jahren. In dieser Gruppe sind 10 Prozent in sozialen Netzwerken aktiv. Unter den 12- bis 13-Jährigen sind es 42 Prozent, bei den 14- bis 15-Jährigen 65 Prozent und bei den 16- bis 18-Jährigen 85 Prozent.
- Im Ranking der beliebtesten sozialen Netzwerke liegt WhatsApp bei den 10- bis 18-Jährigen mit einer Nutzungsrate von 72 Prozent vor Facebook (56 Prozent), Skype (46 Prozent) und Google+ (19 Prozent). 60 Prozent der aktiven Nutzer sozialer Netzwerke im Alter von 10 bis 18 Jahren haben die technischen Einstellungen zur

Privatsphäre verändert. Unter den 10- bis 11-Jährigen haben 23 Prozent die Einstellungen verändert, unter den 12- bis 13-Jährigen 48 Prozent und unter den 16- bis 18-Jährigen 79 Prozent. 94 Prozent der 10- bis 18-jährigen Nutzer von Smartphones und Handys versenden Kurznachrichten entweder als SMS oder über Online-Dienste wie WhatsApp, iMessage oder Hangout. Damit sind Kurznachrichten inzwischen sogar häufiger als Telefonate.
- Jeder siebte Jugendliche (14 Prozent) im Alter von 10 bis 18 Jahren ist schon einmal im Internet gemobbt worden. 93 Prozent der 10- bis 18-Jährigen spielen Computer- und Videospiele – im Schnitt 104 Minuten pro Tag. Während Jungen durchschnittlich 122 Minuten pro Tag spielen, sind es bei den Mädchen nur 82 Minuten (www.bitkom.org/Presse/Presseinformation/Studie-zu-Kindern-und-Jugendlichen-in-der-digitalen-Welt.html).

Diese Zahlen wurden bereits 2014 erhoben und dürften heute noch höher liegen. Und auch wenn die Steigerungsrate bei einer Marktdurchdringung von über 90 Prozent gering sein dürfte, kann man ja immer noch jüngere Zielgruppen adressieren.

Die Bitkom-Studie korrespondiert mit der Studie »Grunddaten Jugend und Medien 2016« vom Internationalen Zentralinstitut für das Jugend- und Bildungsfernsehen (IZI). Danach haben 99 Prozent der Haushalte Handy und/oder Smartphone, 98 Prozent ein Laptop, 97 Prozent mindestens ein Fernsehgerät und 96 Prozent einen Internetzugang. Das ist viel für ein digitales Entwicklungsland. Auch für die angeblich so altmodischen und technikfeindlichen Lehrkräfte gehören Computer bei der Unterrichtsvorbereitung zum Alltag: 90 Prozent nutzen sie regelmäßig, mehr als die Hälfte sogar jeden Unterrichtstag (S. 21).

Die Landesanstalt für Medien Nordrhein-Westfalen

Die Landesanstalt für Medien Nordrhein-Westfalen (LfM) hat im September 2013 die Studie »Mediatisierung mobil – Handy- und mobile Internetnutzung von Kindern und Jugendlichen« in Auftrag gegeben (Knop/Hefner/Schmitt/Vorderer 2015). Dabei wurden 500 Kinder und Jugendliche im Alter von 8 bis 14 Jahren und ergänzend deren Eltern befragt. Die Landesanstalt für Medien stellte die Ergebnisse auf der Fachtagung »Always on! Wie Kinder und Jugendliche Smartphones nutzen« im Oktober 2015 in Düsseldorf vor. Das Ergebnis: 48 Prozent geben an, vom Handy abgelenkt zu werden, etwa bei den Hausaufgaben. 43 Prozent geben persönliche Daten preis, ohne nachzudenken. Mehr als 27 Prozent haben Nachrichten von Fremden erhalten. 24 Prozent berichten über Kommunikationsstress durch Messenger-Dienste wie WhatsApp. 21 Prozent sind auf nicht jugendfreien Seiten gelandet. 20 Prozent berichten über schulische Probleme infolge häufiger Handy-Nutzung. 18,6 Prozent haben per Smartphone Gewaltvideos (Happy Slapping) mit entwürdigenden Darstellungen gesehen. 15 Prozent bemängeln, dass echte Kontakte zu Freunden zu kurz kommen. 11 Prozent sind Opfer von digitalem Mobbing oder von Ausgrenzung aus WhatsApp-Gruppen geworden.

Als Tendenz lässt sich schon hier und studienübergreifend feststellen, dass es immer mehr digitale Geräte gibt und dass vor allem Kinder immer früher nicht nur Handys (Telefonie und SMS), sondern auch Smartphones mit Touchscreen und Internetdiensten bekommen. Das sind oft die »alten« Geräte der Eltern oder größeren Geschwister, wenn diese sich neue Geräte zulegen. Ein aktueller Trend scheint zu sein, dass das erste Smartphone nicht mehr »erst« beim Wechsel von der Grund- in die weiterführende Schule zur Verfügung gestellt wird, sondern immer öfter schon beim Einschulen dazugehört, unabhängig von anders lautenden Empfehlungen der Entwicklungspsychologen, Kinderärzte und Pädagogen. Die Werbung und das Mediennutzungsverhalten der Eltern wirken da stärker als pädagogische oder pädiatrische Argumente.

Smartphones (vor allem die neuen und teuren Modelle) gelten darüber hinaus als Statussymbol und fördern die soziale Spaltung bereits in der Grundschule. Da übernimmt die Kommunikationstechnik heute allerdings nur die Rolle, die vorher Markenartikel wie Schulranzen oder Turnschuhe hatten.

Die Studien des mpfs: Mediennutzung der Zwei- bis 19-Jährigen

Ins Detail gehen die jährlichen Studien des medienpädagogischen Forschungsverbundes Südwest (mpfs) mit den regelmäßigen Berichten über die Mediennutzung von Kindern und Jugendlichen (www.mpfs.de). Diese Studien differenzieren nach Lebensalter: Die »miniKIM« fokussiert auf die Zwei- bis Fünfjährigen. Die KIM-Studie untersucht die Mediennutzung der Kinder und Jugendlichen zwischen sechs und 13 Jahren (mpfs 2017). Die JIM-Studie untersucht das Mediennutzungsverhalten der Zwölf- bis 19-Jährigen. Während bei den Vorschulkindern momentan meist noch das Fernsehen dominiert, sind es bei den Grundschulkindern und in der Sekundarstufe I bereits PC und Internetanwendungen:

> »Schon bei den sechs- bis siebenjährigen Computernutzern sucht dann jeder Zweite (48 Prozent) wöchentlich im Internet nach Schulthemen. Mit zunehmendem Alter steigt der Anteil bis auf 90 Prozent bei den Zwölf- bis 13-Jährigen an (8 bis 9 Jahre: 60 Prozent, 10 bis 11 Jahre: 75 Prozent). (…) Eine besondere Rolle bei der Recherche für Schulthemen im Internet spielt auch YouTube. Etwa jeder vierte YouTube-Nutzer sieht sich dort zumindest einmal pro Woche Videos zu Themen aus der Schule an – vor allem gilt dies für Kinder ab zehn Jahren« (www.mpfs.de/studien/kim-studie/2016).

Bei Jugendlichen in der Sekundarstufe I und II sind Besitz und Nutzung digitaler Medien nahezu vollständig erreicht. 99 Prozent der Haushalte haben ein Handy, 98 Prozent einen Computer oder ein Laptop, 97 Prozent ein Smartphone, ebenso viele ein Fernsehgerät. Bei den Mädchen haben 98 Prozent ein eigenes Handy und 97 Prozent ein Smartphone, bei den Jungen sind es 95 Prozent (Handy) und 93 Prozent (Smartphone).

> »Knapp die Hälfte ihrer Lern- und Hausaufgabenzeit (43 Prozent bzw. 40 Minuten) arbeiten die zwölf- bis 19-jährigen Schülerinnen und Schüler jeden Tag zuhause am Computer oder im Internet für die Schule. Die digitale Hausaufgabenzeit steigt mit zunehmendem Alter der Jugendlichen von einer guten halben Stunde bei den Zwölf- bis 13-Jährigen auf eine gute Dreiviertelstunde bei den volljährigen Schülern an« (www.mpfs.de/studien/kim-studie/2016).

Hinzu kommt die Zeit mit Laptop und Smartphone, in der *nicht* für Hausaufgaben und Schule recherchiert wird. Nach der Selbsteinschätzung der Jugendlichen sind sie etwa 200 Minuten täglich online. Würde Tracking-Software mitlaufen, wie sie Markowetz mit seinen Studierenden ausprobiert hat, dürfte die real gemessene Zeit deutlich länger sein, denn der kleine Selbstbetrug (»Ich schaue gar nicht so oft auf Handy oder Smartphone, ich bin gar nicht so oft im Netz«) ist so alltäglich wie menschlich.

Die Lieblingsanwendungen sind dabei YouTube, WhatsApp, Facebook, Instagram und Google – alles Dienste, die mit ihren Angeboten, Oberflächen und der Benutzerführung so gestaltet werden, dass die Nutzer dort möglichst oft und möglichst lange verweilen, weil sie sich gut unterhalten fühlen bzw. gut unterhalten werden. Im Web gibt es unendlich viele Möglichkeiten, sich die Zeit zu vertreiben, und Netzdienste sind (neben dem Fernsehen) die perfekte Form der Prokrastination (dem Aufschieben von Aufgaben). Auch wer nur surft, kann immer noch behaupten, er »recherchiere« für Hausaufgaben, eine Hausarbeit oder ein Projekt.

Weitere (wenn auch ausgewählte) Studien zur IT-Ausstattung von Privathaushalten und Schulen sowie zum Einsatz von Digitaltechnik findet man auf dem Bildungsserver (www.bildungsserver.de/Statistiken-zur-IT-Ausstattung-der-Schulen-11499.html). Die Zahlen der Kultusministerkonferenz (KMK) sind dabei bezeichnenderweise von 2007 und 2008, aus einer Zeit, als die Smartphones gerade auf den Markt kamen. Bei neueren Studien verlassen sich die Kultusminister offenbar auf Untersuchungen der Stiftungen und Interessenverbände. Das könnte einer der Gründe dafür sein, warum die Kultusministerkonferenz bundesweit und für alle Schulformen und Lebensalter mehr Digitaltechnik an Schulen fordert (KMK 2016).

Letztlich zeigen alle Studien vergleichbare Ergebnisse und Entwicklungen: Die Ausstattung mit digitalen Geräten ist nahezu flächendeckend erreicht. Das Einstiegsalter bei der Nutzung dieser Geräte sinkt kontinuierlich, mittlerweile auf das Alter von Vorschulkindern. Zugleich steigt die tägliche Nutzungsdauer der Anwender stetig und wird allenfalls von der gleichzeitigen Nutzung mehrerer Bildschirmmedien überholt (Laptop oder PC, Smartphone und Fernsehen).

Damit erhöht sich zwar der Stresspegel, weil der Mensch nicht gleichzeitig mehrere Dinge tun kann. Dennoch werden die zu beobachtenden Aufmerksamkeitsdefizitstörungen (ADS) oder Aufmerksamkeits-Defizit-Hyperaktivitäts-Störungen (ADHS) nur vereinzelt mit dem Mediennutzungsverhalten in Verbindung gebracht (BLIKK-Medien 2017). Der gleichzeitige Anstieg der verschriebenen Psychopharmaka (z. B. Ritalin) für Kinder und Jugendliche kann derzeit nur als »Korrelation« (Wechselbeziehung zwischen Ereignissen ohne nachweisbares Ursache-Wirkung-Prinzip) beschrieben werden. Ein Nachweis für die Kausalität (direktes Ursache-Wirkung-Prinzip) steht als Studie noch aus.

Das Projekt »BLIKK-Medien«

Aufmerksamkeitsschwäche, Schlafstörungen, Aggressionsneigung, Lese- und Rechtschreibschwäche: Das sind die Folgen von frühem und erhöhtem Medienkonsum bei Kindern und Jugendlichen. So jedenfalls legt es das vorläufige Ergebnis der sogenannten »BLIKK-Studie« nahe. Das Akronym BLIKK steht für »Bewältigung, Lernverhalten, Intelligenz, Kompetenz, Kommunikation«, korrekt heißt das Projekt »BLIKK-Medien«. Untersucht wird, wie man Kinder und Jugendliche in der digitalen Welt stärken kann. Die Studie ist ein gemeinnütziges Projekt des Instituts für Medizinökonomie und Medizinische Versorgungsforschung der Rheinischen Fachhochschule Köln (RFH), der Stiftung Kind und Jugend des Berufsverbandes der Kinder- und Jugendärzte (BVKJ), der Universität Duisburg-Essen (Fachbereich Allgemeine Psychologie: Kognition) und der Deutschen Gesellschaft für Ambulante Allgemeine Pädiatrie (DGAAP). Es steht unter der Schirmherrschaft der Drogenbeauftragten der Bundesregierung, Marlene Mortler.

Am 9. November 2016 wurden erste Ergebnisse publiziert (BLIKK 2016), am 29. Mai 2017 wurde die Studie in Berlin vorgestellt. Dafür wurden knapp 6 000 Patienten bis 14 Jahre einschließlich ihrer Eltern in 84 Kinder- und Jugendpraxen über ihren Medienkonsum und auffälliges Verhalten befragt. Erstmals wurden dabei Ergebnisse der Früherkennungsuntersuchungen (U3 bis J1) aufgenommen. Ausgewertet hat man mittlerweile 5 573 valide Datensätze. Die Ergebnisse sind prägnant:

- 75 Prozent der Kinder im Alter von 2 bis 4 Jahren (U7-U9) spielen bereits bis zu 30 Minuten täglich unbeaufsichtigt mit Smartphones, trotz fehlender Medienkompetenz;
- zu beobachten ist ein Zusammenhang zwischen Sprachentwicklungsstörungen und der Nutzungsdauer digitaler Medien bei Kindern;
- ab dem siebten Lebensjahr gibt es eindeutige Zusammenhänge zwischen schulischen Leistungen (Lese- und Rechtschreibschwäche), der Aufmerksamkeitsstörung ADHS und der Nutzungsdauer digitaler Medien;
- nachweisbar ist eine Wechselbeziehung zwischen der Nutzungsdauer digitaler Medien und dem Body-Mass-Index (BMI) des Kindes, des Bewegungsumfangs sowie dem Genuss von Süßgetränken;

- vor allem bei Kindern im Alter von 8 bis 14 Jahren (U10, U11, J1) zeigen sich Zusammenhänge zwischen Lese- und Rechtschreibschwäche, Aufmerksamkeitsschwäche, Aggressivität sowie Schlafstörungen und einer fehlenden Kompetenz im Umgang mit digitalen Medien;
- mehr als 60 Prozent der neun- bis zehnjährigen Kinder (U11) können sich weniger als 30 Minuten ohne digitale Medien beschäftigen.

Zwei weitere Dinge sind zu beachten:
- Ist die elterliche Kompetenz im Umgang mit digitalen Medien defizitär, wird die Medienkompetenz der Kinder mit hoher Wahrscheinlichkeit ebenfalls defizitär.
- (Kinder-)Ärzte müssen sich darauf vorbereiten, dass Eltern das Gespräch mit ihnen suchen werden, um ihren Wissensbedarf zum Thema »Digitale Mediennutzung« in Hinblick auf die Kindererziehung zu decken. Mehr als 23 Prozent der Eltern fühlen sich beim Thema »Kinder und Medien« unzureichend informiert und sehen sich nur bedingt als Vorbild im Umgang mit Medien.

Diese Ergebnisse sind nur Vorboten. Denn die Studie deckt vor allem das Mediennutzungsverhalten bildungsnaher Schichten ab, die bereitwillig Auskunft gaben und die Fragebögen ausfüllten. In bildungsfernen Schichten dürfte ein gestörtes Mediennutzungsverhalten ausgeprägter sein. Nicht umsonst gelten bereits 600 000 junge Menschen in Deutschland als medienabhängig. Laut der Drogenbeauftragten des Bundes, Marlene Mortler (CSU), erkranken jedes Jahr 20 000 weitere Kinder an Mediensucht. Welche Zukunft wartet auf sie?

Um Ursache und Wirkung der Mediennutzung auch in bildungsfernen Haushalten untersuchen zu können, haben die Wissenschaftler eine BLIKK-Folgestudie beantragt. Da eine Studie diesen Umfangs jedoch das Budget des Gesundheitsministeriums sprengt, wurde der Antrag an ein anderes Ministerium gestellt: an das Bundesministerium für Bildung und Forschung, das den Digitalpakt zu verantworten hat und zusammen mit dem Feldafinger Kreis und den angeschlossenen IT-Unternehmen als Wegbereiter und Förderer der »Drei-Bildschirm-Generation« gelten darf. Auf die Antwort des Ministeriums dürfen die Eltern gespannt sein.

7.2 Digitale Medien und soziale Spaltung

Die »Drei-Bildschirm-Generation« hat keine Defizite in der Ausstattung mit Hardware. Kinder aus bildungsfernen und sozial schwächeren Schichten sind sogar überproportional gut mit Geräten versorgt (Bleckmann 2016, S. 2; siehe auch Kapitel 5.4). Diese Geräte stehen, entgegen der Empfehlungen der Kinderärzte und Pädagogen, oft im Kinderzimmer. Damit lässt sich ihre Nutzungsdauer kaum kontrollieren.

Kinder und Jugendliche haben im Allgemeinen auch keine Defizite bei der Bedienung von technischen Medien (Videos, Computerspiele, Chatten). Die Bedienkompetenz ist bei dieser Medienart bei häufiger und intensiver Nutzung sogar überdurchschnittlich ausgeprägt. Neue digitale Anwendungen oder Oberflächen und das Agieren in virtuellen Räumen lernen Kinder spielend und in sehr kurzer Zeit. Nur: Es bleiben Anwendungen des Entertainments, der Unterhaltung und des Konsums. Was fehlt, ist Medienmündigkeit (Bleckmann 2012). Was diese medienaffinen Power-User nicht (mehr) lernen, sind so lernförderliche Verhaltensweisen wie Konzentration und Aufmerksamkeit ohne permanente Reize und Belohnungen von außen (wie bei E-Learning-Software, Videos und Spielen). Was fehlt, ist die Fähigkeit, Aufgaben kontinuierlich zu bearbeiten. Es fehlt auch die systematische Auseinandersetzung mit Informationen, um daraus durch Analyse, Vergleich und Reflexion eigenes Wissen aufzubauen.

Leseschwäche als Programm

Defizitär ist bei immer mehr Jugendlichen die klassische »Medienkompetenz« Lesen. Die Analphabetenquote liegt in Deutschland bei den über 14-Jährigen bei fast 15 Prozent:

> »7,5 Millionen Menschen oder 14,5 Prozent der erwerbsfähigen Bevölkerung können in Deutschland nicht oder nur unzureichend lesen und schreiben. Bei weiteren 13 Millionen Menschen oder 25,9 Prozent der erwerbsfähigen Bevölkerung tritt fehlerhaftes Schreiben selbst bei gebräuchlichen Wörtern auf« (www.mein-schlüssel-zur-welt.de/de/99.php).

Der überwiegende Anteil der Analphabeten sind zwar ältere Menschen (50 bis 64 Jahre, 60 Prozent davon Männer). Aber die Eltern unter den älteren Analphabeten können ihre Kinder beim Lesen lernen kaum oder gar nicht unterstützen. Dementsprechend haben auch Kinder und Jugendliche eklatante Defizite. Ein Bericht der Stiftung Lesen fasst zusammen, dass z.B. 14,5 Prozent der 15-Jährigen laut PISA-Studie 2012 in Deutschland Schwierigkeiten beim Lesen und Schreiben haben (Prenzel/Sälzer/Klieme/Köller 2012). 15,4 Prozent der Schülerinnen und Schüler der vierten Grundschulklassen erreichten nach der IGLU-Studie 2011 kein ausreichendes Leistungsniveau im Lesen (Bos/Tarelli/Bremerich-Vos/Schwippert 2012). 12 Prozent der Grundschüler erfüllten 2011 nicht die Mindeststandards im Lesen, 33 Prozent nicht die Regelstandards (IQB-Ländervergleich 2011) (Stanat/Pant/Böhme/Richter 2012).

> »Unter den Kindern und Jugendlichen wachsen somit kontinuierlich neue Generationen potenzieller funktionaler Analphabeten heran. Aufgrund mangelnder Lesefähigkeiten fehlt ihnen eine zentrale Voraussetzung für Bildung und Zugang zum Arbeitsmarkt. Es ist zu erwarten, dass sich das Problem in künftige Generationen fortsetzen wird, wenn die heutigen Kinder und Jugendlichen

wiederum selbst Kinder haben und als Eltern nicht die notwendige Förderung anbieten« (www.stiftunglesen.de/ueber-uns/portraet/empfehlungen).

Lesen und verstehen können sind eine Bedingung für erfolgreiche Schulleistungen und für Bildung. Lesekompetenz und eine zu frühe und intensive Bildschirmnutzung schließen sich wechselseitig aus. Ein gestörtes elterliches Mediennutzungsverhalten, echtes oder funktionales Analphabetentum und (unbeschränkter) Zugriff auf digitale Medien verstärken sich wechselseitig negativ (Bleckmann 2016, S. 2). Diesen Teufelskreis durchbricht man gewiss nicht damit, dass man die Kinder auch in der Schule vor ein Display und an Lernsoftware setzt.

Wer die Bildungschancen für Kinder und Jugendliche erhöhen möchte, muss gezielt in die Leseförderung investieren, nicht in Digitaltechnik. Im Verbund mit Eltern und Ehrenamtlichen als Vorlese- und Lesepaten lassen sich nachhaltige Bildungsprozesse initiieren. Nach einer Zusammenstellung aktueller Befragungen und Studien zu Kindern und Medien und mit Bezug auf eine Studie der Deutschen Bahn/Stiftung Lesen 2015 fördert Vorlesen relevante Fähigkeiten wie das Mit- und Vorausdenken, das Konzentrationsvermögen und die Wissbegierde (von Orde/Durner 2017, S. 39; siehe auch www.stiftunglesen.de/download.php?type=documentpdf&id=1666). Die Durchschnittsnoten in Deutsch, in der ersten Fremdsprache, in Mathematik, Sachkunde, Biologie, Kunst und Musik verbessern sich (von Orde/Durner 2017, S. 13). Lesende Kinder können sich länger konzentrieren und besser selbst beschäftigen. Sie sind intrinsisch motiviert, neugierig und offen für (neue) Geschichten. Das hilft auch beim Lernen.

Das belegen auch andere Studien. Der Musikpädagoge Hans Günther Bastian führte in den 1990er Jahren eine Langzeitstudie (Musikerziehung und ihre Wirkung) an Berliner Grundschulen durch (Bastian 2001). Schüler mehrerer Modellklassen erhielten vom Schuleintritt an sechs Jahre lang zwei Stunden Musikunterricht pro Woche, erlernten zusätzlich ein Instrument und musizierten in Gruppen. Die Ergebnisse zeigten eindeutig bessere Leistungen in allen Fächern, eine höhere Sozialkompetenz und Konzentrationsfähigkeit sowie eine signifikante Steigerung der Intelligenzwerte. Das leuchtet denjenigen sofort ein, die sich mit frühkindlicher Entwicklung und Lernprozessen beschäftigen. Alle Kinder sind lernfähig, lernwillig und förderungsfähig.

Die musikalische Früherziehung ist dabei eine wichtige Förderungsmöglichkeit von Kindern. Sie findet in der schulischen Praxis aber immer seltener statt. Musische Fächer wurden aus den Kerncurricula gestrichen, Stellen werden nicht besetzt oder der Unterricht fällt aus. Da besteht Handlungsbedarf. Wie schon bei der Studie von Bastian gilt es allerdings deutlich zu machen, dass die Lernvorteile durch Lesen und Musizieren, Gestaltungs- oder Werkunterricht ein positiver Nebeneffekt sind, nicht das eigentliche Ziel des Lesens, Musizierens, Gestaltens. Gestalten und Musizieren sind eine Qualität an sich.

»Digital Divide«: Lesen oder Bildschirm?

Die Ausstattung der (Kinder-)Zimmer mit Bildschirmmedien (TV, Computer, Smartphone) und die Frage, ob zu Hause vorgelesen wird oder nicht, sind charakteristische Erkennungsmerkmale für den Sozialstatus und die soziale Spaltung (»Digital Divide«). Es ist statistisch prägnant, dass in gebildeten und bildungsaffinen Elternhäusern öfter und regelmäßig vorgelesen wird und die Eltern ihre Kinder systematisch an das selbstständige Lesen heranführen. Wie so oft ist das elterliche Vorbild entscheidend. Gehört das Lesen von (Tages-)Zeitungen und Büchern zum Alltag, übernehmen es die Kinder meistens. Läuft bei den Eltern stattdessen der Fernseher oder der Computer, so steigt die Wahrscheinlichkeit dafür auch bei den Kindern.

Wer daher behauptet, digitale Lehrangebote würden die Bildungschancen demokratisieren, die Bildungsoptionen bildungsferner Schichten durch den Einsatz digitaler Techniken erhöhen und die digitale Spaltung aufheben, argumentiert an der Realität vorbei. Der Einsatz digitaler Medien in Schulen verstärkt und verfestigt die digitale Spaltung. Gerade sozial benachteiligte Kinder verfügen über mehr Unterhaltungselektronik (Smartphones, Tablets) und verbringen mehr Zeit mit digitalen Medien:

> »Kinder aus benachteiligten Schichten haben um einen Faktor drei mehr Fernsehen und Faktor vier mehr Spielkonsolen im eigenen Zimmer. Dies hat dramatische, durch die Medienwirkungsforschung gut belegte Auswirkungen. Nachgewiesen ist ein erhöhtes Risiko für Verzögerungen in der Sprach- und Bewegungsentwicklung, für Übergewicht, für Schlafstörungen, für Empathieverlust, und für Schulversagen« (Bleckmann 2016, S. 2).

Man müsse heute von der »dritten digitalen Schere« sprechen, konstatiert Paula Bleckmann. Die erste digitale Schere auf der Ebene der Geräteausstattung sei in Deutschland längst überkompensiert, die zweite (technische Bedienkompetenz) und dritte Ebene (Gefährdung durch Medienrisiken) klafften hingegen immer weiter auf. Nutzungszeiten und Ausstattungsquoten mit Bildschirmmedien seien im sozialen Abseits extrem hoch. Es fehle nicht an technischen Geräten, sondern an Förderung in elementaren Kulturtechniken. Der OECD-Bericht 2015 zieht das Fazit:

> »die schichtspezifischen Unterschiede in der Fähigkeit, digitale Medien zum Lernen zu nutzen, ist großenteils, wenn nicht gar vollständig durch Unterschiede in traditionellen Basiskompetenzen erklärbar. Eine Förderung von Grundkenntnissen in Rechnen und Schreiben trägt mehr zur Angleichung von Bildungschancen bei als die Ausweitung und Subventionierung von Zugang zu High-Tech Geräten und Dienstleistungen« (OECD 2015; siehe auch Pfeiffer/Mößle/Kleimann/Rehbein 2008).

Wer Bildungschancen angleichen will, muss in Lehrkräfte, Mentoren und (Förder-) Unterricht investieren. In der Schule wird die Basis für Bildungsbiografien gelegt – durch die Lehrenden. Sie vermitteln die elementaren Kulturtechniken und helfen ihren Schülerinnen und Schülern, sich mit Fachthemen konzentriert auseinanderzusetzen (vgl. pädagogisches Dreieck, Kap. 2.2). Wer im sozialen Kontext gelernt hat, in der Gruppe und mit Anleitung durch Lehrende, kann in der Regel auch alleine mit Medien lernen. Den Kindern und Jugendlichen aus bildungsfernen Schichten hingegen fehlen laut BLIKK-Studie sowohl die Vorbilder für (Weiter-)Bildungsprozesse wie die notwendige Muße und Konzentration.

Alles kostenlos: Soziale Selektion durch Lernangebote

Bei Erwachsenen nutzen überwiegend diejenigen (analoge und digitale) Lehrmedien, die bereits eine Berufsausbildung oder ein Studium absolviert haben und sich selbstständig, das heißt aus eigener (intrinsischer) Motivation heraus weiterbilden möchten. Gleiches gilt für Online-Kurse. Wer schon andere Bildungsabschlüsse hat und z. B. seinen Job wechseln will, dafür aber noch bestimmte Kenntnisse und Fertigkeiten braucht, schließt in der Regel auch entsprechende Online-Kurse ab, als konkrete und zeitlich begrenzte Weiterqualifizierung. Dagegen werden solche Kurse ohne konkretes Ziel zu weit über 90 Prozent abgebrochen.

Das heißt: Digitale Medien verstetigen die soziale Selektion. Wer vorgebildet ist oder aus einem bildungsaffinen Umfeld kommt, kann und wird sich aus eigenem Interesse und Antrieb sowohl mit analogen wie mit digitalen Medien weiterbilden (können). Wem Vorbildung und Vorbilder im sozialen Umfeld fehlen, scheitert auch bei digitalen Angeboten (Lankau 2014a, 2014b).

Allerdings sind die Abbrecher jetzt formal selbst für ihr Scheitern verantwortlich, weil ja die Lehrangebote online zur Verfügung stehen und kostenfrei genutzt werden könnten. Es ist eine besonders perfide Art der Diskriminierung, weil diese Angebote nur denen nutzen, die das Lernen bereist gelernt haben und die aus ihrem sozialen Umfeld die notwendige Unterstützung bekommen.

Für viele Schülerinnen und Schüler aus bildungsfernen Elternhäusern ist die Schule ohnehin der einzige Ort, an dem sie die Chance haben, z. B. mit Büchern und Lesen in Kontakt zu kommen. Denn zu Hause gibt es keine entsprechende Kultur des Lesens und Vorlesens. Aufgabe der Schulen ist daher, Kinder und Jugendliche mit (Lehr-)-Büchern in Kontakt zu bringen und deren eigenständigen Gebrauch zu üben, statt diese Kinder in der Schule an IT-Geräte abzuschieben und »selbstorganisiertes« (softwaregesteuertes) Lernen zu predigen. Wer die Bildungschancen erhöhen will, setzt sich dafür ein, dass jede Schule eine gut sortierte Bibliothek bekommt und es in den Klassenräumen analoge Spiel- und Leseecken gibt. Wer die Bildungschancen erhöhen will, sorgt für Lesepaten und Vorlesestunden und öffnet Wege zum Buch. Denn Lesen, Wortschatz und Sprachverständnis sind eine unverzichtbare Grundlage für Bildung, nicht die Bedienung von Konsumelektronik. Statt weitere Tablet-Klassen mit WLAN einzurichten, wären Investitionen in Bücher sinnvoller, nachhaltiger (gute Bücher veralten nicht) und bildungsförderlicher.

Bildungsfördernd ist Leseförderung

Wer die Bildungschancen für Kinder und Jugendliche erhöhen möchte, investiert in Bücher und Leseförderung. Statt Schulen mit Unterhaltungselektronik und Präsentationstechnik auszustatten, sollte in jedem Klassenzimmer ein Bücherregal mit altersgerechten Büchern stehen. Und jede Schule sollte über eine gut sortierte Bibliothek, Leseräume und eine Ausleihe verfügen.

Keine »Smartphone-Zombies« in Salem

Ein anderes, praxisnahes Beispiel findet sich in Salem. Die Lehrenden des Internats am Bodensee waren es leid, vor übernächtigten »Smartphone-Zombies« zu unterrichten, die sich nur für ihre Facebook-Profile und Statusmeldungen interessieren. Die Konsequenz: Alle internetfähigen Geräte werden um 21.30 Uhr eingesammelt – mit Einverständnis der Eltern übrigens, die es begrüßen, dass ihre Kinder lernen müssen, sich an Regeln zu halten. Die 13- bis 16-jährigen Schülerinnen und Schüler bekommen ihre Laptops und Tablets für Unterrichtszwecke zu Schulbeginn zurück, die Smartphones werden erst nach dem gemeinsamen Mittagessen ausgeteilt.

Das heißt: Wohlhabende Eltern statten ihre Sprösslinge mit den neuesten Geräten aus (dafür werden Eltern geliebt), überlassen die Reglementierung eines lernförderlichen Umgangs hingegen dem Lehrpersonal (das Wegschließen der Smartphones über Nacht finden Kinder weniger gut). Seitdem schlafen die Internatszöglinge nachts wieder und nehmen ausgeschlafen am Unterricht teil, was ausgesprochen lernförderlich ist. Sogar für direkte Gespräche ist in den Pausen wieder Zeit. Das steht im direkten Gegensatz zu öffentlichen Einrichtungen, in denen Kinder und pubertierende Jugendliche gar nicht früh genug an digitale Geräte gewöhnt werden können.

Gerade sozial benachteiligte und schwache Schüler nutzen das Ablenkungs- und Bestätigungspotenzial digitaler Dienste und Spiele übers Netz exzessiv und unkontrolliert, wie vordem Fernsehen und Computerspiele. Fehlt die notwendige Aufsicht und Kontrolle durch ein fürsorgliches Elternhaus, verbringen diese Jugendlichen mit Lerndefiziten viele Stunden allein am Computer. Sie spielen, statt zu lernen, schlafen nachts zu wenig, verlieren den sozialen und fachlichen Anschluss – und kompensieren dies wiederum mit übermäßiger Mediennutzung. Dass Mediennutzung zu Mediensucht führen kann, ist mittlerweile erwiesen (DIP 2016). Dass digitale und vermeintlich soziale Medien sowie Computerspiele das Suchtverhalten gezielt fördern, um Nutzer möglichst oft und lange an den Bildschirmen zu halten, ist ebenfalls bekannt. Wohlgemerkt: Die soziale Spaltung wird durch solche Geräte nicht hervorgerufen, aber verstärkt und verfestigt. Die Forderung muss daher lauten, dass Schulen gerade für sozial Benachteiligte Alternativen zur Allgegenwart digitaler Geräte anbieten.

Cash or Display: Online-Rekrutierung und Selektion

Die Vertiefung des »Digital Divide« ist in den USA zu beobachten. Dort sind die Studiengebühren derart hoch, dass viele junge Menschen nur Online-Kurse belegen können. Wer sich beim Bearbeiten der Online-Aufgaben als überdurchschnittlich talentiert und motiviert erweist, kann sich um ein Stipendium bewerben. Einzelnen Bewerbern mit gesuchten Fähigkeiten wird so der soziale Aufstieg durch Bildung ermöglicht. Alle anderen werden mit Online-Kursen bedient, von denen einige schon jetzt nicht mehr kostenlos sind. In Zukunft werde es zwei Arten von Zeugnissen an einer Universität geben, sagt Rafael Reif, Chef des Massachusetts Institute of Technology (MIT): »das bekannte Präsenzstudium mit Bachelor- und Master-Abschlüssen und ein System mit Online-Kursen für zertifizierte Ausbildungsgänge. Diese Zertifikate könne man für Job-Bewerbungen einsetzen« (Reif 2015). Es werde am MIT aber keinen Masterabschluss geben, den man nur über Online-Kurse erreichen könne. Ein MIT-Abschluss bedeute nun mal, dass man Teil der Gemeinschaft auf dem MIT-Campus sei, sich mit anderen Leuten austausche und voneinander lerne.

So offen wie Reif formuliert selten jemand, dass der Einsatz digitaler Medien in Schule und Hochschule die sozialen Unterschiede verstärkt und konsolidiert, statt sie aufzulösen oder auch nur zu mildern. Präsenzlehre und gemeinsames Lernen auf dem Campus bleibt Studierenden vorbehalten, die sich ein Elitestudium leisten können.[28] Alle anderen klicken sich durchs Netz. So werden soziale Unterschiede via Digitaltechnik fortgeschrieben. So kann man Aufstiegs- und Bildungschancen für alle behaupten, wohlwissend, dass auch die meisten Studierenden auf dem Campus an reinen Online-Kursen scheitern würden. Immerhin gibt es zwei mögliche Eintrittskarten zur akademischen Bildung: außergewöhnliche Begabung und ein Stipendium oder finanzstarke Eltern (bzw. die Bereitschaft, sich für ein Studium hoch zu verschulden). Das sind Modelle, die neoliberale Privatisierer auch für Europas Universitäten und Hochschulen einführen wollen – allerdings fehlt ein Äquivalent zum amerikanischen Stipendiensystem.

Hier schließen sich Kreise: Ökonomisierung und Privatisierung von Bildungseinrichtungen machen zwar nicht »Bildung« zum Geschäft, Aus- und Weiterbildungsangebote hingegen sehr wohl. Den größten wirtschaftlichen Nutzen erzielt, wer auf die Digitalisierung der Angebote, den Vertrieb übers Netz und die Vereinheitlichung der

28 Das Argument, dass durch Online-Kurse, E-Learning oder Distance Learning diejenigen studieren können, die es sich sonst finanziell oder zeitlich nicht leisten können, ist korrekt. Auch in Deutschland gibt es eine Tradition des Fernstudiums, angeführt von der Fernuniversität Hagen. Nur ist diese Form der Aus- und Weiterbildung nicht gleichzusetzen mit einem Präsenzstudium.

Sprache (Englisch) setzt. Eine solche »Monokultur im Denken« (Graupe 2012, S. 16) ignoriert nationale Kulturen des Lernens ebenso wie Bildungseinrichtungen als Ort des sozialen Miteinanders.

7.3 Was kostet die digitale Schule?

Die technische Ausstattung sowohl der Privathaushalte wie der Schulen und Bildungseinrichtungen sagt nichts über den möglichen oder gar sinnvollen Einsatz dieser Geräte für Lehr- und Lernprozesse aus. Viele Studien belegen zwar, dass es an Schulen immer mehr digitale Geräte mit immer mehr Funktionen gibt. Nur kann bis heute keine der Studien belegen, welchen Vorteil Laptops und Tablets im Vergleich zu Lehrkräften und den bisherigen Lernmedien bieten. Die Kosten der »digitalen Bildungsrevolution« lassen sich hingegen präziser bestimmen.

Big Deal oder mit spitzem Stift?

Für mehr digitale Medientechnik an Schulen gibt es definitiv Nutznießer: die Anbieter der Geräte und der Software. Denn Informationstechnik für Schulen bringt regelmäßigen Umsatz. Selbst wenn Frau Wanka ihre 5 Milliarden Euro an Schulen verteilen würde, wären das nur etwas über 22 000 bzw. knapp 30 000 Euro pro Jahr und Schule, je nachdem, ob nur die 33 500 Allgemeinbildenden Schulen berücksichtigt werden oder alle der über 44 000 Schulen in Deutschland.[29] Der Betrag reicht hinten und vorne nicht. Das lässt sich zumindest einer Studie der Bertelsmann Stiftung entnehmen, die Andreas Breiter, Björn Eric Stolpmann und Anja Zeising erstellt haben (Breiter et al. 2015). Die Wissenschaftler berechneten darin zwei Szenarien, die im Februar 2016 auf der Website »Digitalisierung der Bildung« vorgestellt wurden:

> »Im ersten Szenario wird eine Schüler-Computer-Relation von 5:1 umgesetzt. Eine Schule verfügt demnach über einen Gerätepool (Computerräume mit stationären Desktop-PCs sowie Notebook-Klassensätze oder Tablet-Klassensätze), sodass bei Bedarf allen Schülerinnen und Schülern einer Lerngruppe ein Endgerät zur Verfügung steht. Die jährlichen Kosten für dieses Szenario bewegen sind zwischen 95,62 und 182,29 Euro pro Schüler. Hochgerechnet auf eine Beispielschule mit 750 Schülern wäre also mit Kosten in Höhe von 71 715 Euro bis 136 717 Euro p. a. zu rechnen. Hochgerechnet auf ganz Deutschland entständen für dieses Szenario Kosten in Höhe von 538 Mio. bis 1,03 Mrd. Euro p. a.

29 www.destatis.de/DE/ZahlenFakten/GesellschaftStaat/BildungForschungKultur/Schulen/Tabellen/AllgemeinBildendeBeruflicheSchulenSchularten.html.

Im zweiten Szenario verfügen alle Schülerinnen und Schüler über ein individuelles Endgerät (also eine 1:1-Ausstattung mit Notebooks oder Tablets). Die jährlichen Kosten für dieses Szenario bewegen sich dann zwischen 322,96 und 464,83 Euro pro Schüler. Hochgerechnet auf eine Beispielschule mit 750 Schülern entstehen Kosten in Höhe von 242 220 bis 349 087 Euro p. a. Bezogen auf ganz Deutschland entständen für dieses Szenario jährlich Kosten in Höhe von 1,82 Mrd. bis 2,62 Mrd. Euro« (Schmid 2016).

Die IT-Ausstattung von Schulen kostet demnach ein Vermögen. Allein schon die Technik, sprich Hardware, Lizenzen, Support, Wartung und WLAN, würde Millionen verschlingen. Das verdeutlicht, um welche Beträge es geht und warum die »Digitalisierung der Bildung« so lukrativ ist für private Anbieter und Stiftungen.

Spannend ist die Frage, wie die Kosten verteilt werden sollen. Folgt man den Forderungen der IT-Lobbyisten, ist es Aufgabe der öffentlichen Hand, das flächendeckende WLAN-Netz deutschlandweit aufzubauen und zu unterhalten, als öffentliche Infrastruktur wie das Straßen- oder Stromnetz. Nur so könnten Tablets und Smartphones flächendeckend im Unterricht eingesetzt werden. Die Geräte selbst sollten aber nicht die Schulen anschaffen, das wären verschwendete Investitionen in schnell veraltende Geräte, sondern die Eltern (Dräger/Müller-Eiselt 2015, S. 179). Nur für die Schüler, die sich kein eigenes Smartphone leisten können, sollten Schulen Geräte vorhalten. Die Lehrinhalte wiederum sollten von privaten Produktentwicklern und Investoren erstellt und für die Schulen bzw. die einzelnen Schülerinnen und Schüler lizenziert werden, etwa als monatliche Pauschale wie beim Smartphone-Tarif. Im Ergebnis bedeutet das nach diesem Modell:

- Die technische Infrastruktur des Internet und des Webs mit WLAN wird mit öffentlichen Geldern finanziert;
- die Smartphones und die monatliche Pauschale müssen die Eltern bezahlen, damit ihre Kinder die in der Schule angebotenen digitalen Lehrmedien nutzen können;
- die Lehrmedien selbst werden privat produziert und durch Lizenzgebühren von jedem Kind (Zugang zum E-Learning-Portal) finanziert, ergänzt um OER-Material von Wirtschaftsverbänden und Unternehmen (z.B. Banken und Versicherungen, die den Schulen schon heute kostenloses Lehrmaterial zur Verfügung stellen).

Faktisch bedeutet das: Die Kosten werden zum einen sozialisiert (bundesweites WLAN-Netz), zum anderen den Familien aufgebürdet (Smartphones, Tablets). Die Gewinne durch Software und deren Lizenzierung gehen an die Anbieter. Dieses Szenario hebt nicht nur die in Deutschland gesetzlich verankerte Lehrmittelfreiheit auf. Es nimmt den Erziehungsberechtigten zudem die Entscheidung ab, ob, wann und für was ihre Kinder digitale Endgeräte nutzen sollen. Darüber hinaus werden den Lehrerinnen und Lehrern die Hände gebunden: Wenn Kinder und Jugendliche mit ihren eigenen Geräten in den Unterricht kommen, lässt sich weder vorgeben noch prüfen, welche Anwendungen darauf installiert sind.

BYOD – Begin Your Online Desaster

Die von Dräger und Müller-Eiselt vorgeschlagene Variante des BYOD (»Bring Your Own Device« = Bring deine eigenen Geräte mit) ist gleich mehrfach kontraproduktiv. Zwar gelingt es so, die Kosten für Tablets und Smartphones auf die Eltern abzuwälzen. Dafür ist Unterrichten kaum mehr möglich – und es beginnt auch bei diesen Geräten der (elterliche) Kampf um das neueste, teuerste, schickste Gerät. Die Geräte werden zum Statussymbol. So entstehen Neid und Streit, ganz abgesehen davon, dass die »schulische Leistung« potenziell von der Leistungsfähigkeit der Geräte und der verwendeten Apps abhängig wird. Mit schnelleren Rechnern und kostenpflichtiger Software kann man Aufgaben womöglich schneller und besser lösen als mit der kostenlosen Standardsoftware der Schule.

Daher ist BYOD in erster Linie das Kürzel für den bildungspolitischen Offenbarungseid. Auf der einen Seite beugen sich die Kultusministerien und Schulbehörden dem Digitalisierungszwang der IT-Wirtschaft. Auf der anderen Seite wissen sie, dass kein Geld für die Finanzierung der Geräte vorhanden ist, die von den Schulen gestellt werden müssten, wenn damit gearbeitet werden soll.

Welche juristischen Probleme sich Schulen durch das BYOD-Prinzip und Social-Media-Anwendungen ins Haus holen, hat jüngst ein Familienrichter in Bad Hersfeld einer Erziehungsberechtigten aufgezeigt.[30] Wer einem Minderjährigen die Nutzung von Messenger-Diensten wie WhatsApp erlaubt, bei dem alle Adress- und Kontaktdaten aus dem Telefon-Adressbuch der Nutzer an das entsprechende Unternehmen übermittelt werden (hier: Facebook als Besitzer von WhatsApp), macht sich strafbar (»begeht gegenüber diesen Personen eine deliktische Handlung«), weil vor dem Übermitteln dieser Daten die Erlaubnis der Personen aus dem Adressbuch eingeholt werden muss. Geschieht dies nicht, kann man »von den betroffenen Personen kostenpflichtig abgemahnt« werden. Bei Minderjährigen sind das die Eltern, in der Schule die Lehrkräfte, die solche Dienste zulassen.

Vielleicht sollte die Übersetzung von BYOD aus analytisch-kritischer Sicht eher lauten: »Begin Your Online Desaster«. Denn während sich die Schäden eines immer intensiveren Online-Medien-Gebrauchs immer deutlicher zeigen (z. B. in den Praxen von Kinderärzten und Suchtpsychiatrien), lässt sich ein echter Nutzen bisher nicht nachweisen. Auch nicht durch eine über drei Jahre laufende Studie mit über 1 300 Hamburger Schülern. Die Erwartungen an das eigens für die Hansestadt konzipierte

30 AG Bad Hersfeld, 15.05.2017 – F 120/17 EASO; www.lareda.hessenrecht.hessen.de/lexsoft/default/hessenrecht_lareda.html#docid:7876045.

BYOD-Projekt blieben unerfüllt. Der Hamburger Schulsenator Ties Rabe zog das Fazit, es seien durch den Einsatz von Laptops und Smartphones »im Vergleich zu anderen Schulklassen keine klaren negativeren, aber auch keine eindeutig positiveren Entwicklungen beim Lernstand der Schülerinnen und Schüler in den unterschiedlichen Unterrichtsfächern [zu] erkennen« (www.hamburg.de/pressearchiv-fhh/7323822/2016-11-03-bsb-start-in-die-naechste-generation). Rabe gibt die kurze Laufzeit von zwei Jahren als Grund dafür an. Wie auch immer: Der Senator und die beauftragten Wissenschaftler sind sich laut Pressemeldung darin einig, dass der Einsatz digitaler Medien »fundamentaler Bestandteil unserer Berufswelt« sei und die Schule die Aufgabe habe, »Schülerinnen und Schüler auf den Umgang mit digitalen Medien rechtzeitig vorzubereiten«.

Und was denkt die Jugend?

Interessanterweise rütteln nicht die Jugendlichen an den Zäunen und fordern mehr Digitaltechnik an Schulen. Auf eine Frage des Wissenschaftszentrums Berlin nach dem Stellenwert der frühen Digitalisierung antworten 31,5 Prozent der über 65-Jährigen und 28,9 Prozent der 51- bis 65-Jährigen, aber nur 11,9 Prozent der 14- bis 17-Jährigen, das sei »sehr wichtig« (www.wzb.eu/sites/default/files/u8/vermaechtnis-studie_broschuere_druckversion.pdf.). Die Hälfte der Jugendlichen (49 Prozent) lehnt die frühe Digitalisierung ab. Sie wollen stattdessen »wie früher« zum Arzt gehen, statt Symptome zu googeln, plädieren für das Schreiben mit der Hand und dafür, »Gefühle öfter persönlich und nicht per Smartphone mitzuteilen« (Wetzel 2016). Jugendliche verbringen täglich mehrere Stunden mit ihrem Smartphone. Trotzdem – oder vielleicht gerade deshalb – sind sie skeptischer als ihre Eltern, digitalaffine Junglehrer oder Bildungspolitiker.

Kinder, Jugendliche und (nicht nur junge) Erwachsene erwarten zu Recht, dass sie in Bildungseinrichtungen das lernen, was ihnen eine selbstbestimmte Teilhabe an der Solidargemeinschaft demokratischer Gesellschaften ermöglicht und zudem Perspektiven für ein erfolgreiches Berufsleben eröffnet. Dafür müssen Bildungseinrichtungen das vermitteln, was kein Rechner kann: verstehen, wie die Welt funktioniert, in der wir leben. Das klappt nicht über das Antrainieren automatisch abprüfbarer Kompetenzen, sondern nur über den Dialog und den Diskurs. In der Schule heißt das seit Sokrates: Unterrichtsgespräch.

8. Digitaler Drill: Drei Zukunftsszenarien

Bei der Digitalisierung aller Lebensbereiche geht es längst nicht nur darum, neue Technologien für Arbeit und Kommunikation, Konsum und Unterhaltung anzubieten. Von den meisten Menschen unbemerkt, entstehen nach und nach totalitäre und zentralistische technologische Systeme. Eine kleine Elite von Tech-Gurus bestimmt, wie alle anderen Menschen nach ihren Vorstellungen leben, lernen und arbeiten sollen. Den Nutzen haben wenige, meist amerikanische Quasimonopolisten. Unternehmensführer wie Larry Page, Elon Musk, Mark Zuckerberg oder Investoren wie Peter Thiel nehmen sich das Recht heraus, nur aufgrund ihres wirtschaftlichen Erfolgs darüber zu bestimmen, wie zukünftige Gesellschaften funktionieren und Menschen miteinander umgehen sollen. Sie verbreiten ihre Heilslehren (Heilung aller Krankheiten, Unsterblichkeit etc.) und gewinnen dadurch viele willige Nutzer, Konsumenten und Follower. Dafür schreibt Mark Zuckerberg auch mal eben ein Missionspapier zur Weltrettung oder kündigt das Gedankenlesen an (www.zeit.de/digital/internet/2017-04/soziales-netwerk-facebook-gedankenlesen; Wild 2017; vgl. Zuckerberg 2017). Elon Musk, Chef des Automobilherstellers Tesla, ruft zwar im April 2017 die halbe Jahresproduktion seiner Elektroautos wegen Problemen mit dem Bremssystem zurück, redet aber von Flügen zum Mars (www.n-tv.de/wirtschaft/Tesla-ruft-halbe-Produktion-zurueck-article19802353.html). Solche grandiosen Visionen haben bei Musk und anderen Digitalpropheten System. Wenn Versprechen nicht eingehalten werden (können), bauen sie einfach noch größere Luftschlösser.

Bildschirme und Sprachsysteme verstellen immer öfter den Blick auf die reale Welt. Wer die aktuellen Entwicklungen und die massive Propaganda für Digitalisierung weiterdenkt, kann sich für Schule und Bildung mindestens drei Szenarien vorstellen.

8.1 Der amerikanische Weg: privat vs. öffentlich

Das amerikanische Szenario ist gekennzeichnet durch eine weitere soziale Spaltung der Bevölkerung auf dem Rücken der Kinder und Jugendlichen. Wer es sich leisten kann, schickt seine Kinder in private Einrichtungen. Das sind Montessori- und Waldorf-Kindergärten mit gut ausgebildeten und motivierten Erzieherinnen und (nach wie vor wenigen) Erziehern. Anschließend besuchen die Kinder Privatschulen, an denen sie gut ausgebildete Lehrer dank kleiner Klassengrößen persönlich ansprechen, unterrichten und betreuen können. Die Kinder erleben Anerkennung und Wertschätzung. Ergänzend zu den Lehrkräften stehen Mentoren und Tutoren für Nachhilfe und persönliche Unterstützung bereit. Nach dem (Highschool-)Abschluss wechseln diese Kinder auf private Universitäten oder Colleges. Dort wohnen sie nicht nur auf dem Campus, sondern werden auch von Professorinnen und Professoren, Mentoren und Fachtutoren unterstützt und begleitet. In Amerika kostet diese Form des Studiums zwar mitunter 60 000 (oder mehr) Dollar pro Jahr, führt aber in Kombination mit den geschäftlichen Kontakten (meist) des Vaters zu lehrreichen, bezahlten Praktika und einer schnellen Festanstellung nach dem Studienabschluss. Das ist – in Bezug auf persönliche Betreuung und Förderung – genau das, was man allen Kindern und Jugendlichen wünscht: Unterricht im Klassenverband, ergänzende Betreuung und Förderung nach Bedarf. Das Wechselspiel aus Unterricht und Selbstlernphasen (medial, auch digital unterstützt) ist ideal, sofern die dabei anfallenden Daten nicht zum Profilieren der Menschen benutzt werden.

Eltern mit weniger Geld werden sich daran gewöhnen müssen, dass ihre Kinder von früh an vor Bildschirmen sitzen und mithilfe synthetischer Computerstimmen ihr Lernpensum vermittelt bekommen (siehe Kapitel 1.2). Die Kinder werden vollautomatisiert von Algorithmen unterrichtet, geprüft und klassifiziert und letztlich kurzfristig für wechselnde Arbeitsplätze zugerichtet. Das ist effizient und entspricht der Doktrin vom »Lernen als lebenslanger Selbstoptimierung« des Humankapitals mit definierten und validierten Kompetenzen.

8.2 Asiatische Perfektion: Drill als Lebenselixier

Die Perfektion dieses Modells findet man im asiatischen Raum. Während das Individuum im amerikanischen und europäischen Verständnis eine herausgehobene Rolle spielt, gilt der oder die Einzelne dort wenig. Das oberste Ziel ist, den Ansprüchen »der Anderen«, der Eltern, Lehrenden, später der Arbeitgeber, zu genügen und möglichst unauffällig ins Glied zu treten. Für Menschen und Kulturen mit dieser Sozialisierung ist die automatisierte und digital kontrollierte Zurichtung von Menschen geradezu ideal. Ohne Ansehen der Person geben die Programme vor, was der oder die Einzelne zu lernen, zu können und zu sagen und wie er oder sie emotional zu reagieren hat. Es ist die perfekte Zurichtung des entindividualisierten Funktionsträgers.

Wenn Anpassung an vorhandene Systeme und Konformität das Ziel von Bildungs- und Ausbildungseinrichtungen ist, sind Computersysteme die effizienteste und zuverlässigste Methode der »Programmierung von Menschen« auf fremddefiniertes Verhalten. Das führt zwar zu Depressionen und Suiziden schon bei Zehnjährigen, wenn sie eine Prüfung nicht gut genug bestanden haben. Auch führt es zur Vereinsamung, weil man weder Zeit noch Muße hat, sich auf ein menschliches Gegenüber einzulassen, das – anders als Avatare – deutlich schwerer zu »steuern« und vor allem nicht abzuschalten ist. Aber dank der immer besseren Beamer-Projektionen von Avataren an einen Esstisch (oder ins Hotelbett) werden sich diese von Computern beschulten und gesteuerten Menschen vielleicht daran gewöhnen, dass körperliche und sinnliche Aspekte in einer digitalisierten Welt »natürlich« fehlen – es sei denn, es gelingt den Technikern, Ingenieuren und KI-Entwicklern doch noch, die perfekte Illusion eines realen Gegenübers zu erschaffen.

8.3 Die europäische Variante: Der dritte Weg

Der dritte Weg ist die europäische Variante, die der Tradition der Aufklärung verpflichtet ist: ein Weg der analytischen und reflektierenden Vernunft. Er deklariert die technischen Werkzeuge wieder als das, was sie sind: technische Werkzeuge. Er nutzt sie pragmatisch und systematisch, wo es sinnvoll ist, ohne Digital Devices, Gadgets und Apps zu Fetischen und Glücksbringern zu überhöhen, denen man die Verantwortung für das eigene Leben überträgt. Noch wissen die meisten Menschen nicht, dass sich die Eliten bereits in eigene digitalfreie Zonen ohne permanente Datenprostitution zurückgezogen haben. Nur der Schwarm, die Masse vermisst sich selbst (Quantified Self bzw. Selftracking) und liefert seine Daten bereitwillig ab, um digital gesteuert zu werden. Die Menschen gehen diesen Weg aus Bequemlichkeit und Trägheit, wie es Immanuel Kant in seinem Aufsatz »Beantwortung der Frage: Was ist Aufklärung?« von 1784 formuliert hat.

Wir müssen uns gegen die eigene Bequemlichkeit immunisieren und wieder die Verantwortung für unser Handeln übernehmen. In Anlehnung an Theodor W. Adorno ließe sich sagen: »Es gibt kein echtes Leben im digitalen.«

9. Was tun?

»Wir sind zu langsam!«
»Die Zukunft findet ohne uns statt!«
»Wir stehen auf der Bremse, die andern sind schlauer als wir!«

Der Wahrheitsgehalt solcher Szenarien lässt sich schwer überprüfen. Wer kann schon in die Zukunft sehen? Trotzdem malen Chefmanager und Lobbyisten der IT- und Telekommunikationsbranche regelmäßig den Untergang der deutschen Wirtschaft an die Wand. Der sei sicher, wenn wir nicht endlich und möglichst schnell die vollständige Digitalisierung aller Lebensbereiche angehen. Auch viele Politiker treiben Menschen und Wirtschaft zur Eile. Sie wollen sich auf keinen Fall nachsagen lassen, sie hätten die Zukunft Deutschlands verbaut, weil sie die »Zeichen der Zeit« nicht erkannt hätten. So wie es scheint, bleibt der deutschen Bevölkerung wohl keine Plage erspart, wenn sie nicht endlich der Digitalisierung Tür und Tor öffnet. Dazu zwei Zitate zum Einstieg, bevor Alternativen zum Digitalszenario vorgeschlagen werden.

> »Lassen Sie sich nicht einschüchtern von Menschen, die behaupten, Kinder würden etwas verpassen oder auf das Computerzeitalter schlecht vorbereitet sein, wenn sie nicht von klein auf mit dem Computer in Kontakt kämen. Die Menschen, die solches behaupten, wollen ihnen unweigerlich etwas verkaufen« (Armstrong/Casement 2000, S. 19).

Wer behauptet, Kinder müssten schon von früh an, spätestens in den ersten Schuljahren »Online-Medienkompetenz« erwerben, verhindert genau das, was wichtig ist: Medienmündigkeit (Bleckmann 2012). Vielmehr werden Kleinkinder dadurch auf Bildschirmmedien und synthetische Computerstimmen konditioniert. Der österreichische Philosoph Konrad Paul Liessmann, der mit seinen Büchern »Theorie der Unbildung« (2006) und »Geisterstunde« (2014) die vorsätzliche und wissentliche Zerstörung der europäischen Bildungssysteme aufzeigt, formuliert in seiner Kolumne in der NZZ:

> »Man kann sich des Eindrucks nicht erwehren, dass es manchen nicht schnell genug gehen kann, bis die jungen Menschen jede Form des Denkens, Fühlens und Handelns, die nicht von den Algorithmen der Internetkonzerne bestimmt ist, nicht nur verlernt, sondern erst gar nicht gelernt haben und dadurch in jeder Hinsicht von ihren Geräten abhängig werden« (Liessmann 2017).

9.1 Haben Sie Mut

Wer mindestens 18 Jahre alt ist und sich als Persönlichkeit und von seinem Technikverständnis her für reif genug hält, kann sich »frei« entscheiden, z. B. für die Datenfreigabe an Unbekannt. Bei Minderjährigen übernehmen sinnvollerweise andere die Verantwortung: Erziehungsberechtigte oder (in der Schule) Lehrerinnen und Lehrer. Sie sollten jederzeit den Mut haben und sich wehren, wenn jemand die unbeschränkte Datenpreisgabe von Schutzbefohlenen fordert.

Haben Sie Mut. Bislang dürfen Versuche mit digitalen Medien in Klassen mit minderjährigen Schülerinnen und Schülern nur gemacht werden, wenn alle Eltern schriftlich zustimmen. So ist die Rechtslage. Deshalb: Sagen Sie Nein, wenn Sie zustimmen sollen. Lassen Sie sich nicht einschüchtern, wenn behauptet wird, Kinder oder Jugendliche hätten Nachteile, wenn sie in der Kita oder Grundschule nicht am Bildschirm säßen und mithilfe von Computerprogrammen lernen sollen. Lassen Sie sich weder von digitalbegeisterten Eltern noch von digitalaffinen Lehrerinnen, Lehrern oder Rektoren Angst machen. Für den Lernerfolg in der Schule sind nach allen Studien, von OECD über PISA bis zu Hattie, qualifizierte Lehrkräfte entscheidend, nicht Medien- oder Digitaltechnik.

Alternativlos für Lernen ist Lernen, nicht (Digital-)Technik

Digitaltechnik ist für das Lehren und Lernen so »alternativlos« wie Atomtechnik für die Stromgewinnung. Wer nach Alternativen sucht, sollte allerdings weder Kraftwerksbetreiber noch Atomtechniker fragen. Wir brauchen aber, scheint es, erst ein digitales Fukushima, bevor die Vernunft einsetzt und die vermeintliche Alternativlosigkeit widerlegt wird. Bis dahin sitzen weiterhin Kinder vor einem Display oder Touchscreen, wischen und tippen auf einer Glasscheibe statt aktiv in der realen Welt zu leben und zu lernen.

Zwei Beispiele zum Nachdenken: Steve Jobs hat seinen Kindern den Umgang mit Unterhaltungselektronik verboten. In der Zeit wurden in den Niederlanden Steve Jobs-Schulen aufgemacht, in denen Kinder an Tablets sitzen (Becker 2016). Die Kultusministerinnen und -minister von sechzehn Bundesländern verabschieden ein Strategiepapier »Bildung in der digitalen Welt« und fordern den Einsatz von digitalen und mobilen Endgeräten schon in der Grundschule, während Bill Gates seinen Kindern (20, 17 und 14 Jahre) ein eigenes Handy erst mit 14 Jahren zugestand. Vor und während des Abendessens sind die Geräte in seiner Familie tabu. Er und seine Frau Melinda bestimmen auch, wann sie ausgeschaltet werden, damit die beiden noch nicht volljährigen Kinder rechtzeitig ins Bett gehen und schlafen (FAZ vom 24.4.2017, S. 9; siehe auch Retter 2017). Eltern legen Regeln fest. Warum sollte das nur für Steve Jobs und Bill Gates gelten?

9.2 Keep calm and carry on

»Keep Calm And Carry On« (»Bleib ruhig und mach weiter«) lautet ein Spruch auf einem Propagandaplakat der britischen Regierung im Zweiten Weltkrieg. Das Poster hat das Informationsministerium zusammen mit den beiden anderen Plakaten aus der Abbildung (siehe unten) für den Fall eines schweren Militärschlags entwickelt, um die Bevölkerung moralisch zu stärken. Das Plakat wurde zwar zu Kriegszeiten ebenso wenig verwendet wie die beiden anderen Sprüche (»Die Freiheit ist in Gefahr. Verteidige sie mit all deiner Macht« und »Dein Mut, deine Fröhlichkeit, deine Entschlossenheit bringen uns den Sieg«), gewann aber nach seiner Veröffentlichung im Jahr 2000 große Popularität. Die drei Sprüche können heute als Mittel gegen die Digitalpropaganda dienen. Denn der ungezügelte Auf- und Ausbau der digitalen Netze ist eine konkrete Gefahr für Demokratie und Humanismus. Er liefert die technische Infrastruktur für einen totalitären Überwachungsstaat.

»Ein Jahrhundert des Autoritarismus ist keineswegs die unwahrscheinlichste Prognose für das 21. Jahrhundert«, schrieb Ralf Dahrendorf bereits im November 1997 in der ZEIT (Dahrendorf 1997). Und in seinem Buch »Cybernetics« von 1948 meinte Norbert Wiener, er wisse nicht, von welcher Technik mehr Gefahr ausgehe: von der Atombombe oder vom Computer. Beide Sätze mahnen zur Vorsicht. Andernfalls besteht die Gefahr, dass sich Menschen einer technischen »Autorität« beugen, dass sie sich daran gewöhnen zu tun, was ihnen ein Algorithmus sagt, ohne zu wissen, wie die Vorgaben zustande kommen, welche Berechnungsgrundlage, Entscheidungsparameter, Wertvorstellungen, Ziele und Folgen die vom Rechner getroffenen Entscheidungen haben.

9.3 Digitaltechnik *für* den Menschen – nicht *gegen* ihn

Auch bei komplexen Sachverhalten reicht es oft aus, einfache Fragen zu stellen. »Cui bono?« Wem nützt es, wenn Menschen algorithmisch gesteuert werden sollen? Wem nützt es, wenn sie sich steuern lassen? Wer hat ein Interesse daran, dass Menschen technische Steuerungssysteme akzeptieren und nach deren Anweisung handeln?

Wer behauptet, Digitaltechnik könne die Welt verbessern und den Menschen ein sorgloses Leben bescheren, hat weniger die Menschen und die Umwelt als sein Aktienpaket, die Dividende oder die Marktchancen seiner Branche im Blick. Wer sich dem Diktat dieser prosperierenden Branche entziehen will, hat es schwer. Dennoch sollte es das Ziel der Gesellschaft sein, digitale Geräte, Techniken und Anwendungen wieder als das zu begreifen, was sie ursprünglich waren und wieder werden müssen: hilfreiche Werkzeuge für konkret definierte Aufgaben. Verantwortlich und reflektiert eingesetzt, liegt das Potenzial der Digitaltechnik in geschlossenen Netzen (Intranet), unter Berücksichtigung sowohl des Datenschutzes wie des Rechts des Einzelnen auf informationelle Selbstbestimmung. Gelten muss: Recht steht immer vor dem technisch Machbaren. Bildungseinrichtungen eignen sich nicht für das Quartett aus Merkantilisierung und Privatisierung, Automatisierung und Digitalisierung. Daher stehen zwei konkret politische Vorschläge am Anfang dieses Kapitels.

»Res extra commercium«

Die »res extra commercium« sind laut römischem Recht die »verkehrsunfähigen Sachen und Gegenstände«, das heißt Dinge, mit denen kein Handel und keine Kommerzialisierung betrieben werden können oder dürfen. Neben den Sachen, die dem Allgemeinwohl dienen (»res communes omnium«), etwa Luft und Wasser (!), und der öffentlichen Infrastruktur (z. B. Straßen und Plätze, öffentliche Gebäude) sollten auch soziale Einrichtungen dazu gehören. Dazu zählen Bildungseinrichtungen von der Kita bis zur Universität, Kinder- und Altersheime, Werkstätten und Wohnheime für Menschen mit Behinderungen und die (öffentlichen) Gesundheitseinrichtungen.

Wir sollten uns dafür einsetzen, dass soziale, kulturelle und von der Solidargemeinschaft getragene Einrichtungen wieder nach ihren sozialen und humanen Aufgaben geführt werden können und nicht primär nach ökonomischen Prinzipien. In der pädagogischen Arbeit, Erziehung und Betreuung von Kindern und Jugendlichen müssen soziale, ethische und humane Prämissen an erster Stelle stehen, während Verwaltung und Betrieb selbstredend betriebswirtschaftlich und auch digital organisiert werden können. Sozialisierung in und für eine Solidargemeinschaft freier und (selbst-)verantwortlicher Menschen ist die wesentliche Aufgabe von Erziehung und Bildung. Sich darauf zu besinnen, brächte mehr Zugewinn für alle Beteiligten als jede Automatisierung und Algorithmisierung oder die kontraproduktive Fixierung auf Shareholder Value und Dividende. Das kann man als Sozialutopie abtun oder als nicht bezahlbar diffamieren. Ersteres ist sicher richtig. Aber wir brauchen neue Sozialutopien, um weiterhin ein friedliches Zusammenleben in auseinanderbrechenden Gesellschaften zu gewährleisten. Denn zwei Tendenzen sind aktuell weltweit zu beobachten: zum einen die Spaltung ganzer Gesellschaften in (politische) Gegner wie in den USA, der Türkei oder Großbritannien; zum anderen die Entdemokratisierung und Radikalisierung durch autoritäre, in der Regel rechte Regierungen wie in Polen, Ungarn und der Türkei.

Bleibt noch das »nicht bezahlbar«. Für eines der reichsten Länder der Welt ist das ein beschämendes Argument. Zu fragen ist daher, warum die Bildungs- und Sozialeinrichtungen der Bundesrepublik seit Jahrzehnten systematisch unterfinanziert sind.

Alles, was Recht ist: Der juristische Rahmen

Wir müssen nach einer Bestandsaufnahme des Webs und der internationalen Akteure (Digitalmonopole, Geheimdienste, Akteure im Dark Web) humane und demokratische Parameter festlegen. Es muss ein juristischer Rahmen geschaffen werden, der bestimmt, wie mit Daten hantiert werden darf und wer auf was Zugriff hat, bevor Daten abrufbar sind. Martin Schulz, zu dem Zeitpunkt noch EU-Parlamentspräsident, forderte erstmals im November 2015 unter dem Titel »Freiheit. Gleichheit. Datenschutz« eine »Charta der digitalen Grundrechte«. Das ist ein möglicher Ansatz, der weiterzuverfolgen ist. Ein Aspekt dabei ist der Minderheitenschutz für diejenigen, die ihre Daten nicht preisgeben wollen:

> »In der digitalen Welt muss es ebenso wie in der analogen möglich bleiben, dass nicht jeder alles mitmacht, auch wenn die große Mehrheit das anders handhabt. Selbst wenn viele mit großer Begeisterung all ihre Daten offenlegen, wenn sie sich am ganzen Körper verkabeln und freiwillig ihre Biodaten in einer Cloud speichern – selbst dann darf für niemanden, der sich dem entziehen will, ein Schaden entstehen. Minderheitenschutz gilt analog wie digital!« (Schulz 2015).

Dieser Minderheitenschutz ist auch und vor allem bei der Arbeit mit Kindern und Jugendlichen einzufordern. Kein Kind darf in der Schule an Digitalgeräte und zur Datenprostitution durch Netzdienste gezwungen werden.

Im Jahr 2017 hat eine Gruppe von Bürgerinnen und Bürgern eine ausformulierte »Charta der Digitalen Grundrechte der Europäischen Union« vorgelegt (https://digitalcharta.eu). Gleich die ersten Artikel zeigen die potenziellen Gefahren durch das unkontrollierte Sammeln und Auswerten von Daten:

(1) »Die Würde des Menschen ist auch im digitalen Zeitalter unantastbar. Sie muss Ziel und Zweck aller technischen Entwicklung sein und begrenzt deren Einsatz.
(2) Neue Gefährdungen der Menschenwürde ergeben sich im digitalen Zeitalter insbesondere durch Big Data, künstliche Intelligenz, Vorhersage und Steuer-

> ung menschlichen Verhaltens, Massenüberwachung, Einsatz von Algorithmen, Robotik und Mensch-Maschine-Verschmelzung sowie Machtkonzentration bei privaten Unternehmen.«

Auch Heiko Maas sieht juristischen Handlungsbedarf. Der Bundesminister der Justiz und für Verbraucherschutz formulierte im Dezember 2015 13 Artikel, die digitale Grundrechte einfordern. Die Digitalisierung sei ein »Totalphänomen«, das buchstäblich alle Lebensbereiche erfasse. Nur seien aus dem Ziel der freien Information und der hierarchie- wie kommerzfreien Kommunikation die Herrschaft der Kennzahlen und die Ökonomisierung aller Lebensbereiche geworden: »Weil die Digitalisierung mit dem Neoliberalismus einher ging, wurde viel zu lange auf eine demokratische Regulierung verzichtet. Eine Technikgestaltung durch Recht fand kaum statt« (Maas 2015). Die aktuelle Aufgabe sei es, das zu ändern. In Artikel 13 fordert Maas: »Jeder Mensch hat das Recht auf eine analoge Welt. Niemand darf ungerechtfertigt benachteiligt werden, weil er digitale Dienstleistungen nicht nutzt«.

Übertragen auf die Schule heißt das: Jedes Kind hat das Recht auf eine analoge Schule, auf reale Erzieherinnen und Erzieher, Lehrerinnen und Lehrer. Hinzu kommt, dass niemand zur Weitergabe und Auswertung seiner Daten gezwungen werden darf. Big Data Analyzing, Cloud Computing und Learning Analytics müssen sich in den rechtlichen Rahmen einfügen. Denn niemand darf benachteiligt werden, nur weil er oder sie die Auswertung dieser Daten durch unberechtigte Dritte untersagt. Im Umkehrschluss heißt das – und dafür sind tragfähige und datenschutzrechtlich akzeptable Konzepte erst noch zu entwickeln: Keinerlei Daten von und zwischen Schulen, Schülerinnen und Schülern dürfen außerhalb der Schule ausgewertet werden. Ein solches Szenario ist weder irreal noch völlig utopisch, sondern für amerikanische Schulen bereits geltendes Recht (vgl. Kap. 4 und COPPA).

Es gibt einen erfreulich knappen und präzisen Vorschlag, der die derzeitigen Verhältnisse umkehrt. Formuliert hat ihn Norbert Schneider, bis 2010 Direktor der Landesanstalt für Medien NRW, um aus der praktizierten Transparenz des »gläsernen Nutzers« eine Transparenz der Datensammler zu machen. Für die gesellschaftliche Kontrolle der Datensammlungen genügen, so Schneider, »im Grunde zwei Paragraphen. Paragraph 1: ›Die Daten eines Menschen sind sein Eigentum. Wenn sie jemand nutzen möchte, dann zu den Bedingungen, die dafür allgemein festgelegt werden. Wer sie zur Kontrolle eines Menschen nutzt, verletzt seine Würde.‹ Paragraph 2 könnte lauten: ›Der gesamte Datenverkehr muss für den Datengeber jederzeit transparent sein‹« (Schneider 2010, S. 33).

Es muss zur Pflicht werden, die erhobenen und generierten Daten offenzulegen. Es muss Bürgerrecht werden, diese Daten einsehen und gegebenenfalls löschen zu können. Dabei bleibt es allen volljährigen Menschen unbenommen, ihre Daten auf Websites oder in sozialen Netzwerken beliebig zu streuen und sich in allen nur erdenklichen Foren und Formen zu entblößen. Aber es darf niemand zur Preisgabe von persönlichen Daten genötigt werden.

Eine echte Medienkompetenz, sprich Medienmündigkeit, setzt voraus, auch die vermeintlich »sozialen« Netzwerke zu thematisieren und Schülerinnen und Schülern zu vermitteln, dass es weder Notwendigkeiten noch Zwänge gibt, sich digital zu prostituieren. Echte Medienkompetenz heißt, eigene Grenzen zu ziehen und Nein zu sagen. Denn: »Das Erzeugen von Gruppendruck ist die Kernkompetenz sozialer Netzwerke. (…) Einige wenige betreiben zur kurzfristigen Gewinnmaximierung den Umbau der sozialen Normen, mit unabsehbaren Folgen« (Rieger 2010, S. 33).

Nur wer die digitale Brille aufhat oder auf die IT-Lobby hört, vertraut auf vollautomatische (»intelligente«) Systeme und definiert Schule als datenbasiertes Qualifizierungsprogramm von Menschen durch Software, Avatare und Roboter. So wird der Mensch selbst zur Ware. Wer die kommunikativen Funktionen der sogenannten »sozialen Netzwerke« in geschlossenen Gruppen nutzen will, kann Anwendungen wie Messenger nutzen, die keine eingebaute Überwachung haben. Auch Angebote wie Signal (der Messenger, den Edward Snowden nutzt) oder Threema (eine Schweizer Software mit Datenspeicherung in der Schweiz) stellen den Schutz der Nutzer über kommerzielle Interessen.

Bürgerrecht auf Bildung

Wenn wir nicht nur digital- und fortschrittsgläubig nach vorne starren würden (genauer: nach unten auf das Display), sondern einen Blick zurückwürfen, wüssten wir, dass wir bei der Frage nach Bildungsgerechtigkeit schon einmal weiter waren als heute. Als die FDP noch sozialliberal war, forderte Ralf Dahrendorf ein »Bürgerrecht auf Bildung« (Dahrendorf 1965). Diese Forderung kann und muss man heute wieder stellen:

1. »Jeder Mensch hat ein Recht auf eine intensive Grundausbildung, die ihn befähigt, von seinen staatsbürgerlichen Rechten und Pflichten wirksamen Gebrauch zu machen.
2. Jeder Mensch hat ein Recht auf eine seiner Leistungsfähigkeit entsprechende weiterführende Ausbildung.
3. Es ist die Pflicht der staatlichen Instanzen, dafür Sorge zu tragen, dass diese Rechte ausgeübt werden können.«

Bei Dahrendorf steht nichts von Medien und Technik. Darum habe ich seine Forderungen um eine vierte ergänzt:

4. Kein Mensch darf (in der Ausbildung, beim Lernen) zur Nutzung von digitalen Techniken und Online-Diensten (und damit zur Datenprostitution) gezwungen werden.

Die Partikularinteressen einzelner Unternehmen dürfen nicht zur Richtschnur von Bildungseinrichtungen werden.

Medienkompetenz vs. Medienmündigkeit

Wer medienkompetent werden soll, heißt es, könne gar nicht früh genug anfangen, elektronische Medien zu nutzen. Schon Kleinkinder sollten Tablets und Smartphones nutzen, um später keine Nachteile im Beruf zu haben. Stimmt das? Wie digitale Medien und Digital Devices in zehn oder auch nur in fünf Jahren aussehen werden, wissen wir nicht. Der Quantencomputer von IBM steht am Start, er soll alles bisher Geltende in den Schatten stellen. Wofür sollen wir Kinder an den heutigen Devices »schulen«, was sollen sie damit machen? Ginge es um das Verständnis von Digitaltechnik und Rechnerstrukturen, würde man an Schulen Rechner ohne Netzanschluss einsetzen und einen lokalen Server benutzen. Sinnvoll wären lokale Geräte zum Aufschrauben, Auseinandernehmen und Zusammensetzen, Konfigurieren und Hacken. Wenn es um Verständnis ginge, z. B. für die Hardware, und nicht um Bedienkompetenz, könnte der Netzanschluss entfallen. Stattdessen gäbe es eine »Hardware-Werkstatt« zum Basteln und Testen. Dabei würden die Schülerinnen und Schüler mehr über Rechner lernen als mit der Wischerei auf Touchscreens (und die Lehrkräfte ebenso).

Paula Bleckmann, Professorin an der Alanus Hochschule, schlägt daher einen neuen Begriff für die Diskussion vor: Medienmündigkeit statt Medienkompetenz. Sie definiert Medienkompetenz als Fähigkeit, Geräte zu nutzen und zu bedienen (»how to use a gadget«), und unterscheidet davon eine inhaltlich reflektierende, vom Individuum her gedachte Medienmündigkeit (»what is the target of use the gadget«). Der verantwortliche Umgang mit Medien steht dabei im Vordergrund. Der »medienkompetente« Mensch nutzt elektronische Geräte und Anwendungen als Konsument. Der medienmündige Mensch nutzt sie als einen von mehreren Informationskanälen, auch zur Unterhaltung übrigens. Er entscheidet für sich, welches Medium (Bücher, Radio- und Fernsehsendungen, Onlinedienste) für ihn jeweils besser geeignet ist. Auch der generelle Verzicht auf elektronische und digitale Medien ist für ihn eine Option. Zu Medienmündigkeit gehören kritisches (Selbst-)Bewusstsein, Medienanalyse- und Reflexionsvermögen, Argumentations- und Diskussionsfähigkeit. Das sind Eigenschaften, die Kinder erst nach und nach erlernen (nach Piaget ab dem zwölften Lebensjahr). Eine gelingende Erziehung muss sie dabei begleiten:

> »Gelingende Erziehung bedeutet auch und gerade im digitalen Zeitalter, dass wir unsere Kinder auf ihrem Weg zum gemeinschaftsfähigen, selbstständig denkenden Erwachsenen begleiten. Dieser Erwachsene soll erstens selbst einschätzen können, welchen Anteil seiner Lebenszeit er überhaupt vor einem Bildschirm verbringen und damit anderen Tätigkeiten entziehen möchte, und zweitens für den Zeitanteil, in dem er sich für den Bildschirm entscheidet,

Fähigkeiten zur aktiven, kreativen, dosierten, technisch versierten Nutzung und Fähigkeiten zur Vermeidung von Nutzungsrisiken erworben haben« (Bleckmann 2016, S. 1).

Das ist keine generelle Absage an Bildschirmmedien oder Internet-Technologien, sondern die Aufforderung, als Erziehungsberechtigte und Lehrende das Medienangebot für Kinder und Jugendliche altersangemessen zu gestalten – und in frühen Lebensphasen auch zu reglementieren. Kinder brauchen verbindliche Regeln, gerade beim Umgang mit technischen Geräten, deren Ablenkungs- und Suchtpotenzial bekannt ist.

Die folgenden drei Überlegungen könnten eine Basis sein für den verantwortlichen Umgang mit Web und elektronischen Medien:

1) Digitale Systeme und personenbezogene Daten im Netz lassen sich nur bedingt schützen. Definitiv sicher sind nur jene Daten, die erst gar nicht im Netz eingestellt werden. Die erste und wichtigste Maxime lautet daher: Datensparsamkeit. Überlegen Sie, was Sie im Netz machen und welche Daten Sie eingeben.
2) Wer sensibel mit seinen Daten umgeht, trennt Arbeits- und Kommunikationsrechner, auch physisch. Die Arbeitsrechner sind offline und haben keinen WLAN-Anschluss. Mehrere Arbeitsrechner vor Ort sind über Netzwerkkarten nur als lokales Netz miteinander verbunden. Ein separates Laptop und externe Laufwerke (USB, externe Platte) dienen als Datenschleuse ins Netz. Das ist zwar etwas umständlich, aber für kleine Arbeitsgruppen und Rechnerpools in Schulen ein mögliches Konzept, weil so niemand von außen zugreifen kann.
3) Das Netz ist zu einem Kontroll- und Steuerungsinstrument von wenigen Quasi-Monopolisten geworden. Daher müssen wir IT neu denken. Informationstechnik muss zu einem Werkzeug für die Nutzer werden, statt Macht- und Manipulationsplattform weniger Konzerne zu sein. Mit Sicherheit braucht es für diese Konzepte eine moderne IT, neue Strategien und neue Köpfe. Die Digitalmonopolisten und ihre Lobbyisten in Unternehmen und Ministerien werden ihre Pfründe nicht freiwillig aufgeben. Das öffnet den Blick für alternative Betriebssysteme, Anwendungen und Netzstrukturen – und damit für echte Innovationen, eine IT-Infrastruktur zum Nutzen der Anwender.

9.4 Ratgeber und Empfehlungen

Die folgenden Vorschläge für die konkrete pädagogische Arbeit und die Forderungen verstehen sich als Anregung für die weitere Diskussion. Auf den ersten Blick mag einiges davon provokativ klingen. Aber die – aus meiner Sicht – tatsächliche Provokation besteht darin, dass bereits Kinder in der Primarschule an das Arbeiten am Bildschirm und damit an die Steuerung durch Algorithmen, Software und synthetische Computerstimmen gewöhnt werden sollen.

So fordert die KMK in ihrem Strategiepapier »Bildung in der digitalen Welt« (2016), dass »möglichst bis 2021 jede Schülerin und jeder Schüler jederzeit, wenn es aus pädagogischer Sicht im Unterrichtsverlauf sinnvoll ist, eine digitale Lernumgebung und einen Zugang zum Internet nutzen können sollte«. Voraussetzung dafür sei »eine funktionierende Infrastruktur (Breitbandausbau; Ausstattung der Schule, Inhalte, Plattformen), die Klärung verschiedener rechtlicher Fragen (u. a. Lehr- und Lernmittel, Datenschutz, Urheberrecht), die Weiterentwicklung des Unterrichts und vor allem auch eine entsprechende Qualifikation der Lehrkräfte« (KMK 2016, S. 11). Damit vertritt die KMK weder die Interessen der Kinder noch die der Eltern. Sie bedient lediglich Partikularinteressen eines Wirtschaftssegments. Die gravierenden Folgen für das Sozialverhalten der Einzelnen wie der Sozialgemeinschaft zeigt u. a. die BLIKK-Studie auf.

Eine Provokation ist es ferner, wenn wieder einmal behauptet wird, studierte und berufserfahrene Lehrkräfte ließen sich durch Medien-, Digitaltechnik und Software ersetzen. Bereits Comenius (17. Jahrhundert) wollte sie zu Hilfslehrern degradieren, heute lautet die Bezeichnung dafür »Lernbegleiter« und »Lern-Coaches«. Dabei würden Kinder und Jugendliche heute und von sich aus genauso lernen wie früher – wenn wir sie ließen.

»Empfehlungen zur Regulierung von Bildschirmzeiten im Kindes- und Jugendalter«

Heute sollen längst nicht nur Schulkinder an Rechnern und Displays sitzen. Digital-Experten fordern den frühestmöglichen Einsatz ihrer Produkte in Kita und Kindergarten. Kinderärzte sehen das anders. Sie haben, anders als IT-Anbieter oder Medienpädagogen, keine kommerziellen Interessen. Sie beobachten die Folgen zu früher Mediennutzung. Vor allem aber erleben sie die dysfunktionale (gestörte) Mediennutzung der Eltern – und in Folge auch der Kinder (siehe BLIKK-Studie und Spitzer 2015, S. 207 f., S. 263 f.). Im Konsensus-Papier »Empfehlungen zur Regulierung von Bildschirmzeiten im Kindes- und Jugendalter« sprechen sie acht Empfehlungen aus, die Eltern als Anhaltspunkt dienen können und die hier in der Kurzfassung zitiert werden:

1) »Kinder unter zwei Jahren sollten keine Zeit vor Bildschirmen verbringen, auch nicht mitschauen oder zuhören.
2) Die Zeit vor Bildschirmen sollte für Kleinkinder über zwei Jahren bis ins Vorschulalter höchstens 30 min/Tag betragen. Für ältere Kinder kann diese Zeitspanne schrittweise erhöht werden. Im Jugendalter sollte die Bildschirmzeit zwei h/Tag nicht überschreiten.
3) Kinderzimmer sollten ›bildschirmfrei‹ bleiben, insbesondere Smartphones sollten sich nachts nicht eingeschaltet im Kinderzimmer befinden.

4) Kinder sollten nur altersgerechte Inhalte sehen bzw. Spiele spielen. Die Darstellung von Gewalt sollte ausnahmslos vermieden werden.
5) Lassen Sie Ihre Kinder vor dem Bildschirm nicht allein. Interessieren Sie sich für die Inhalte, mit denen Ihre Kinder sich beschäftigen.
6) Bildschirme sind weder als Babysitter noch als Sprachen- oder Sprechlehrer geeignet.
7) Die Zeit vor dem Schlafengehen, vor der Schule oder dem Kindergarten sowie die Essenszeiten sollten bildschirmfrei bleiben.
8) Lesen Sie Ihren Kindern oft vor und spielen Sie mit ihnen altersentsprechende Gesellschaftsspiele« (www.graz.at/cms/dokumente/10230042_360595/10b5e749/Bildschirme.pdf).

Wie schon in der BLIKK-Studie wird hier deutlich, dass vor allem die Eltern Nachhilfe für ihr Mediennutzungsverhalten benötigen. Wer selbst unreflektiert mit Bildschirmmedien umgeht, ständig auf das Smartphone schaut und noch im Bett fernsieht, überträgt dieses Fehlverhalten auf Kinder und Jugendliche. Die Empfehlungen machen aber auch deutlich, dass es – abgesehen von den ersten zwei Jahren – nicht um absolute Bildschirmmedienabstinenz geht, sondern um eine altersgerechte zeitliche und inhaltliche Begrenzung.

Medienratgeber für Eltern: Media Protect und »Echt dabei«

Diese Empfehlungen korrespondieren mit denen des Medienratgebers für Eltern (www.medienratgeber-fuer-eltern.de). Der Verein »Media Protect e.V. – Familien stärken im digitalen Zeitalter« liefert damit konkrete Ratschläge und Beispiele aus der Praxis. Das Folgeprojekt trägt den Namen »Echt dabei: Gesund groß werden im digitalen Zeitalter« (www.echt-dabei.de). In beide Projekte fließt die langjährige Erfahrung ein, dass viele Eltern aufgrund massiver Werbekampagnen der IT-Wirtschaft und der Unterhaltungsindustrie verunsichert sind. Sie fragen sich, ob und gegebenenfalls ab wann und wie lange ihre Kinder digitale Medien nutzen sollten. Schließlich suggeriert die Werbung mit Schlagworten wie »Fit für die digitale Zukunft«, dass Kinder und Jugendliche möglichst früh an die Nutzung der Netzdienste herangeführt werden müssen. Dem steht entgegen, dass eine zu frühe und zu intensive Nutzung von Bildschirmmedien nachgewiesenermaßen entwicklungspsychologisch und pädagogisch schädlich ist.

Die bei diesen Projekten zur Verfügung gestellten Informationen und Ratschläge beruhen teils auf Untersuchungen der Medienwirkungsforschung, wie sie das Kriminologische Forschungsinstitut Niedersachsen e.V. entwickelt hat (Computer- und Onlinesucht; http://kfn.de). Die Folgen einer gestörten Mediennutzung sind längst bekannt: Konzentrations-, Schlaf- und Verhaltensstörungen in Verbindung mit Schulversagen, gestörtes Sozialverhalten, Übergewicht. Das betraf bislang eher Jugendliche, die ihre fehlende soziale Einbindung mit übermäßigem TV- oder Spielekonsum kompensieren. Heute sollen immer jüngere Kinder gezielt an Bildschirme herangeführt werden. Daher sind nichtkommerzielle Projekte wie der »Medienratgeber« oder »Echt dabei« so wichtig, geben sie doch aus wissenschaftlicher Perspektive Empfehlungen für den sinnvollen Einsatz von Bildschirmmedien im Kinder- und Jugendalter.

Im Medienratgeber werden die Altersstufen etwas anders aufbereitet als bei den Kinderärzten. Die ersten drei Jahre werden als »Säuglings- und Kleinkindalter« zusammengefasst. Aber die Empfehlungen decken sich mit denen der Kinderärzte: möglichst keine Bildschirmmedien, keine Geräte in den Kinderzimmern, dafür direkte Ansprache, Spiele und Vorlesen. Ermutigend sind konkrete Hinweise aus der Praxis, wenn Eltern erzählen:

> »Wenn unser Kleiner (6 Monate) wach ist, ist bei uns bildschirmfreie Zeit. Kein PC, kein iPhone und über den Fernseher hängen wir ein Tuch. Guter Nebeneffekt: Die beiden großen (5 und 8 Jahre) gucken weniger als vorher, so nach dem Motto: Aus den Augen aus dem Sinn. Sie haben sich prima allein beschäftigen gelernt und sind nicht mehr an Dauer-Bespaßung durch den Bildschirm-Babysitter gewöhnt« (www.medienratgeber-fuer-eltern.de, 0 bis 3 Jahre).

Freilich kann man Kinder an die mediale Sedierung (Beruhigung) gewöhnen, aber das ist kein Bedürfnis von ihnen. Sie gewöhnen sich schnell wieder daran, sich anders zu beschäftigen. Auch die Hinweise für die anderen Altersgruppen (4 bis 6 Jahre: Kindergartenalter; 7 bis 9 Jahre: Die ersten Schuljahre; 10 bis 13 Jahre: Vom Kind zum Jugendlichen) zeigen, dass Bildschirmmedien oft das Problem sind, nicht die Lösung:

> »Als Jonas Probleme mit dem Lesenlernen hatte, haben alle empfohlen: Mehr Vorlesen, weniger Fernsehen, Spielkonsole und DVDs. Jonas darf jetzt nur noch am Wochenende an den Bildschirm. Der erwartete große Protest blieb aus. Gut, die ersten Wochen waren wirklich schwierig, es gab viel Langeweile und Gequengel, aber jetzt ist es durch die klare Regel viel entspannter. Und Jonas liest schon viel besser« (www.medienratgeber-fuer-eltern.de, 7 bis 9 Jahre).

Neben den jeweiligen Entwicklungsschritten werden auch die Folgen der Mediennutzung beschrieben. Vor allem die altersgerechten Empfehlungen dürften für Eltern eine Hilfe sein. Für die 10- bis 13-Jährigen heißt es z. B. ganz konkret:

- kein eigener Account bei Facebook oder anderen sozialen Netzwerken. Nach der neuen EU-Datenschutz-Grundverordnung (EU-DSGVO, Artikel 8, Absatz 1–3 f.) dürfen Jugendliche erst mit 16 Jahren einen eigenen Account bei Facebook, WhatsApp & Co. anmelden. Vorher brauchen sie die Genehmigung der Eltern, wobei selbst mit elterlicher Genehmigung das Alter »nicht unter dem vollendeten dreizehnten Lebensjahr liegen darf«;

- keine mobilen Endgeräte (vor allen kein Smartphone mit Internetzugang, sondern allenfalls ein Handy zum Telefonieren und Simsen). Auch hier gilt: Den Vertrag müssen die Eltern abschließen, weil Kinder nichts rechtsfähig sind;
- keine eigenen Bildschirmgeräte im Zimmer, sondern einen Familien-PC, der für alle zugänglich ist, auch wenn das zu (mehr) Diskussionen führt.

Diskussionen über die Nutzung sind ebenso nötig wie konkrete Zeitbeschränkungen und feste Regeln. Die gelten im Übrigen für alle: Eltern *und* Kinder. So sollten z.B. zu den Mahlzeiten alle mobilen Geräte vom Tisch verbannt sein. Auch den Eltern und den älteren Geschwistern tut es gut, auf Fernsehen und Surfen im Web kurz vor dem Schlafengehen zu verzichten. Dabei geht es nicht nur um das blaue, aktivierende Licht der Smartphones. Es geht vor allem darum, zur Ruhe zu kommen. Denn ständig eintreffende Nachrichten oder Tweets verhindern das »Herunterfahren« ebenso wie aufregende Filme oder Nachrichten. Schlafstörungen und verminderte Schulleistungen bei Kindern sind nachweisbare Folgen.

Schlaf gut: Die DAK-Studie zu Schlafstörungen

Nicht nur bei Kindern und Jugendlichen zeigt die lange und späte Nutzung von Bildschirmmedien Folgen. Nach der aktuellen DAK-Studie über zunehmende Schlafstörungen – 80 Prozent der Erwerbstätigen schlafen schlecht – benötigt mehr als jeder dritte Patient (38 Prozent) psychotherapeutische Hilfe (www.dak.de/dak/bundes-themen/muedes-deutschland-schlafstoerungen-steigen-deutlich-an-1885310.html). Jeder zweite erhält Medikamente. Ursachen der Schlafstörung sind mitunter Überlastung im Beruf, starker Termin- oder Leistungsdruck, Überstunden und ständige Erreichbarkeit. Große Unternehmen versenden inzwischen keine E-Mails nach Dienstschluss und halten ihre Mitarbeiter dazu an, ihre Diensthandys außerhalb der Geschäftszeiten auszuschalten. Ruhe vor digitalen Störern lässt sich mit festen Regeln und definierten Nutzungszeiten durchsetzen, nicht nur bei Internatskindern wie in Salem. Denn Erwachsene brauchen ebenso wie Kinder und Jugendliche ihre Nachtruhe. Eine weitere Ursache für Schlafstörungen bei Erwachsenen ist:

> »Zu viel abendliche TV- und Computer-Nutzung. (…) Nach der Studie der DAK-Gesundheit schauen 83 Prozent der Erwerbstätigen vor dem Einschlafen Filme und Serien, 68 Prozent erledigen abends private Angelegenheiten an Laptop oder Smartphone. Etwa jeder Achte kümmert sich noch um dienstliche Dinge wie E-Mails oder die Planung des nächsten Arbeitstages. ›Diese Ergebnisse zeigen eindrucksvoll, wie unsere Gesellschaft das Thema Schlaf in eine Nebenrolle drängt‹, so Schlafexperte Fietze. ›Der Körper braucht aber Zeit, um nach einem stressigen Tag abzuschalten und sich auf den Schlaf

einzustellen. Diese Zeit müssen wir ihm gönnen‹« (www.dak.de/dak/bundesthemen/muedes-deutschland-schlafstoerungen-steigen-deutlich-an-1885310.html).

Daraus ergeben sich weitere Verhaltensregeln: Es ist für Kinder wie Erwachsene wichtig, dem Tag eine feste Struktur zu geben, bei der sich Phasen der Mediennutzung mit Phasen der Medienabstinenz abwechseln, wie es selbst Bill Gates für seine Kinder festgelegt hat (vgl. Kap. 5.3). Wie diese Regeln im Detail aussehen, hängt von der jeweiligen Familiensituation ab. Der »Medienratgeber« und das Projekt »Echt dabei« geben konkrete Empfehlungen.

Über die Schweizer Grenze und wieder zurück

Ein Schweizer Projekt digitalfreundlicher Medienpädagogen zur Förderung von »Medienkompetenz« lässt erahnen, dass der Einfluss der (Digital-)Wirtschaft auf Bildungseinrichtungen bei den Eidgenossen nicht geringer ist als in Deutschland. Verantwortlich für die Seite »Jugend und Medien« zeichnet die »Nationale Plattform zur Förderung von Medienkompetenzen«, die dem Bundesamt für Sozialversicherungen zugeordnet ist. Viele Texte auf dieser Website muss man kritisch hinterfragen. Unter dem Stichwort »Fertigkeiten« steht beispielsweise, dass »Computerspiele gescheit machen« (www.jugendundmedien.ch). Da hilft es zu wissen, dass die Computerspielbranche mittlerweile annähernd so viel Umsatz macht (etwa 90 Milliarden Dollar pro Jahr) wie die kommerzielle Filmindustrie (knapp 100 Milliarden Dollar pro Jahr) und in Deutschland mehr Umsatz als die Bundesliga (Martin-Jung/Tanriverdi/Huber 2015). Entsprechend groß sind die Etats für Imagekampagnen und in Auftrag gegebene Studien. Erhellend ist vor allem ein genauer Blick auf die Fertigkeiten, die beim Spielen am Computer trainiert werden sollen: Reaktionsfähigkeit und das Wahrnehmungsvermögen am Bildschirm, also das Erkennen von (Bild-)Zeichen in virtuellen Umgebungen. Das ist nicht wirklich überraschend. Trainiert wird beim Spielen am Bildschirm, was man zum erfolgreichen Spielen am Bildschirm benötigt. Wer übt, wird mit der Zeit besser. Bei Computerspielen heißt das: spielt besser Computerspiele.

Immerhin blendet die Website die Gefährdungspotenziale nicht aus. Unter der Rubrik »Gefahren« ist aufgelistet, inwiefern die Internetnutzung für Jugendliche (und Lehrkräfte) zum Problem werden kann:

- *Gewalt und Happy Slapping:* körperverletzende Angriffe auf Mitschüler oder Unbekannte, die aufgezeichnet und im Netz verbreitet werden, um die Opfer ein zweites Mal zu erniedrigen;
- *Cybermobbing* (auch Internet-Mobbing, Cyber-Bullying oder Cyber-Stalking): verschiedene Formen der Diffamierung, Belästigung, Bedrängung und Nötigung ande-

rer Menschen, die durch die Verbreitung im Netz eine ungleich höhere Reichweite haben;

- *Pornografie:* kein neues Phänomen, aber durch das Netz werden Kinder und Jugendliche viel früher mit allen Formen sexueller Darstellungen konfrontiert. Zugleich werden Rollenklischees von Frauen und Männern und falsche Erwartungshaltungen zu sexueller Bereitschaft und Leistung vermittelt;
- *Sexting:* eine »private« Kommunikation über Sex im Netz, bei der bereits Jugendliche intime Fotos zur gegenseitigen Erregung austauschen. Später führen die Fotos oder Videos oft zu Erpressungen, indem weitere Bilder oder Handlungen vor der Kamera erzwungen werden.

Weitere Themen sind sexuelle Übergriffe im Internet, Internet- und Computerspielsucht, Datenmissbrauch und Extremismus. Zudem finden sich hier Ratgeber und Flyer für Familie und Schule zum Download, so z. B. die »Goldenen Regeln«:

- »Begleitung ist besser als Verbote. Kinder benötigen in digitalen Welten die Begleitung durch die Eltern. Reden Sie mit dem Kind über seine Erfahrungen mit digitalen Medien;
- Kinder brauchen medienkompetente Vorbilder. Bezugspersonen sind für Kinder und Jugendliche Vorbilder im Umgang mit Medien. Überprüfen Sie deshalb Ihre eigenen Mediengewohnheiten;
- 3-6-9-12-Faustregel. Kein Fernsehen unter 3 Jahren, keine eigene Spielkonsole vor 6, Internet nach 9 und Soziale Netzwerke nach 12 Jahren;
- Beachten Sie Altersfreigaben. Für Filme (jugendundmedien.ch), Computerspiele und Onlinegames (pegi.ch);
- Bildschirmzeiten gemeinsam festlegen. Bestimmen Sie gemeinsam mit Ihrem Kind, wie viel Zeit es pro Tag oder pro Woche vor Bildschirmen verbringen darf. Setzen Sie klare Grenzen und achten Sie darauf, dass die Abmachungen eingehalten werden;
- Balance zwischen medialer und non-medialer Freizeitgestaltung. Sorgen Sie für Freizeitaktivitäten auch ohne digitale Medien;
- TV, PC und Spielkonsole gehören nicht ins Kinderzimmer. Platzieren Sie die Geräte in einem Gemeinschaftsraum. Behalten Sie Smartphones und Tablets im Auge;
- Schauen Sie genau, mit wem Ihr Kind chattet. Onlinebekanntschaften sollten Kinder nur begleitet von Erwachsenen und an öffentlichen Orten treffen;
- Vorsicht mit privaten Daten im Netz. Sagen Sie Ihrem Kind, dass es keine persönlichen Daten wie Name, Adresse, Alter und Telefonnummer weitergeben darf, ausser wenn es vorher mit Ihnen darüber gesprochen hat;
- Offene Gespräche sind besser als Filtersoftware. Sprechen Sie mit Ihrem Kind altersgerecht über Sexualität und Gewalt. Eine Filtersoftware ist sinnvoll, garantiert aber keinen vollständigen Schutz« (www.jugendundmedien.ch/fileadmin/user_upload/Brosch%C3%BCren_Flyer/Flyer_Tipps_2015/Flyer_Goldene_Regeln_Medien.pdf).

Alle der hier vorgestellten Initiativen und Projekte richten sich in erster Linie an Eltern, Erzieher und Lehrkräfte, auch an Kinderärzte, die von immer mehr Eltern um Rat gefragt werden. Denn viele Erwachsene sind selbst überfordert mit den digitalen Angeboten. Das macht sie in Bezug auf die Mediennutzung zu schlechten Vorbildern für ihre Kinder. Der erste Schritt ist somit, das eigene Mediennutzungsverhalten zu analysieren und gegebenenfalls so zu ändern, dass Kinder auch in einem medialisierten Umfeld gesund aufwachsen. Der zweite Schritt ist, die Ratschläge der Initiativen mit anderen Eltern, Lehrkräften und Kinderärzten zu diskutieren. Denn das sind die Personen, die sich um das Kindeswohl kümmern.

Elternschulung als Aufgabe für Medienpädagogen

Durch die Digitalisierung bekommen Medienpädagogen eine neue Aufgabe. Statt bereits Kleinkinder an digitale Medien und Geräte heranzuführen (in der Annahme, so entstünde »Medienkompetenz«), sollten sie im Verbund mit Kinderärzten und Entwicklungspsychologen Konzepte zur Schulung von Eltern entwickeln, wie man Kinder in einer medialisierten und digitalisierten Welt gesund großzieht.

Ziel der Prävention ist nicht, den Medienkonsum für Erwachsene zu verbieten, sondern Kinder davor zu schützen und mit Jugendlichen über die möglichen Folgen zu diskutieren (von Konzentrationsstörungen bis zu Abhängigkeit). Damit schließt sich der Kreis zum Begriff der Medienmündigkeit (Bleckmann 2012), der ja voraussetzt, die Folgen der Mediennutzung zu reflektieren und selbstbestimmt über den Umgang mit digitalen Medien zu entscheiden.

On- und Offline: Arbeitsplanung mit und ohne Netz

Wer die Faustregel »3-6-9-12« zu »4-8-12-16« modifiziert und die täglichen Nutzungszeiten für Bildschirmmedien auch mit Kindern über zehn Jahren und Jugendlichen verbindlich auf unter zwei Stunden am Tag begrenzt, hat schon viel erreicht. Wichtig sind aber auch Hinweise, wie sich die Arbeit mit PC oder Laptop und Netzdiensten sinnvoll gestalten lässt. Als vorteilhaft erweist sich beispielsweise die konsequente Trennung von Arbeits- und Netzrechner. Als Arbeitsrechner dient dabei ein normaler Desktop-PC, der ohne Internetzugang (offline) und nur mit Bürosoftware und Grafikprogrammen ausgestattet ist. Damit können z. B. ältere Schüler Referate oder Hausarbeiten schreiben, Grafiken gestalten und ausdrucken. Recherchieren oder im Netz surfen (oder spielen) können sie hingegen am anderen Rechner mit Internetzugang. Für die Online-Recherche werden zuvor Suchwörter und fehlende Infos notiert, die heruntergeladenen Daten mithilfe von virenfreien mobilen Datenträgern (USB-Stick, externe Festplatte) ausgetauscht. So trennt man die Online-Recherche und das dabei übliche Abschweifen im Netz vom konzentrierten und unterbrechungsfreien Arbeiten und Formulieren am »PC als Schreibmaschine«. Diese systematische Trennung von Recherche und Ausarbeitung (samt der dazugehörigen Selbstdisziplin) hilft nicht nur bei Schularbeiten, sondern auch im Beruf. Denn das Zerstreuungs- und Suchtpotenzial der Onlineangebote mit ihren unzähligen Verweisen und Angeboten kennt jeder, der sich im Netz bewegt.

New Deal for the Kids: Offline-Informatik

Dabei geht es auch ganz ohne Netz und Rechner. Tim Bell von der University of Canterbury hat zur Vermittlung von IT-Grundkenntnissen mit Kollegen das Projekt »Computer Sciences Unplugged« entwickelt (http://csunplugged.org). Es führt in die Grundlagen der Informatik und der Computerlogik ein. Das Projekt richtet sich an Schülerinnen und Schüler ab zehn Jahren sowie an IT-Einsteiger. Vermittelt werden Prinzipien und Grundlagen der Informationstechnik, wie Algorithmen, Verschlüsselung oder künstliche Intelligenz. Die Absicht dahinter ist, durch ein eher spielerisches Heranführen ein Verständnis für die Funktionsweise und Logik der Informationstechnik zu vermitteln. Auf der Website »Einstieg Informatik« heißt es dazu:

> »Den Einstieg in die Informatik ohne Computer? Hört sich komisch an, ist aber so! Denn für die Informatik ist es erstmal viel wichtiger, sich das richtige Denk-Werkzeug anzueignen, um dann auch programmieren zu können. Mit ›CS Unplugged‹ lernt ihr spielerisch wichtige Grundlagen, Fragestellungen und Methoden der Informatik, ganz ohne Rechner und Software« (www.einstieg-informatik.de/index.php?article_id=1067).

Denkwerkzeug vor Hard- und Software: Das ist ein begrüßenswerter Ansatz, der den Schülerinnen und Schülern mehr vermittelt als die »Lernkonzepte« der IT-Lobbyisten. Denn ein Grundverständnis für Rechner und IT-Systeme zu entwickeln, ist hilfreich in einer digitalisierten Welt, auch wenn gewiss nicht alle Kinder programmieren lernen werden oder gar lernen müssen.

Wer später das Programmieren lernen möchte, braucht neben einem Grundverständnis für logische Strukturen und dem systematischen Aufbau von Sprachen ein ausreichendes Abstraktions- und Reflexionsvermögen, um Aufgabenstellungen in Teilschritte und Programmfunktionen bzw. Programmabläufe zu übersetzen. Diese intellektuelle Leistung entspricht dem Entwicklungsstand von Kindern (nach Piaget) ab etwa elf oder zwölf Jahren (Klasse 6 oder 7). In diesem Alter können Schülerinnen und Schüler sinnvoll mit Rechnern und Programmen arbeiten, wenn man darunter nicht die Gerätebedienung und das Beherrschen von Anwendungssoftware versteht. Um Rechner sinnvoll und selbstbestimmt als Werkzeug einzusetzen, bedarf es nun mal intellektueller Reife.

9.5 Recherche vor der Recherche

Das führt zur zweiten, zentralen Frage: Was soll denn mit Tablets oder Smartphones im Unterricht genau gemacht und gelernt werden? Tippen und Wischen können schließlich schon kleine Kinder. Um Videos zu schauen oder Apps zu installieren, müssen sie nicht in die Schule gehen. Für was also sollen Tablets und Smartphones in der Schule gut sein? Für die Recherche? Für das Quellenstudium und den Quellenvergleich? Wie soll das Recherchieren aussehen: Google, YouTube, Wikipedia?

Eine wissenschaftlich valide Recherche sieht anders aus. Wissenschaftlich valide bedeutet, dass nur geprüfte und zuverlässige, belastbare und beständige Quellen benutzt werden. Gerade für Schulen ist es wichtig, nur mit zuverlässigem und geprüftem Lehrmaterial zu arbeiten. Kinder und Jugendliche müssen sich auf das verlassen können, was sie lernen. Um Quellen hinterfragen zu können, braucht man Wissen und (Lebens-)Erfahrung. Bei Kindern und Jugendlichen kann man beides nur bedingt voraussetzen. Gerade bei Kindern dürfte der notwendige Anspruch an eine valide Recherche ihren Entwicklungsstand überfordern.

Die Problematik, nach sinnvollen Unterrichtsmaterialien im Netz zu recherchieren, betrifft auch Lehrerinnen und Lehrer. Zwar gilt bis heute, dass z. B. nur von den Kultusministerien bzw. Schulbehörden geprüfte und freigegebene Lehrmittel an öffentlichen Schulen eingesetzt werden sollen. Doch dank intensivem Schul-Lobbying durch Banken, Wirtschaftsverbände oder Versicherungen drängen zunehmend ungeprüfte Lehrmittel in die Schulen. Was Unternehmen und Interessenvertreter – meist sehr gut aufbereitet – im Netz für Schulen anbieten, enthält allerdings längst nicht nur sachlich neutrale Inhalte. So beeinflussen immer mehr private oder wirtschaftliche Interessen die Lehrinhalte. Ob Kinder mit solchem Lernmaterial zu kritischen, selbstbestimmten Bürgerinnen und Bürgern werden?

Lehrmittel müssen staatlich geprüft sein

Die Unterfinanzierung öffentlicher Schulen macht sie anfällig für Sponsoring durch Wirtschaftsunternehmen und die Übernahme kostenloser Lehrmittel nach dem »Open-Education-Resources«-Konzept. Das öffnet der Einflussnahme durch Sponsoren und Lobbyisten Tür und Tor. Daher dürfen nur staatlich geprüfte Lehrmittel auf den Bildungsservern der Länder bzw. Kommunen und in Schulen bereitgestellt und eingesetzt werden.

Google und Wikipedia

Hinzu kommt: Eine Recherche, die auf Google-Suchergebnissen basiert, ist irrelevant. Niemand weiß, nach welchen Kriterien Google die Trefferlisten selektiert. Was die Such- oder besser: Sortiermaschine anzeigt, liegt im Ermessen des amerikanischen Internetmultis Alphabet (Google ist durch eine Umbenennung und Umstrukturierung ein Teil von Alphabet). Wie weit das geht, lässt sich leicht testen: Da Google bei der Selektion der Ergebnisse auch die bisherige Suchhistorie berücksichtigt, enthält die Trefferliste auf verschiedenen Rechnern selbst bei gleichen Suchbegriffen unterschiedliche Ergebnisse. Für die fachliche Recherche von Schülerinnen und Schülern sind das Stolpersteine oder Stolperfallen. Nur wenn Suchmaschinen und Suchstrategien im Netz auf dem Lehrplan stehen, ist das ein spannendes Experiment zum Einstieg.

Auch Wikipedia ist eine fragwürdige Recherchequelle. Niemand weiß, wer die Artikel geschrieben und wer für sie bezahlt hat. Niemand weiß, wer sie in wessen Auftrag ändert oder – ganz trivial – seit wann und wie lange die angezeigte Version des Artikels schon auf der Website steht. Bekannt ist, dass sogenannte Trolle sich einen Spaß daraus machen, Unsinniges in Wikipedia zu publizieren. Gewinner im Trolle-Ranking ist, wessen Unsinn am längsten unentdeckt bleibt. Bekannt sind weiterhin regelrechte »Edit Wars« bei politischen oder religiösen Themen.

Valide Quellen müssen über längere Zeiträume nachprüfbar sein. Wikipedia ist allenfalls der Start für eine Recherche mit zum Teil brauchbaren Links. Eine zitierfähige Quelle ist die Plattform nur sehr eingeschränkt. Wer das alles berücksichtigt, fragt sich zu Recht, wie Zehn- oder 14-Jährige ihre Quellen aus dem Netz validieren können. Und Kinder in der Grundschule? Quellenkunde ist Teil der Medienkunde bzw. des wissenschaftlichen Arbeitens. Das ist aus gutem Grund erst in der Sekundarstufe II regulärer Unterrichtsstoff.

Bots und Influencer

Falls Sie noch glauben, die Inhalte in Social-Media-Kanälen wären Informationen der Nutzer, sollten Sie in Medienstudiengängen nach Veranstaltungen zum »Social Media Marketing« suchen. Ob Facebook, Instagram, WhatsApp oder Twitter: Ein Großteil der Posts (übers Netz geschickte Nachrichten), Tweets (Kurznachrichten auf Twitter) und Re-Tweets (Antworten auf Tweets) ist nichts anderes als Marketing und bezahlte Werbung. Mittlerweile lässt sich nicht mehr unterscheiden, welche Posts noch von Menschen sind und welche Meldungen Bots automatisch generieren. Aktuell liegen die kleinen, selbstlaufenden Programme vorn: Mehr als 50 Prozent der Reaktionen im Netz stammen von Bots (Priebe 2017).

Hinzu kommen die »Influencer«. Was im Filmgeschäft »Product Placement« heißt (die Firmen bezahlen dafür, dass ihre Produkte in Filmen zu sehen sind), sind im Web die »Beeinflusser«. Sie werden dafür bezahlt, von den Herstellern zur Verfügung gestellte Produkte auf Social-Media-Kanälen zu bewerben. Je höher die Klickzahlen, desto höher die Einnahmen. Anders als bei Printmedien und kommerziellen Anbietern sind diese »privaten« Anzeigen und Werbefilmchen nicht gekennzeichnet. Die Zielgruppe sind vor allem pubertierende Jugendliche, die auf der Suche nach sich selbst sind und Vorbildern nacheifern. Auch beim Konsum. Das Netz ist nun mal eine große Konsum- und Werbemaschinerie, die Werbung möglichst geschickt kaschiert.

Bei den Influencern im »sozialen Web« handelt es sich meist um Jugendliche oder junge Erwachsene. Sie bessern damit ihr Taschengeld auf oder füllen ihre (Kleider-) Schränke.

Vielfalt statt Einfalt

Wer Schülerinnen und Schüler »zum Recherchieren« ins Netz schickt (in Baden-Württemberg laut Bildungsplan ab der 2. Klasse), muss sehr viel Zeit investieren. Er muss mit ihnen sinnvolle Suchstrategien entwickeln. Am Ende finden Kinder und Jugendliche im Netz bestenfalls Material, das didaktisch aufbereitet und von Schulbuchverlagen geprüft bereits angeboten wird. Denn die Lehrinhalte (= das zu Recherchierende) stehen bereits im Bildungsplan, nicht im Netz.

Statt solche Netzrecherchen zu forcieren, sollten Eltern und Lehrkräfte dezentrale, föderalistisch organisierte Bildungsserver fordern, mit validiertem Material und verschlüsseltem Zugriff über das Schul- oder Bildungsnetz des jeweiligen Landes. Dafür können IT-Unternehmen Geräte, Server und Netzkapazitäten sponsern. Hierfür ist Hard- und Software zu entwickeln und eine eigene dezentrale Infrastruktur aufzubauen. Denn aus demokratischer und pädagogischer Sicht haben Bildungseinrichtungen ein anderes Ziel, als mit der Digitalisierung alles zu zentralisieren und zu standardisieren. Ihre Aufgabe ist vielmehr, vor Ort den Bedarf zu bestimmen und das am besten Geeignete auszuwählen. Alles, was vor Ort entschieden werden kann, sollte vor Ort entschieden werden. Das ist die Idee des Föderalismus. Sozialeinrichtungen funktionieren ohnehin nur lokal, indem Menschen direkt miteinander interagieren. Die zwei wichtigsten Begriffe der zu entwickelnden IT-Strukturen (nicht nur) für Bildungseinrichtungen lauten daher:

- *Datensparsamkeit:* Nur die definitiv benötigten personenbezogenen Daten werden so lange gespeichert, wie es für die technische Abwicklung des jeweiligen Vorgangs nötig ist; danach werden sie gelöscht.
- *Dezentralisierung* in geschlossene und verschlüsselte Teilnetze: Je zentralisierter Strukturen sind, desto anfälliger werden sie für Datenhacks und Cyberangriffe.

Die derzeit favorisierte digitale Monokultur mit einheitlichen Strukturen der Hard- und Software sorgt zwar bei den Anbietern für hohe Umsätze, ist organisatorisch und sicherheitstechnisch jedoch eine Katastrophe. Statt technischen Monokulturen sind für soziale Einrichtungen variable Strukturen zu entwickeln. Das Motto – nicht nur für Technik – heißt: Vielfalt statt Einfalt. Das führt zwar nach Aussage von Google-Chef Eric Schmidt zu einer »Balkanisierung des Web«, weil nicht mehr ein amerikanisches Unternehmen (konkret: Google bzw. Alphabet) auf alle Daten Zugriff hat. Aber solche Äußerungen sind aus juristischer und datenschutzrechtlicher Sicht eher als Ansporn zu verstehen.

Dezentral und offline

»Dezentral« und »offline« sind zwei Konzepte, die man in Schulen diskutieren sollte. Ziel ist der Aufbau eines zweigleisigen Systems: Online-Rechner für den Zugriff auf das (erst aufzubauende) Bildungs- und Schulnetzwerk, Offline-Rechner für den IT-Unterricht und die lokale Medienproduktion mit Schülern. Für manch einen mag das absurd klingen. Aber genauso praktiziert es z. B. das Apple Design Laboratory. Dort arbeiten hervorragende Designer mit einer optimalen technischen Infrastruktur. Aber kein Gerät hängt physisch im Netz. Nur so konnte Steve Jobs, nur so kann heute Tim Cook entscheiden, wann Apple mit seinen neuesten Produkten und Ideen an die Öffentlichkeit geht. Diese Strategie sollten Schulen übernehmen. Sie sollten selbstbestimmt entscheiden, wann was ins Netz gestellt und damit öffentlich wird.

Wie in Kapitel 6.4.5 beschrieben, sind Arbeits- und Onlinerechner physisch unterschiedliche Geräte. Ein Tablet oder Laptop dient für die Netzrecherche und die Online-Kommunikation, an den Offline-PCs wird geschrieben, gerechnet oder produziert. Keiner der Arbeitsrechner hat eine physische Verbindung (Netzwerkkarte und Kabel oder WLAN-Chip) ins Netz. Nur so bleiben Schülerdaten in der Schule.

Wer selbstbestimmt mit Software arbeiten will, macht sich zugleich vom aufgezwungenen Software-Leasing, Cloud Computing und Update-Zirkus unabhängig und baut eine lokale Offline-Arbeitsumgebung mit Open-Source-Software auf. Es gibt mittlerweile für jede Aufgabenstellung kostenlose Open-Source-Software. Schließlich ist es nicht Aufgabe der Schulen, die Bedienung von Software bestimmter Firmen wie Adobe oder Microsoft zu vermitteln. Auf dem Lehrplan steht vielmehr: Grundlagen vermitteln von Textverarbeitung, Grafik oder Bildbearbeitung, Desktop Publishing (DTP) oder Webdesign. Dafür eignet sich die freie Software ebenso gut wie das geleaste Produkt eines amerikanischen IT-Multis. Das Ziel sollte jedenfalls Verständnis für digitale Infrastrukturen, Rechner und Netzdienste sein, der Fokus auf IT-Wissen liegen, nicht auf Gerätebedienung und Software-Schulung.

Denkbar sind der Aufbau geschlossener Netzwerke an einzelnen Schulen und der verschlüsselte Austausch von Daten zwischen Partnerschulen. So können Schülerinnen und Schüler in der Mittelstufe ihr Verständnis für Netzwerke und Netzdienste in der Praxis ausprobieren, ohne ihre Daten im öffentlichen Netz preiszugeben. In solchen Netzwerken lassen sich auch gemeinsame Medienprojekte realisieren, sofern der Datenaustausch und die Zugriffsrechte auf die Daten klar geregelt sind.

Ein interessantes Medienprojekt wäre beispielsweise, eigene Server aufzusetzen, gegenseitig Metadaten auszulesen (was wird alles übertragen) und zu manipulieren oder die Server der anderen Klasse(n) versuchsweise und wechselseitig zu hacken. IT wird für viele (nicht notwendig alle) Schülerinnen und Schüler spannend, wenn sie den Konsummodus verlassen und sich stattdessen mit den dahinter stehenden Strukturen und Techniken beschäftigen. Es müssen dabei nicht (!) alle programmieren lernen. Doch alle erhalten eine Vorstellung davon, was »hinter der Scheibe« in den Geräten und mit den Apps passiert. Das ist für alle Nutzer hilfreich.

Summa summarum und Quintessenz

Datensparsamkeit, dezentrale Netzwerke, echter IT-Unterricht (siehe Kapitel 6.4.6) ab Klasse 6 oder 7 sowie Projekte und Offline-Medienproduktionen für Interessierte in den höheren Klassen mit Open-Source-Software: Das sind konkrete Anregungen für die Praxis. Dahinter steht der Grundgedanke, dass wir Informationstechnik als Werkzeug einsetzen sollten, dass wir uns und unsere Kinder technisch ermächtigen müssen, um in einer zunehmend digital gesteuerten und fremdbestimmten, kontrollierten Welt zu bestehen und selbstbestimmt zu handeln.

Agieren können statt nur Reagieren oder Konsumieren – das wäre eine sinnvolle Devise für den Umgang mit IT und Netzwerkdiensten. Statt der »Heilslehre der Digitalisierung« zu folgen, sich aus Bequemlichkeit selbst zu entmündigen und den Interessen der Quasi-Monopolisten aus dem Valley zu folgen, sollte jeder Einzelne sich die Prinzipien der Aufklärung zu eigen machen. Aufklärung bedeutet, sich seines eigenen Verstandes zu bedienen, um durch rationales Denken und Vernunft ein selbstbestimmtes Leben zu führen. Dazu gehört – mittlerweile wieder als Privileg –, keine digitalen Dienste nutzen zu müssen, weder erreichbar zu sein noch sich mit seinen Daten im Netz zu prostituieren. Das Recht auf Privatheit ist ein zentrales Gut freier und demokratischer Gesellschaften. Diese Möglichkeit zur Privatheit für diejenigen zu gewährleisten, die sie einfordern, ist gerade in digitalgesteuerten Gesellschaften erste Bürgerpflicht.

9.6 Forderungen

Der Europäische Gerichtshof hat im Oktober 2015 den Beschluss zum Datenaustausch mit den USA für ungültig erklärt (Stichwort »safe harbour«). Das neue Abkommen heißt seit Februar 2016 »EU-US-Privacy Shield«. Zusicherungen der US-Regierung über den Schutz der Daten ausländischer Bürger waren schon unter Barack Obama allenfalls eine Absichtserklärung. Präsident Trump hat im Mai 2017 sogar den Datenschutz für US-Bürger und ihre Telekommunikationsdaten ausgesetzt, indem er Gesetze zum Schutz der Privatsphäre von US-Bürgern aufhob. Damit können jetzt auch die Telekommunikationsanbieter, wie bislang die IT-Größen aus dem Valley, die Daten ihrer Kunden ohne deren Wissen und Genehmigung sammeln, verkaufen und manipulieren (Morozov 2015, S. 9). Datenschutz geht anders.

Nicht zuletzt deshalb schließt das Buch mit einigen konkreten Forderungen, die eine Diskussionsgrundlage für Eltern, Elternvertreter, Lehrkräfte und ihre Verbände sein können. Denn es ist an der Zeit, sich all denen in den Weg zu stellen, die aus den bundesdeutschen Bildungseinrichtungen digital gesteuerte Zurichte- und Entmündigungsanstalten formen wollen.

Schulen vom Netz

Nach den Enthüllungen von Edward Snowden gilt für datenschutzsensible Menschen eine neue Zeitrechnung. 2017 ist das Jahr 4, 2018 das Jahr 5 nach Snowden. Das heißt für Schulen in Deutschland: Datensicherheit gibt es nicht. Solange die Daten Schutzbefohlener (das sind Schülerinnen und Schüler juristisch) nicht nachweislich vor dem Sammeln, Manipulieren und Verkauf durch US- oder andere Firmen geschützt werden können, müssen Schulen vom Netz, bis die rechtlichen Fragen nach Datenschutz und Datenintegrität von Schülerdaten geklärt sind.

Aber auch nach der datenschutzrechtlichen Klärung darf nicht gelten: Freie Fahrt für Digitalbefürworter. Nach wie vor müssen ausschließlich pädagogische Prämissen über die Medienwahl für konkrete Unterrichtseinheiten entscheiden. Niemand darf zwangsverpflichtet werden, digitale Medien und Techniken zu nutzen, weder Lehrkräfte noch Schülerinnen und Schüler.

Schulen vom Netz bedeutet außerdem, dass zuerst eine technische Infrastruktur aufgebaut werden muss, die es erlaubt, in dezentralen Einheiten verschlüsselt und kontrolliert Daten zwischen einem lokalen Bildungsserver und den beteiligten Schulen auszutauschen. Zugriff haben ausschließlich Lehrkräfte und Schüler der beteiligten Schulen. Daten von Schutzbefohlenen sind nach deutschem Verständnis keine Handelsware.

Auf der technischen Ebene sind für Bildungseinrichtungen weitere Punkte zu beachten:

- Die Daten liegen ausschließlich auf deutschen Servern. Die beteiligten Schulen und zertifizierte Provider nutzen für den Datenaustausch ausschließlich verschlüsselte Eins-zu-Eins-Verbindungen über VPN (Virtual Private Network) oder andere Verschlüsselungsprotokolle.
- Kabel statt WLAN: Über Gesundheitsschäden durch Funkstrahlen und Elektrosmog wird ebenso intensiv und kontrovers diskutiert wie vordem über Gesundheitsschäden durch Tabak und Rauchen (www.diagnose-funk.org). Verbraucherschutz und Prävention sollten hier im Vordergrund stehen und in Schulen deshalb nur kabelgebundene Netzwerke installiert werden. Wer behauptet, sinnvolles Arbeiten wäre nur mit WLAN in der ganzen Schule möglich, hat etwas anderes im Sinn als Bildung. Mit kabelgebundenen Netzwerken lässt sich der Netzempfang auf die Räume einschränken, in denen das Netz – pädagogisch sinnvoll – für Schulzwecke (z. B. Recherche oder IT-Kurse) genutzt werden soll. Mithilfe von definierten Zeitfenstern ist so auch die freie Nutzung des Internet für die berechtigten Schülerinnen und Schüler möglich.
- Schülerdaten dürfen weder getrackt (gespeichert) noch mit Methoden des Big Data Mining/Analyzing bzw. mit Learning Analytics ausgewertet werden. Es dürfen weder Lernprofile noch Persönlichkeitsprofile (psychometrische Vermessung mit Daten über Aufmerksamkeits- und Konzentrationsspannen, Stressresistenz, Fehler und Fehlerwiederholung etc.) von Minderjährigen erstellt und gespeichert werden. Bei Volljährigen muss das Einverständnis der jungen Erwachsenen vorher erfragt

werden. Sie müssen ihr Einverständnis jederzeit revidieren können. Damit entfällt zwar das Geschäftsmodell der E-Learning-Anbieter. Doch das pädagogische Primat steht vor den Geschäftsinteressen einer boomenden Branche.

- Es ist nicht Aufgabe der Schule, permanente Lernleistungskontrollen durch E-Learning-Software zu ermöglichen und die dabei entstehenden Daten an Unternehmen oder auch »nur« an ein Ministerium zu schicken und auszuwerten. Wenn Rückmeldungen einer Software im Lernprozess vorgesehen sind, dürfen diese nur lokal und nur während der aktuellen Sitzung gespeichert werden. Beim Ausschalten der Rechner sind alle personalisierten Lernleistungsdaten zu löschen. Zwar verhindert das eine personalisierte und dauerhafte Lernleistungsvermessung. Doch das ist mit Blick auf den Persönlichkeitsschutz beabsichtigt.
- Keine eigenen Geräte (BYOD): Wenn es die Lehrkräfte für notwendig erachten, digitale Geräte einzusetzen, muss die Schule diese zur Verfügung stellen und entsprechend der Anforderungen im Unterricht konfigurieren. Die Unterrichtsinhalte bestimmen über die Konfiguration der Rechner (installierte Software und Dienste) und die im Netz zugänglichen Adressen (»white list«: weiße Liste der aufrufbaren Netzadressen). Nur so kann gewährleistet werden, dass alle Schülerinnen und Schüler die gleichen Geräte und Anwendungen nutzen und auf technischer Ebene Chancengleichheit besteht. Zugleich lassen sich bestimmte Bereiche des Webs durch sogenannte »black lists« (schwarze Listen) sperren.
- Schülerinnen und Schüler dürfen nicht von der Teilnahme am Unterricht ausgeschlossen werden, weil ihre Eltern nicht willens oder finanziell nicht in der Lage sind, Geräte der Unterhaltungselektronik (Smartphones, Tablets) zu bezahlen. Gleiches gilt, wenn Eltern entscheiden, dass ihre Kinder noch keine IT-Geräte nutzen sollen.
- Lehrkräfte dürfen rein rechtlich (aufgrund der zugesicherten Methodenfreiheit im Unterricht) nicht zum Einsatz digitaler Medientechnik im Unterricht gezwungen werden. Der Medieneinsatz und die Wahl der Medien obliegen stets der einzelnen Lehrkraft. Weder Schulleitung noch Kultusministerium oder ein Berliner Ministerium kann dieses Grundrecht ohne Grundgesetzänderung außer Kraft setzen.

Kita und Grundschule bleiben für Kinder IT-frei

Kindertagesstätten, Kindergärten und Grundschulen bleiben in der pädagogischen Arbeit generell IT-frei. Für die pädagogischen Aufgaben brauchen Erzieher(innen) und Lehrkräfte weder Rechner noch Software. Sie vermitteln stattdessen die elementaren, manuellen Kulturtechniken mit analogen Lehrmedien (lesen, schreiben, rechnen, malen, musizieren). Das entspricht dem Lernalter, dem Entwicklungsstand und den Bedürfnissen der Kinder (vgl. Piaget, Kap. 2.1). Ziel der Alphabetisierung im Grundschulunterricht ist der Aufbau eines stetig größer werdenden Wortschatzes. Dies gelingt mit Schreibübungen, mit korrekter Orthografie und per Hand- und Schreibschrift. Neben dem Schreiben müssen das logische Denken (Rechnen, Musik, Sachkunde) und das handwerkliche, manuell-kreative Arbeiten (Basteln, Malen, Werken) gefördert werden.

Das Beherrschen der elementaren Kulturtechniken Lesen (auch von Formeln, Noten und Gleichungen), Schreiben und Rechnen entscheidet über Bildungsbiografien. Kinder sollten daher von Anfang an die korrekte Orthografie lernen und regelmäßig das Schreiben mit der Hand üben. Nur so werden sie mit Schrift und Sprache vertraut, den Voraussetzungen zum Lesen lernen. Nur so werden sie sicher im Lesen.

Zu vermitteln ist neben der Druckbuchstabenschrift auch die Schreibschrift. Beim Schreiben von Druckbuchstaben wird jeder Buchstabe einzeln gezeichnet. Der Bewegungsablauf beim Schreiben der Schreibschrift ist dagegen fließend. Sprache und Gedanken fließen, heißt es. Deshalb liegt der Schluss nahe: Nur, wer flüssig schreiben lernt, wird auch flüssig denken lernen (Schulze Brüning/Clauss 2017).

Ästhetische Fächer stärken

Die Dominanz der MINT- oder WiMINT-Fächer[31] reduziert die Entwicklung junger Menschen auf vermeintlich berufsbezogene Kompetenzen. Gleichzeitig verkümmert die ästhetische Erziehung. Dabei ist die Persönlichkeit eines Menschen beides: rational *und* ästhetisch. Beide Seiten müssen gleichberechtigt geschult und praktisch geübt werden (Lankau 2014, S. 207 f.).

Wer die permanenten Forderungen nach Bildungsreformen verfolgt, erkennt wiederkehrende Muster. Die entscheidende Forderung ist die wirtschaftskonforme Verkürzung des Unterrichts auf Technikfächer und die direkte Verwertbarkeit der Inhalte. Der dafür benutzte Begriff »employability« bedeutet übersetzt: Beschäftigungsfähigkeit. Von Qualifikation, konkreten Fertigkeiten oder gar Wissen ist nicht die Rede. Gestrichen werden dafür die musisch-ästhetischen Fächer: Kunst- und Musikunterricht sowie Sport, aber auch die handwerklichen Fächer mit Hand- wie Hausarbeiten, Kochen und Werken. Insbesondere die aisthetischen (sinnlichen) und ästhetischen Anreize und Eindrücke fehlen, obwohl Kognitionswissenschaftler, Psychologen und Pädagogen die Bedeutung des Aisthetischen, der Sinnlichkeit und Körpererfahrung beim Basteln, Musizieren, Schreiben und Tanzen als eine der Grundlagen des Lernens beschreiben.

Notwendig ist daher, die gestalterischen und handwerklichen Fächer gleichberechtigt neben allen anderen (wieder) in der Schule zu verankern. Das Akronym dafür lautet 2MBS statt MINT: Mathematik und Musik, Bewegung und Sprachen (siehe Lankau 2014, S. 209 f.). Das ist übrigens seit der griechischen Antike und dem ersten systematisierten Unterricht bekannt. Die vier zentralen Unterrichtsfächer sind bereits bei Aristoteles:

---

31 »WiMINT« steht für Wirtschaft, Mathematik, Informatik, Naturwissenschaften und Technik.

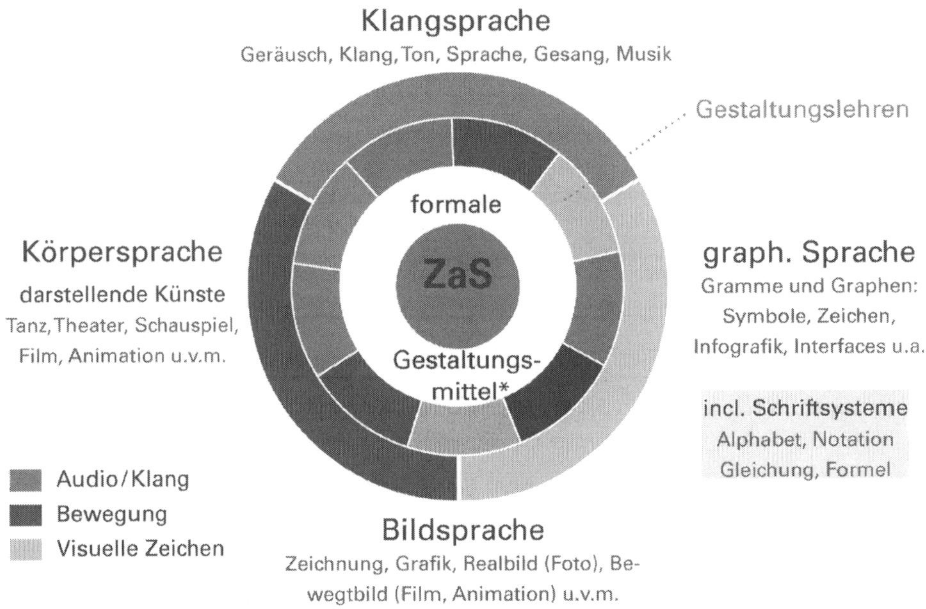

Abb. 7: Zeichensystem als Sprachen

- Lesen und Schreiben (Verbalsprache in Wort und Schrift)
- Mathematik und Zeichnen (abstrahierendes und konkretes Denken)
- Bewegung (Gymnastik, Sport, auch Wettkampf, Tanz)
- Musik (mit Schwerpunkt auf der Harmonielehre)

Das gesprochene Wort korrespondiert mit dem geschriebenen. Die konkreten (gegenstandsfreien) Zeichensysteme der Mathematik korrespondieren mit den abbildenden, darstellenden Formen des Zeichnens. Die Musik mit Notationen und Partituren öffnet den Weg zu anderen formalisierten Zeichensystemen, etwa der Naturwissenschaften (Gleichungen, Formeln). Der aktive Körper mit seinen Sinnesorganen ist ein aisthetischer Resonanzkörper im Raum und in der Zeit. Diese vier Disziplinen: Mathematik, Musik, Bewegung und Sprache(n) müssen wieder zur Basis des Unterrichts in Primarschulen werden. Auf dieser Grundlage baut *anschließend* der Unterricht der anwendungsbezogenen MINT-Fächer als Teil des Fächerkanons auf.

Philosophen und Pädagogen dürfte nicht erstaunen, dass die vier Disziplinen des Aristoteles (in leicht modifizierter Form) ebenso Bestandteil der sieben Künste sind, die im Zen-Buddhismus gelehrt und gelernt werden. Neben Zeremoniell, Reiten und Bogenschießen (Bewegung, Sport und Kampftechnik) erlernen die angehenden Mönche als Kulturtechniken die Musik (Notation und Musizieren), die Schrift (Lesen, Schreiben, Kalligrafie) und die Mathematik.

In beiden Kulturkreisen stehen alle Lehrinhalte als Sprachen und Sprachsysteme im Mittelpunkt: Mathematik als Sprache, Musik als (Klang-)Sprache, Bewegung als (Ausdrucks- und Körper-)Sprache und die Verbalsprache(n) als eine unter vielen Spra-

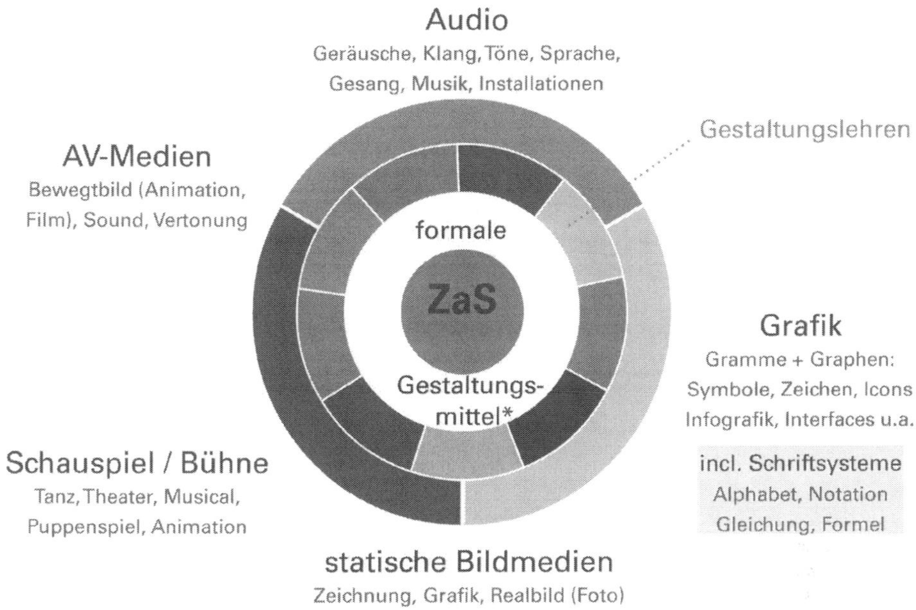

Abb. 8: Zeichensysteme und Medien

chen. Ziel ist in allen Fällen, diese spezifischen Sprachen als eigenständige Ausdrucksformen zu erlernen und sie nicht auf Nutzanwendungen zu verkürzen. Wer »nur« rechnen lernt, kann vielleicht mehr oder weniger gut rechnen. Wer hingegen mathematisch denken, wer Mathematik als Sprache verstehen und »sprechen« lernt, kann mehrdimensionale Räume erkunden und eigene Welten damit konstruieren. Wer »nur« Notenlesen lernt, kann womöglich Noten vom Blatt spielen. Wer Musik als Klangsprache und Ausdrucksform lernt und selbst praktiziert, kann musizieren, interpretieren und (zumindest potenziell) komponieren. Umgekehrt heißt das: Wenn die Hand nicht geschult wird, verkümmert das Gehirn, weil Kinder dann im Wortsinn nichts »be-greifen«.

Vertrauen in das analoge Lernen

Kinder lernen heute nicht anders als vor 50, 100 oder auch 200 Jahren. Medientechnik (von der Fotografie bis zu TV und Computer) gibt es noch keine 200 Jahre. Kinder und Jugendliche haben heute keine anderen Bedürfnisse, wenn man ihnen Entfaltungsmöglichkeiten für das reale und sinnliche Lernen und das Spiel in analogen Räumen mit anderen bietet.

Was hingegen schnell und nachhaltig gelingt, ist Kinder auf Bildschirmmedien und passiven Konsum zu konditionieren. Wenn Medientechnik in Kitas und Grundschulen etabliert werden soll, geben kommerzielle Interessen den Ton an. Das heißt: Nicht der Mensch mit seinen Anlagen und Bedürfnissen hat sich geändert, sondern die Märkte mit ihren Angeboten schon für Kleinkinder. Aber auch Eltern unterstützen die Konditionierung, beispielsweise wenn sie ihre Kinder aus Unwissenheit (oder Bequemlichkeit?) vor Bildschirmen und Displays »parken«.

Statt Kindergärten und Primarschulen technisch hochzurüsten, sollte man Kindern wieder Zeit und Raum für ihre altersgerechte Entwicklung mit altersgemäßen Lehrmitteln und Medien einräumen. Kitas und Grundschulen brauchen Fingerfarben, Pinsel und Farben, Stifte und Papier, Rhythmus- und Klanginstrumente, Spielzimmer und große Pausenhöfe, Zeit zum Singen, Malen, Spielen, Toben – keine IT-Infrastruktur und keine Digitalgeräte. Die erste These von Gerald Lembke und Ingo Leipner in ihrem Buch »Die Lüge der digitalen Bildung« heißt denn auch zu Recht: »Eine Kindheit ohne Computer ist der beste Start ins digitale Zeitalter« (Lembke/Leipner 2015, S. 237).

Sprachförderung und Stärkung des Sozialverhaltens

Beim Spielen mit anderen wird in der Regel gesprochen statt geschwiegen. Schon zehn Jahre nach der Markteinführung des Smartphones und ein paar Jahre nach der Verbreitung des Tablets stellen Kinderärzte fest, dass die intensive Nutzung digitaler Medien zu Sprachstörungen führt (Grosswald 2017). Sie verlangsamt oder verhindert die Sprachentwicklung wie das Sozialverhalten. Sprache und Wortschatz entwickeln sich schließlich nur im Dialog mit anderen, realen Menschen.

Kinder müssen aktiv sprechen, man muss mit ihnen sprechen und ihnen vorlesen, damit sie ihren Wortschatz und ein Sprachgefühl entwickeln. Dazu müssen alle Beteiligten sich auf ihr Gegenüber konzentrieren, aufmerksam sein und selbst zuhören. Das heißt: Digitalgeräte sind ausgeschaltet. »Sprich mit mir« ist eine elementare Forderung von Kindern an ihre Eltern (siehe z. B. www.sprich-mit-mir.org/links-fuer-eltern.html).

Stärkung der primären Medienkompetenz »Lesen«

Wenn von »Medienkompetenz« in der Schule gesprochen wird, war man sich zumindest bislang darüber einig, dass die Kulturtechniken die Grundlage für erfolgreiche Bildungsprozesse sind. Die primäre Medienkompetenz ist das Lesen, insbesondere das konzentrierte und unterbrechungsfreie Lesen. Lesen ermöglicht Lernen. Es gibt zwar erste Gegenstimmen und die Behauptung, »digitale Bildung« sei in Zukunft ganz ohne die Kulturtechniken Lesen, Schreiben und Rechnen zu erwerben.[32] Belege für diese

32 Professor Rolf Granow, Leiter des Instituts für Lerndienstleistungen an der Fachhochschule Lübeck und Präsidiumsbeauftragter für E-Learning und Weiterbildung, kann sich nicht vorstellen, dass Lesen, Schreiben und Rechnen in 50 Jahren noch elementare Kulturtechniken für Men-

These fehlen jedoch bis heute. Der Blick auf Schülerinnen und Schüler mit Leseschwächen zeichnet ein anderes Bild. Ihre – teils erheblichen – Leseschwächen haben zu Lernschwierigkeiten, Schulversagen und letztlich zu Problemen in der gesamten Bildungs- und Erwerbsbiografie geführt.

Die kognitive Entwicklung des Einzelnen wie der Gesellschaft verläuft von der mündlichen zur schriftlich fixierten Kommunikation. Digitale Medien ignorieren diese Entwicklungsphasen. Sie ersetzten Buchstaben und Worte durch Bildzeichen und Symbole (Icons, Buttons, Emoticons), ergänzt durch akustische Sprachsysteme. Der gleichzeitige Einsatz von Sprachsystemen (Siri, Cortana, Alexa etc.) beeinträchtigt die Fähigkeit des Schreibens und Lesens. Die soziale Trennung der Bevölkerung in lesende und fernsehschauende bzw. im Nerz surfende Personen vertieft sich. Wie in Orwells »1984« sind bei einem Großteil der Bevölkerung und im öffentlichen Raum bereits überall Bildschirme und Kameras installiert, die die Menschen beobachten und per Lautsprecher dirigieren. Es wird zum Privileg, unbeobachtet zu sein und nicht aufgezeichnet zu werden.

---

schen sein werden. Das geschriebene Wort werde weitgehend durch das gesprochene Wort, das Videoformat, ersetzt (siehe www.youtube.com/watch?v=RRvNxWz2ErI&html5=1).

Vertrauen in Lehrkräfte

Wer in Deutschland Lehrerin oder Lehrer werden will, erhält eine jahrelange Ausbildung, studiert an einer Universität oder pädagogischen Hochschule, hospitiert, hält Lehrproben an Schulen und durchläuft ein Referendariat. In der Regel handelt es sich um Menschen, die sich bewusst für einen sozialen Beruf entschieden haben, der bekanntlich nicht ganz einfach ist. Das liegt nicht zuletzt daran, dass keine Lehrkraft allen Schülertypen gerecht werden kann. Erst die Spannbreite eines Kollegiums mit ganz unterschiedlichen Charakteren sorgt dafür, dass die meisten Schülerinnen und Schüler einen Ansprechpartner finden. Das heißt auch: Wer in Zeiten von Inklusion und immer mehr Kindern aus anderen Kulturkreisen die Zahl der Lehrkräfte senkt, vermindert die Chance, dass Schülerinnen und Schüler die »passende« Lehrerin oder den »optimalen« Lehrer finden.

Das afrikanische Sprichwort: »Es braucht ein ganzes Dorf, um ein Kind zu erziehen« gilt gleichermaßen für Schulen und Kollegien. Es braucht ein ganzes Kollegium, um alle Schülerinnen und Schüler zu erreichen. Erst die Vielfalt an Persönlichkeiten, Lehrstilen und Methoden führt dazu, dass die meisten Kinder und Jugendlichen erreicht werden. Je heterogener die Klassen, desto mehr Lehrkräfte sind erforderlich. Sie durch digitale Geräte und Software zu ersetzen hieße, jedes Kind an die von Algorithmen berechneten Programme zu gewöhnen. Computerstimmen machen Vorgaben, Programme kontrollieren jede Eingabe sofort auf Richtigkeit. Überwachungssysteme (psychometrische Vermessung) »erkennen« emotionale Stimmungen, die Geräte reagieren darauf pseudoemotional. So werden Kinder weder soziale noch eigenverantwortliche Menschen.

Lehren heißt mehr als Lernbegleiten

Die Lehrerbildung und der Lehrberuf sind im Wandel begriffen. Damit der Wandel den Bedürfnissen der Kinder und denen der Gesellschaft entspricht, sollte die künftige Gestaltung der Studiengänge mindestens vier Dinge berücksichtigen:

1) Aufgabe von Lehrerinnen und Lehrern ist es zu unterrichten. Wer Lehrerin oder Lehrer werden möchte, muss unterrichten wollen. Das bedeutet weitaus mehr, als Kinder bei Problemen zu unterstützen. In Schule und Hochschule sind Lehre und Unterricht zentral. Dazu gehören Lehrende wie Lernende.
2) Unterrichten ist ein interpersonaler, persönlicher Prozess. Erst in der Praxis erweist sich, wer für diese Aufgabe geeignet ist. Es ist daher sinnvoll, Lehramtsstudiengänge so anzulegen, dass sich Studierende z. B. nach dem Grundstudium oder nach dem ersten Studienabschnitt noch für einen anderen Abschluss bzw. ein anderes Berufsziel entscheiden können.
3) Lehren und Unterrichten kann nur, wer das zu Lehrende und zu Unterrichtende selbst beherrscht. Neben der allgemeinen pädagogischen Ausbildung stehen die

fachliche und die fachdidaktische Ausbildung. Nur wer in seinem Fachgebiet sicher ist, kann Zusammenhänge verständlich erklären.

4) Unterricht ohne Medien ist nicht möglich. Im Studium empfiehlt sich daher eine intensive Auseinandersetzung mit analogen wie elektronischen und digitalen Medien. Lehrerinnen und Lehrer aller Schulformen sollten in der Lage sein, analoge wie technische Medien nach didaktischen Kriterien selbst auszuwählen, zu konzipieren, zu erstellen und je nach Fach und Intention einzusetzen. Daher gehört die Auseinandersetzung mit Digitaltechnik und neuen Medien in Lehramtsstudiengängen verpflichtend dazu. Denn nur wer diese Techniken und Dienste kennt, weiß, ob, wann und für was Digitaltechnik eingesetzt werden kann – und für was nicht.

Wer Technik auf pädagogische Potenziale hin analysiert, wird schnell ernüchtert. Die Begründung für Digitaltechnik in Schulen ist selbst bei den Befürwortern dürftig. Digitale Anwendungen böten »enorme Potentiale für das lebensbegleitende Lernen über alle Altersgruppen der Bevölkerung hinweg« und erlaubten »flexibles, zeit- und ortsunabhängiges Lernen«, heißt es beispielsweise in einem Antrag von CDU/CSU und SPD zur Stärkung der Digitalen Bildung und Medienkompetenz (http://dipbt.bundestag.de/doc/btd/18/044/1804422.pdf). Das gilt für jedes Buch. Wer mit Digitaltechnik das »individualisierte und kooperative Lernen« erleichtern will, könnte mit deutlich mehr Recht Lehrer und Betreuer einfordern. Denn zwei Prämissen gelten: Jede(r) muss selbst lernen, was er oder sie wissen und können möchte. Lernen ist Eigenleistung. Zugleich lernen Menschen von und mit anderen. Lernen ist auch ein sozialer Prozess. Dazu braucht man keine Technik, sondern die Präsenz und Aufmerksamkeit aller Beteiligten.

Heute wächst in Schulen der Bedarf für mehr soziale und schulpsychologische, zum Teil sogar sonderpädagogische Betreuung. Laut einer vom Verband Bildung und Erziehung (VBE) in Auftrag gegebenen Expertise stieg die Zahl der Kinder mit »sozial-emotionaler Entwicklungsstörung« (früher hieß das: »schwer erziehbar«) von 2005 bis 2015 bundesweit um 86 Prozent, von 46 000 auf 85 500. Der Autor dieser Untersuchung, der Berliner Psychoanalytiker Bernd Ahrbeck, warnt vor einer Bagatellisierung dieser Verhaltensstörungen:

> »Um leichte Anpassungsprobleme handelt es sich nicht. Lebensgeschichtlich weisen sie erhebliche Belastungen auf, die zu Bindungsstörungen, unzureichend entwickelten psychischen Strukturen, gravierenden inneren Konflikten und nicht selten Traumatisierungen geführt haben. Symptomatisch handelt es sich im jüngeren Lebensalter um Hyperaktivitäts-Aufmerksamkeitsstörungen von Krankheitswert, eine innere Struktur- und Regellosigkeit mit aggressiv ausagierendem Verhalten und massive Angststörungen. Im späteren Lebensalter kommen dissoziale und delinquente Entwicklungen hinzu, oft gepaart mit früh einsetzendem Drogenmissbrauch und Schulabsentismus« (Ahrbeck 2017, S. 3).

Die Ursachen sind vielfältig. Ein Aspekt ist die Mediennutzung. Der Bundesvorsitzende des VBE, Udo Beckmann, erklärt dazu:

> »Bei einer ungefilterten, unlimitierten und lediglich quantitativen Nutzung von Medien leiden nicht nur physische Strukturen, sondern auch das soziale Leben. Die Antwort ist jedoch nicht digitale Abstinenz, sondern ein verantwortungsvoller Umgang mit Medien. Teil der Prävention muss daher die Herausbildung umfassender Medienkompetenz sein« (VBE 2017).

Ob Inklusion, Integration, Prävention oder Medienkompetenz (bzw. Medienmündigkeit): Für erfolgreiche Lösungen in sozialen Systemen braucht es letztlich immer qualifiziertes Personal. Um Kindern und Jugendlichen zu helfen, müssen mehr qualifizierte Lehrkräfte, mehr Betreuer, Sozialarbeiter und Psychologen eingestellt werden. Wir müssen in die sozialen Systeme investieren, nicht in die technische Infrastruktur. Nur so bleiben Sozialsysteme auf Dauer soziale Systeme. Nur so haben die nachfolgenden Generationen zumindest die Chance, in demokratischen und humanen Verhältnissen aufzuwachsen. »Seid Sand im Getriebe«, fordert die Ökonomin Shoshana Zuboff in der FAZ (Zuboff 2013). »Warum seid ihr so empfänglich für unseren Bullshit?«, fragt Jaron Lanier, einer der Vordenker des Webs, der schon 2015 vor den Folgen einer zunehmenden Vernetzung und Monopolisierung durch wenige Digitalmonopole warnte (Müller von Blumencron 2015).

Thank You for Reading

Kennen Sie »Thank You for Smoking«? Der Film ist eine Satire aus dem Jahr 2005. Der wortgewandte Nick Naylor ist der Pressesprecher von Big Tobacco und arbeitet für die Tabak-Lobby. Er versucht in Talkshows, Kritiker der Tabakwirtschaft mit rhetorischem Geschick davon zu überzeugen, dass Rauchen gut für die Gesellschaft und bestimmt nicht so ungesund ist, wie behauptet. Sein Motto: »Wenn man richtig argumentiert, liegt man nie falsch.« Privat trifft er sich regelmäßig mit Vertretern der Waffen- und Alkohol-Lobby zu einem makabren Wettstreit, wer wohl die meisten Toten zu verantworten hat.

Nach erfolgreichen TV-Auftritten und nach einer Morddrohung, Entführung und Vergiftung mit Nikotinpflastern kommt es zu einer Affäre mit einer Journalistin. Sie veröffentlicht vertrauliche Informationen, Naylor wird daraufhin von der Tabakindustrie entlassen. Anschließend arbeitet er als Berater von Mobilfunkunternehmen und gibt den Managern von Mobilfunkbetreibern Tipps, wie sich wissenschaftlich belegte Zusammenhänge von Handystrahlung und Hirntumoren erfolgreich abstreiten und in Zweifel ziehen lassen. Ähnlichkeiten mit der Realität sind rein zufällig.

Im Jahr 2015 erschien der Film »Thank You for Calling«. Die Praxis des Lobbying in der Mobilkommunikation ist keine Satire mehr. Hier geht es um gekaufte Studien und darum, die wissenschaftliche Reputation unliebsamer Forscher infrage zu stellen. Geld für Kampagnen hat die Telekommunikationsbranche genug, mehr noch als die Tabakindustrie.

Momentan sind wir alle unfreiwillige Statisten im Film »Thank You for Using the Web«. In dieser Dokumentation wird dann gezeigt werden, wie gezielte Propaganda Menschen weltweit dazu bringt, das zu tun, was wenigen Firmen nutzt. Das ist nicht alternativlos. Es liegt an Ihnen. Ein Anfang ist gemacht. Haben Sie Mut. Thank You for Reading this Book.

Adressen im Web

Allgemein

Berufsverband der Kinder- und Jugendärzte e. V.: www.bvkj.de/startseite/

Berufsverband Kinderärzte Schweiz: www.kinderaerzteschweiz.ch/

Bundeszentrale für gesundheitliche Aufklärung. Studien, Kampagnen, Ratgeber: www.bzga.de/; u. a. Gut hinsehen und zuhören! – Ratgeber für Eltern. www.bzga.de/botmed_20281000.html

Kindergesundheit (Projekt der Bundeszentrale für gesundheitliche Aufklärung): www.kindergesundheit-info.de/themen; speziell zu Medien: www.kindergesundheit-info.de/themen/medien/

»Schau hin!« Initiative des Bundesministeriums für Familie, Senioren, Frauen und Jugend »Schau hin! Was Dein Kind mit Medien macht«. www.schauhin.info/

Präventionsprogramm »Echt Dabei – Gesund groß werden im digitalen Zeitalter«; eine Initiative des BKK Dachverbandes, der BKK Landesverbände und der beteiligten Betriebskrankenkassen. http://echt-dabei.de/

Medienratgeber für Eltern, ein Projekt von Media Protect e.V. – Familien stärken im digitalen Zeitalter: http://medienratgeber-fuer-eltern.de/

Funkstrahlung – Zu den Auswirkungen von Funkstrahlung durch Handy, WLAN & Co.: www.diagnose-funk.de

Jugendschutz

Jugendschutz: Kompetenzzentrum von Bund und Ländern für den Jugendschutz im Internet. Downloads von Broschüren über Handy, Internet, Chatten, Social Networking: www.jugendschutz.net

Jugend und Medien – das Informationsportal zur Förderung von Medienkompetenzen der Schweiz: www.jugendundmedien.ch/de/home.html

Kommission für Jugendmedienschutz (KJM): www.kjm-online.de/

Kriminologisches Forschungsinstitut Niedersachsen: http:kfn.de

Medien

Medienpädagogischer Forschungsverband Südwest (mpfs): Basisuntersuchungen zur Mediennutzung von Kindern und Jugendlichen; Studien JIM, KIM, miniKIM, FIM. www.mpfs.de/startseite/

Die Landesmedienanstalten mit Links zu den einzelnen Ländern: www.die-medienanstalten.de/ueber-uns/landesmedienanstalten.html

Bündnis für humane Bildung: aufwach(s)en mit digitalen Medien: www.aufwach-s-en.de

Stiftungen

Stiftung Jugend und Kind: www.stiftung-kind-und-jugend.de/startseite/; dort finden sich Informationen über die Studie »BLIKK-Medien«: www.stiftung-kind-und-jugend.de/projekte/blikk-studie/

Stiftung Medien- und Online-Sucht: gemeinnützige Stiftung zur Förderung von Medienerziehung und Medienkompetenz in Familie und Fachschaft: www.stiftung-medienundonlinesucht.de/

Literatur und Quellen

Adorno, Theodor W. (1952): Minima Moralia. Reflexionen aus dem beschädigten Leben. Berlin/Frankfurt am Main: Suhrkamp

Ahrbeck, Bernd (2017): »Welchen Förderbedarf haben Kinder mit emotional-sozialen Entwicklungsstörungen?« Erstellt im Auftrag des Verbandes Bildung und Erziehung (VBE); www.google.de/url?sa=t&rct=j&q=&esrc=s&source=web&cd=1&ved=0ahUKEwiVsO2K2p7UAhWbHsAKHdrOCAwQFggmMAA&url=https%3A%2F%2Fwww.ipu-berlin.de%2Ffileadmin%2Fdownloads%2Fallgemein%2F2017-04-20-expertise-ahrbeck-foerderbedarf-ese-kinder.pdf&usg=AFQjCNHIZ_rtbD-JSU1BKRJfkbaYr1Hdyg&cad=rja (2.6.2017)

Armstrong, Alison/Casement, Charles (2000): The Child and the Machine: How Computers Put Our Children's Education at Risk. Beltsville, MD: Robins Lane Press

Ashelm, Michael/Krohn, Philipp (2016): Krankenhäuser sind ungeschützt gegen Hackerangriffe, FAZ vom 1. Dezember 2016, S. 17; www.faz.net/aktuell/wirtschaft/unternehmen/krankenhaeuser-sind-ungeschuetzt-gegen-hackerangriffe-14552614.html (20.3.2017)

Astheimer, Sven (2015): Ersetzen Computer die Menschen?, FAZ vom 6. August 2015; www.faz.net/aktuell/wirtschaft/smarte-arbeit/roboter-ersetzten-menschen-wie-wir-in-zukunft-arbeiten-13736124.html (2.6.2017)

Barlow, John Perry (1996): Eine Unabhängigkeitserklärung des Cyberspace, Heise online, 29. Februar 1996; www.heise.de/tp/features/Unabhaengigkeitserklaerung-des-Cyberspace-3410887.html (2.6.2017); englischer Originaltitel: »A Declaration of the Independence of Cyberspace«; www.eff.org/cyberspace-independence (2.6.2017)

Bastian, Hans Günther (2001): Musikerziehung und ihre Wirkung. Mainz: Atlantis (Schott)

Baumgärtner, Maik/Röbel, Sven/Schindler, Jörg (2015): Cyberangriff auf den Bundestag, Spiegel online, 15. Mai 2015; www.spiegel.de/netzwelt/netzpolitik/cyber-angriff-auf-den-deutschen-bundestag-a-1033984.html (2.6.2017)

Beck, Christine (2015): Massiv gescheitert, DIE ZEIT vom 29. Oktober 2015

Becker, Gary S. (1993): Der ökonomische Ansatz zur Erklärung menschlichen Verhaltens. Tübingen: Mohr Siebeck

Becker, Lisa (2016): Wie Schüler in der digitalen Welt lernen, FAZ online, 20 August 2016; www.faz.net/aktuell/wirtschaft/so-lernen-kinder-an-digitalen-schulen-in-den-niederlanden-14393090.html (2.6.2017)

Berendsen, Eva (2012): Die wollen nur spielen, FAZ vom 27. August 2012; www.faz.net/aktuell/feuilleton/campus-party-in-berlin-die-wollen-nur-spielen-11868790.html (2.6.2017)

Bernays, Edward (2007): Propaganda. Die Kunst der Public Relation [1928]. Kempten: Orange Press

Bernau, Patrick (2014): Facebook manipuliert die Gefühle, FAZ vom 29. Juni 2014; www.faz.net/aktuell/wirtschaft/netzwirtschaft/der-facebook-boersengang/facebook-manipuliert-nutzergefuehle-fuer-eine-studie-13016744.html (2.6.2017)

Bernau, Varina (2010): Eric Schmitt. Chef des umstrittenen Datensammel-Konzerns Google, SZ vom 20. August 2010, S. 4

Berninger, Virginia W./Abbott, Robert D./Jones, Janine/Wolf, Beverly J./Gould, Laura/Anderson-Youngstrom, Marci/Shimada, Shirley/Apel, Ken (2006): Early Development of Language by Hand: Composing, Reading, Listening, and Speaking Connections; Three Letter-Writing Modes; and Fast Mapping in Spelling, in: Developmental Neuropsychology, 29 (1), 2006, pp. 61-92.

Bieber, Christoph/Leggewie, Claus (2004): Interaktivität: Ein transdisziplinärer Schlüsselbegriff. Frankfurt am Main: Campus

Bieri, Peter (2008): Wie wäre es, gebildet zu sein?, in: Göppel, Rolf u. a. (Hrsg.): Bildung ist mehr. Potentiale über Pisa hinaus. Heidelberg: Mattes, S. 13-21

Bilton, Nick (2014): Steve Jobs Was a Low-Tech Parent, New York Times online, 10 September 2014; www.nytimes.com/2014/09/11/fashion/steve-jobs-apple-was-a-low-tech-parent.html?_r=1 (2.6.2017)

Bischof, Lukas/von Stuckrad, Thimo (2013): Die digitale (R)evolution? Chancen und Risiken der Digitalisierung akademischer Lehre (Arbeitspapier 174). Gütersloh: CHE; www.che.de/downloads/CHE_AP_174_Digitalisierung_der_Lehre.pdf (4.10.2015)

Bitkom (2015): Digitale Schule – vernetztes Lernen. Ergebnisse repräsentativer Schüler- und Lehrerbefragungen zum Einsatz digitaler Medien im Schulunterricht; www.bitkom.org/Publikationen/2015/Studien/Digitale-SchulevernetztesLernen/BITKOM-Studie-Digitale-Schule-2015.pdf (2.6.2017)

Bitkom (2014): Jung und vernetzt. Kinder und Jugendliche in der digitalen Gesellschaft; www.bitkom.org/noindex/Publikationen/2014/Studien/Jung-und-vernetzt-Kinder-und-Jugendliche-in-der-digitalen-Gesellschaft/BITKOM-Studie-Jung-und-vernetzt-2014.pdf (2.6.2017)

Blechschmidt, Götz (2011): Das Risiko sitzt vor dem Bildschirm, W&S 05/2011, S. 18-19; www.sicherheit.info/artikel/1120053 (2.6.2017)

Bleckmann, Paula (2016): Statement »Medienmündigkeit – welcher Weg führt zum Ziel?«, öffentliche Diskussionsveranstaltung im Bundestag zur Vorstellung des TAB-Gutachtens »Elektronische Medien und Suchtverhalten« www.alanus.edu/fileadmin/downloads/fachbereiche_und_studienanbegote/fb_bildungswissenschaft/fachbereich/MeMue_Beitrag_Bleckmann.pdf (2.6.2017)

Bleckmann, Paula (2012): Medienmündig. Stuttgart: Klett-Cotta

Bleckmann, Paula/Seidel, Michael/Pfeiffer, Christian/Mößle, Thomas (2013): Media Protect – Medienpädagogische Elternberatung in der Grundschule, KFN-Forschungsbericht (Vol. 121)

BLIKK (2016): BLIKK Medien-Studie-2016: Erste Ergebnisse von 3 048 Kindern, Pressemitteilung vom 9. November 2016; www.rfh-koeln.de/sites/rfh_koelnDE/myzms/content/e380/e1184/e29466/e34095/e34098/20161121_BLIKK_Pressemitteilung_Aend_VJ_ger.pdf (2.6.2017)

BMBF (2016): Bildungsoffensive für die digitale Wissensgesellschaft; www.bmbf.de/files/Bildungsoffensive_fuer_die_digitale_Wissensgesellschaft.pdf (2.6.2017)

Bohsem, Guido (2016): Leben mit Risiko, SZ vom 21. Juli 2016, S. 17; www.sueddeutsche.de/wirtschaft/kommentar-leben-mit-risiko-1.3088672 (21.7.2016)

Boie, Johannes (2014): Sprich mit uns, Alexa, SZ vom 8./9. November 2014, S. 19

Bos, Wilfried/Tarelli, Irmela/Bremerich-Vos, Albert/Schwippert, Knut (Hrsg.) (2012): IGLU 2011. Lesekompetenzen von Grundschulkindern in Deutschland im internationalen Vergleich. Münster: Waxmann; www.google.de/url?sa=t&rct=j&q=&esrc=s&source=web&cd=1&ved=0ahUKEwjpx7r95Z7UAhVHL8AKHZv6AvwQFggmMAA&url=https%3A%2F%2Fwww.waxmann.com%2Ffileadmin%2Fmedia%2Fzusatztexte%2F2828Volltext.pdf&usg=AFQjCNEOiEDfXBvq-jEsA-N5ORxyN9ROBVw&cad=rja (2.6.2017)

Boykis, Vicki (2017): What should you think about when using Facebook? http://veekaybee.github.io/facebook-is-collecting-this (2.6.2017)

Braun, Stefan (2014): Grenzenlose Sammelwut, SZ vom 4. Juli 2014, S. 6

Breiter, Andreas/Stolpmann, Björn Eric/Zeising, Anja (2015): Szenarien lernförderlicher IT-Infrastrukturen in Schulen. Betriebskonzepte, Ressourcenbedarf und Handlungsempfehlungen, S. 164-217, in: Bertelsmann Stiftung (Hrsg.): Individuell fördern mit digitalen Medien. Chancen, Risiken, Erfolgsfaktoren. Gütersloh: Bertelsmann

Breithaupt, Fritz (2016): Ein Lehrer für mich allein, DIE ZEIT vom 28. Januar 2016

Brinck, Christine (2013): Revolutionär von tausend Jahren Uni-Geschichte, SZ vom 26. September 2013; www.sueddeutsche.de/bildung/udacity-gruender-sebastian-thrun-revolutionaer-von-tausend-jahren-uni-geschichte-1.1781730 (15.4.2017)

Brügelmann, Hans (2013): Die Hattie-Studie: Der heilige Gral der Didaktik?, in: Grundschule aktuell, Februar 2013, S. 25-26

Brühl, Jannis (2016): Wenn das Idioten-freie Unternehmen kommt, sind viele Jobs bedroht, SZ vom 19./20. November 2016, S. 28; www.sueddeutsche.de/digital/kuenstliche-intelligenz-wenn-das-idioten-freie-unternehmen-kommt-sind-viele-jobs-bedroht-1.3255663 (20.4.2017)

Brühl, Jannis/Kolb, Matthias (2017): Träumen Faschisten von Algorithmen? SZ online, 16. März 2017; www.sueddeutsche.de/digital/tech-festival-sxsw-traeumen-faschisten-von-algorithmen-1.3422870 (2.6.2017)

BSI – Bundesamt für Sicherheit in der Informationstechnik (2017): Die Lage der IT-Sicherheit in Deutschland 2016

Bünder, Helmut/Sturbeck, Werner/Knop, Carsten (2016): Smartphones und Stromnetze ziehen Hacker an, FAZ vom 16. Juni 2016; www.faz.net/aktuell/wirtschaft/netzwirtschaft/cyber-attacken-smartphones-und-stromnetze-ziehen-hacker-an-1654590.html (20.3.2017)

Carr, Nicholas (2010): Wer bin ich, wenn ich online bin … und was macht mein Gehirn so lange? Wie das Internet unser Denken verändert. München: Blessing

Dahrendorf, Ralf (1997): Die Globalisierung und ihre sozialen Folgen werden zur nächsten Herausforderung einer Politik der Freiheit. An der Schwelle zum autoritären Jahrhundert, DIE ZEIT vom 14. November 1997; www.zeit.de/1997/47/thema.txt.19971114.xml (1.5.2017)

Dahrendorf, Ralf (1965): Bildung ist Bürgerrecht. Plädoyer für eine aktive Bildungspolitik, DIE ZEIT, Heft 46 f. (sechsteilige Serie)

Dath, Dietmar (2013): Geschmackssachen, FAZ vom 14. Mai 2013; www.faz.net/aktuell/feuilleton/buecher/rezensionen/sachbuch/william-gibson-misstrauen-sie-dem-unverwechselbaren-geschmack-geschmackssachen-12182614.html (2.6.2017)

Deimann, Markus (2015): Die erfundene Revolution, hochschulforum digitalisierung, 2. November 2015; https://hochschulforumdigitalisierung.de/blog/administrator/markus-deinmann-erfundene-revolution-digitale-bildungsrevolution (15.4.2017)

Deleuze, Gilles (1993): Postskriptum über die Kontrollgesellschaften, in: Gilles Deleuze: Unterhandlungen 1972–1990, Frankfurt am Main: Suhrkamp, S. 254-262

Deutsche Telekom-Stiftung (Hrsg.) (2015): »Schule digital. Der Länderindikator 2015«; www.telekom-stiftung.de/sites/default/files//dts-library/materialien/pdf/schuledigital_2015_web.pdf; http://e-paper.telekom.com/telekom-stiftung/Schule_digital_2015 (13.6.2017)

DIP (2016): Bericht des Ausschusses für Bildung, Forschung und Technikfolgenabschätzung (18. Ausschuss) gemäß § 56a der Geschäftsordnung Technikfolgenabschätzung (TA): Neue elektronische Medien und Suchtverhalten, Drucksache 18/8604 vom 31.5.2016; http://dip21.bundestag.de/dip21/btd/18/086/1808604.pdf (2.6.2017)

DIVSI U9-Studie (2015): Kinder in der digitalen Welt; www.divsi.de/wp-content/uploads/2015/06/U9-Studie-DIVSI-web.pdf (2.6.2017)

Dräger, Jörg (2013): Jedem seine eigene Vorlesung, DIE ZEIT vom 21. November 2013, S. 99

Dräger, Jörg/Müller-Eiselt, Ralph (2015a): Die digitale Bildungsrevolution. Der radikale Wandel des Lernens und wie wir ihn gestalten können. München: DVA

Dräger, Jörg/Müller-Eiselt, Ralph (2015b): Humboldt gegen Orwell. Die Digitalisierung verändert die Bildung so stark wie zuvor nur der Buchdruck und die Schulpflicht, DIE ZEIT vom 8. Oktober 2015; www.zeit.de/2015/39/digitalisierung-bildung-internet-computer-lehrplan/komplettansicht (15.3.2015)

Dreeben, Robert (1980): Was wir in der Schule lernen. Frankfurt am Main: Suhrkamp

Drösser, Christoph/Heuser, Uwe Jean (2013): Harvard für alle Welt, ZEIT online, 14. März 2013; www.zeit.de/2013/12/MOOC-Onlinekurse-Universitaeten (14.4.2017)

Dzierzbicka, Agnieszka/Schirlbauer, Alfred (Hrsg.) (2006): Pädagogisches Glossar der Gegenwart. Von Autonomie bis Wissensmanagement. 2. Aufl. Wien: Locker

Eisenhower, Dwight D. (1961): Abschiedsrede vom 17. Januar 1961; https://en.wikisource.org/wiki/Eisenhower's_farewell_address (11.11.2014)

Flessner, Bernd (2006): »Wenn ich mal groß bin, möchte ich Gott werden«. Transhumanisten und

Extropianer auf ihrem Weg zu Allmacht und Unsterblichkeit, DIE ZEIT vom 11. Mai 2006, www.zeit.de/feuilleton/Kursbuch_164/flessner (2.6.2017)
Frey, Carl Benedikt/Osborne, Michael A. (2013): The Future Of Employment: How Susceptible Are Jobs To Computerisation? www.oxfordmartin.ox.ac.uk/downloads/academic/The_Future_of_Employment.pdf (2.6.2017)
Füller, Christian (2016): Wie eine Ministerin das Grundgesetz austricksen will, Spiegel online, 12. Oktober 2016; www.spiegel.de/lebenundlernen/schule/schule-wie-johanna-wanka-das-grundgesetz-austricksen-will-a-1116068.html (12.10.2016)
Gaycken, Sandro (2017): Jetzt kann jeder NSA, FAZ vom 9. März 2017, S. 8; www.faz.net/aktuell/politik/ausland/durch-wikileaks-sind-cia-cyberwaffen-oeffentlich-14915671.html (20.4.2017)
Gelernter, David (2012): Hausfrauen und Polizisten – Jeder ist als Lehrer geeignet, FAZ vom 8. Februar 2012, S. N5
Giessen, Hans W. (2016): Computer oder doch Papier? Wann und wie wir am besten lernen, SWR2 Aula, 10. Juli 2016; www.swr.de/-/id=17507146/property=download/nid=660374/1a3wglx/swr2-wissen-20160710.pdf (2.6.2017)
Goetz, John/Obermair, Frederik (2017): Die Cyberwaffen der CIA, SZ vom 8. März 2017, S. 5
Grassegger, Hannes/Krogerus, Mikael (2017): Ich habe nur gezeigt, dass es die Bombe gibt, Das Magazin, Nr. 48, 3. Dezember 2016; www.dasmagazin.ch/2016/12/03/ich-habe-nur-gezeigt-dass-es-die-bombe-gibt/ (2.6.2017)
Graupe, Silja (2012): Die verborgenen Quellen des Marktgehorsams – und wie wir sie verändern lernen, in: Vierteljahresschrift zur wissenschaftlichen Pädagogik, Heft 4/2012; www.silja-graupe.de/wp-content/uploads/2013/03/silja_graupe_verborgene_quellen_marktgehorsam_2013.pdf (25.4.2017)
Greis, Friedhelm (2013): Strafverfahren gegen US-Geheimdienstchef Clapper gefordert, golem.de, 7. Dezember 2013; www.golem.de/news/nsa-affaere-strafverfahren-gegen-us-geheimdienstchef-clapper-gefordert-1312-103224.html (14.11.2014)
Grosswald, Franziska (2017): Smartphone & Co. verzögern sprachliche Entwicklung bei Kindern, Merkur.de, 9. Mai 2017; www.merkur.de/leben/gesundheit/smartphone-verzoegern-sprachliche-entwicklung-kindern-zr-8282376.html (2.6.2017)
Gruschka, Andreas (2011): Verstehen lehren. Ein Plädoyer für guten Unterricht. Stuttgart: Reclam
Güntner, Joachim (2014): Deine Mimik verrät die böse Absicht, NZZ vom 12. Juni 2014; www.nzz.ch/feuilleton/deine-mimik-verraet-die-boese-absicht-1.18319771 (2.6.2017)
Habermas, Jürgen (1997): Erkenntnis und Interesse. 4. Aufl. Frankfurt am Main: Suhrkamp
Häntzschel, Jörg (2010): Apps für den Notarzt und Tankstellen im All, SZ vom 17./18. Juli 2010, S. 14
Haffner, Peter (2012): Wir sind zusammen allein. Interview mit Sherry Turkle, SZ-Magazin vom 27. Juli 2012, S. 21 f.
Hamann, Götz/Pham, Khue/Wefing, Heinrich (2014): Die Vereinigten Staaten von Google, DIE ZEIT vom 7. August 2014, S. 11-13
Hanfeld, Michael (2014): Aus der Nähe sehen sie ganz friedlich aus, FAZ vom 18. September 2014, S. 13
Hattie, John (2012): Visible Learning for Teachers. Maximizing Impact on Learning. Routledge (dt.: Lernen sichtbar machen für Lehrpersonen, 2014)
Hattie, John (2009): Visible Learning. A Synthesis of over 800 Meta-Analyses relating to Achievement. Routledge (dt.: Lernen sichtbar machen, 2013)
Haupt, Friederike (2010): Das Private soll wieder privat werden, FAZ online, 2. März 2010; www.faz.net/aktuell/feuilleton/medien/safebook-das-private-soll-wieder-privat-werden-1582068.html (2.6.2017)
Heckmann, Christoph (2016): Cyberkrieg im Bundestag, SZ vom 28. Juli 2016, S. 6
Heckenberger, Fabian (2017): »Wir sind nicht im Krieg mit der Regierung. Wir sind bei der Arbeit«,

SZ online, 18. März 2017; www.sueddeutsche.de/medien/medien-in-den-usa-wir-sind-nicht-im-krieg-mit-der-regierung-wir-sind-bei-der-arbeit-1.3424167 (2.6.2017)

Heller, Piotr (2016): Die Erkennungsmaschine aus Russland, Spiegel online, 20. Mai 2016; www.spiegel.de/netzwelt/web/findface-app-mit-gesichtserkennung-loest-hype-in-russland-aus-a-1092951.html (20.4.2017)

Hensinger, Peter (2016): Digitale Bildung – Geschäftsmodell der IT-Branche. Ministerin Wanka will WLAN an Schulen fördern, diagnose:funk, 19. Oktober 2016; www.diagnose-funk.org/publikationen/artikel/detail&newsid=1132 (2.6.2017)

Hesse, Christian (2017): Mehr Gauß, weniger Goethe, SZ vom 8./9. April 2015, S. 5; www.sueddeutsche.de/bildung/gastkommentar-mehr-gauss-weniger-goethe-1.3455512 (20.4.2017)

Hesse, Michael (2015): Die Menschen hungern nach Gerechtigkeit, FR.de, 3. Juli 2015; www.fr-online.de/kultur/michael-sandel-im-interview--die-menschen-hungern-nach-gerechtigkeit-,1472786,31118664.html (24.6.2016)

Heymann, H. W. (2004): Besserer Unterricht durch Sicherung von »Standards«?, in: Pädagogik, Heft 6/2004, Beltz, S. 8

Hofstetter, Yvonne (2016): Das Ende der Demokratie. München: Bertelsmann

Hofstetter, Yvonne (2014): Sie wissen alles. München: Bertelsmann

Horkheimer, Max/Adorno, Theodor W. (2012): Dialektik der Aufklärung. Philosophische Fragmente. Frankfurt am Main: Fischer

Hübner, Edwin (2005): Anthropologische Medienerziehung. Grundlagen und Gesichtspunkte. Frankfurt am Main: Lang

Huxley, Julian (1957): New Bottles for New Wine. London: Chatto & Windus; https://archive.org/details/NewBottlesForNewWine (2.6.2017)

ICILS 2013 (2014): Computer- und informationsbezogene Kompetenzen von Schülerinnen und Schülern in der 8. Jahrgangsstufe im internationalen Vergleich. Münster/New York: Waxmann; www.waxmann.com/fileadmin/media/…/ICILS_2013_Berichtsband.pdf (2.6.2017). Eine Zusammenfassung der Ergebnisse findet sich unter www.ifs.tu-dortmund.de/cms/Medienpool/Projekte/ICILS-2013/ICILS_2013_Presseinformation.pdf

James, Karin H./Engelhardt, Laura (2012): The effects of handwriting experience on functional brain development in pre-literate children, in: Trends in Neuroscience and Education, 1 (1), December 2012, pp. 32-42; https://doi.org/10.1016/j.tine.2012.08.001 (2.6.2017)

Jornitz, Sieglinde (2015): Informationstechnologien und ihre Wirkungen auf die Schule in Deutschland, in: Gruschka, Andreas/Nabuco Lastoria, Luiz A. (Hrsg.): Zur Lage der Bildung. Kritische Diagnosen aus Deutschland und Brasilien. Opladen u. a.: Budrich, S. 147-162

Kammerl, Rudolf/Unger, Alexander/Günther, Silke/Schwedler, Anja (2016): BYOD – Start in die nächste Generation. Abschlussbericht der wissenschaftlichen Evaluation des Pilotprojekts. Hamburg: Universität Hamburg; www.ew.uni-hamburg.de/einrichtungen/ew1/medienpaedagogik-aesthetische-bildung/medienpaedagogik/dokumente/byod-bericht-final.pdf (25.4.2016)

Kant, Immanuel (1784): Beantwortung der Frage: Was ist Aufklärung?, in: Gesammelte Schriften, Bd. 8, Berlin: De Gruyter

Kaube, Jürgen (2006): Bildung nach Dreeben, in: Zeitschrift für Pädagogik, 52 (2006) 1, S. 11-18

Keese, Christoph (2014): Silicon Valley. München: Knaus

Kelleter, Frank (2013): Der Online-Angriff auf den Unterricht, FAZ vom 20. November 2013, S. N5

Kerr-Tener, Janet (1987): Eisenhower and Federal Aid to Higher Education, in: Presidential Studies Quarterly, 17, pp. 473-485

Kittler, Friedrich (2002): Short Cuts. Frankfurt am Main: Zweitausendeins

Kittlitz, Alard von (2010): Der Traum von einem idealen Leben, FAZ vom 6. August 2010, S. 33; www.faz.net/aktuell/feuilleton/debatten/digitales-denken/ende-der-privatsphaere-der-traum-von-einem-idealen-leben-11026194.html (2.6.2017)

Klein, Hans Peter (2016): Vom Streifenhörnchen zum Nadelstreifen. Das deutsche Bildungswesen im Kompetenztaumel. Fernwald: Klampen

KMK (2016): Strategie der Kultusministerkonferenz »Bildung in der digitalen Welt«, Berlin; www.kmk.org/fileadmin/Dateien/pdf/PresseUndAktuelles/2016/Bildung_digitale_Welt_Webversion.pdf (2.6.2017)

Knop, Karin/Hefner, Dorothée/Schmitt, Stefanie/Vorderer, Peter (2015): Mediatisierung mobil. Handy- und mobile Internetnutzung von Kindern und Jugendlichen. Leipzig: Vistas. Eine Zusammenfassung der Studie findet sich unter www.lfm-nrw.de/fileadmin/user_upload/lfm-nrw/Service/Veranstaltungen_und_Preise/Tagungen_und_Praesentationen/Alwayson/Dokumente/Band-77_Mediatisierung-mobil_Zusammenfassung.pdf (2.6.2017)

Krautz, Jochen (2013): Kernlehrpläne und Kompetenzorientierung; https://bildung-wissen.eu/fachbeitraege/kernlehrplane-und-kompetenzorientierung.html (1.3.2017)

Krautz, Jochen (2007): Ware Bildung. Schule und Universität unter dem Diktat der Ökonomie. München/Kreuzlingen: Diederichs

Küchemann, Fridtjof (2015a): Nur Eltern dürfen fragen, wie es in der Schule war, FAZ vom 25. März 2015, S. 11; www.faz.net/aktuell/feuilleton/debatten/die-digital-debatte/amerikanisches-gesetz-zum-umgang-mit-bildungsdaten-13503680.html (28.7.2015)

Küchemann, Fridtjof (2015b): Die Schule probt den digitalen Hochsprung, FAZ vom 23. Juli 2015, S. 13; www.faz.net/aktuell/feuilleton/debatten/bildung/debatte-um-einsatz-digitaler-medien-im-schulunterricht-13715830.html (30.7.2015)

Kühl, Eike/Caspari, Lisa (2015): Was wir über den Angriff auf den Bundestag wissen, DIE ZEIT vom 11. Juni 2015; www.zeit.de/digital/datenschutz/2015-06/bundestag-hacker-trojaner-angriff (2.6.2017)

Kühl, Stefan (2016): Von Gipfel zu Gipfel oder nur noch Abstieg?, FAZ vom 14. Juli 2016, S. 7

Kuhn, Johannes (2016): Richtig Mist gebaut, SZ vom 16. Dezember 2016, S. 15

Kungfutse (1975): Lun Yu. Gespräche. Düsseldorf/Köln: Diederichs

Kurz, Constanze (2012): Wer liest, der wird gelesen, FAZ vom 23. November 2012, S. 33; www.faz.net/aktuell/feuilleton/aus-dem-maschinenraum/der-glaeserne-leser-wer-liest-der-wird-gelesen-11968518.html (15.11.2014)

Ladenthin, Volker (2017): Schule zwischen Verfassungsauftrag und Markterwartung. Zur pädagogischen Dimension des Lehrerberufs, in: GEW: Arbeitsplatz Schule – Traum oder Alptraum? (Dokumentation 72. Pädagogische Woche 2016)

Ladenthin, Volker (2011): Kompetenzorientierung als Indiz pädagogischer Orientierungslosigkeit, in: Profil, Heft 9/2011; http://bildung-wissen.eu/fachbeitraege/kompetenzorientierung-als-indiz-padagogischer-orientierungslosigkeit.html (14.3.2017)

Ladenthin, Volker (Hrsg.) (2007): Philosophie der Bildung. Eine Zeitreise von den Vorsokratikern bis zur Postmoderne. Bonn: DenkMal

Lanier, Jaron (2010): Gadget. Warum die Zukunft uns noch braucht. Frankfurt am Main: Suhrkamp

Lankau, Ralf (2017): Bildungshäppchen, frei Haus geliefert, FAZ vom 17. Januar 2017; www.faz.net/aktuell/feuilleton/forschung-und-lehre/digitalisierte-bildung-bildungshaeppchen-frei-haus-geliefert-14571665.html (15.3.2017)

Lankau, Ralf (2016): Brave new digital world; http://futur-iii.de/2015/05/12/brave-new-digital-world (15.11.2016)

Lankau, Ralf (2014a): Ohne Dozenten geht es nicht. Online-Kurse produzieren Lernsklaven und höchste Abbrecherquoten, DIE ZEIT vom 9. Januar 2014; www.zeit.de/2014/03/online-kurse-anti-mooc (13.6.2017)

Lankau, Ralf (2014b): Google & Co.: Datenprostitution schon für Kinder. http://bildung-wissen.eu/fachbeitraege/google-co-datenprostitution-schon-fuer-kinder.html (10.11.2014)

Lankau, Ralf (2013): Systemfehler. Oder: Es gibt kein richtiges Leben im digitalen, in: Klaus-Dieter Felsmann (Hrsg.): Systemrelevant. Neue Wege, alte Werte. München: kopaed, S. 35-46

Lankau, Ralf (2013a): Digitales Lernen: Geschäftsmodell statt Unterricht?; www.digital-lernen.de/nachrichten/diverses/artikel/gastbeitrag-digitales-lernen-geschaeftsmodell-statt-unterricht.html (17.6.2013)

Lankau, Ralf (2013b): MOOC: Lernsklaven und Klick-Bildung; http://bildung-wissen.eu/kommentare/lernsklaven-und-klick-bildung.html (15.11.2014)

Lankau, Ralf (2012): Cyber-Teacher für Internetsklaven; http://bildung-wissen.eu/fachbeitraege/cyber-teacher-fur-internetsklaven.html (18.11.2014)

Lankau, Ralf (2011): Bildung ist das letzte Reservat; http://bildung-wissen.eu/kommentare/bildung-ist-das-letzte-reservat.html (18.11.2014)

Lankau, Ralf (2007): Lehrbuch Mediengestaltung. Grundlagen der Kommunikation und Visualisierung. Heidelberg: dpunkt

Lankau, Ralf/Treffert, Claudia (2006): Leitfaden Webdesign. Internetpräsenzen besser planen und gestalten, hrsg. von der hessischen Staatskanzlei als Band 7 der Schriftenreihe der Landesinitiative Hessen-media. 5. Aufl.

Lauer, Christopher (2014): Wenn Überwachungskapitalisten mal unter sich sind, FAZ vom 15. Oktober 2014, S. 13

Lembke, Gerald/Leipner, Ingo (2015): Die Lüge der digitalen Bildung. Warum unsere Kinder das Lernen verlernen. München: Redline

Liessmann, Konrad Paul (2017): Digitale Drogen, NZZ vom 1. Februar 2017; www.nzz.ch/meinung/kolumnen/digitalisierung-der-bildung-digitale-drogen-ld.142767 (20.4.2017)

Liessmann, Konrad Paul (2014): Geisterstunde. Wien: Zsolnay

Liessmann, Konrad Paul (2006): Theorie der Unbildung. Wien: Zsolnay

Loacker, Susanne (o. J.): Das regulierte Schulkind (www.beobachter.ch/arbeit-bildung/schule/artikel/lehrplan-21_das-regulierte-schulkind)

Lobe, Adrian (2017a): Sind wir Maschinen?, FAZ vom 25. Februar 2017, S. 16

Lobe, Adrian (2017b): Schöne neue Welt, deine Schöpfer trauen Dir nicht, FAZ vom 12. April 2017, S. 13

Lobe, Adrian (2017c): Fahr doch auf einen Kaffee bei Starbucks vorbei, FAZ vom 16. Mai 2017, S. 13

Lobenstein, Caterina (2013): Erste Stunde: Lobbykunde, DIE ZEIT vom 21. November 2013; www.zeit.de/2013/48/schule-unterricht-lobbykunde/komplettansicht (15.4.2017)

Lotter, Wolf (2007): Elementarteilchen, in: Brand I, Heft 2/2007, S. 52 f.

Maas, Heiko (2015): Unsere digitalen Grundrechte, DIE ZEIT vom 10. Dezember 2015; .www.zeit.de/2015/50/internet-charta-grundrechte-datensicherheit

Markowetz, Alexander (2015): Digitaler Burnout. München: Droemer

Marquard, Odo (2003): Zukunft braucht Herkunft. Philosophische Essays. Ditzingen: Reclam

Martin-Jung, Helmut (2017): Das sind doch traurige Blechkästen, SZ vom 24. April 2017, S. 18

Martin-Jung, Helmut/Tanriverdi, Hakan (2017): Das ist der Werkzeugkasten der CIA-Hacker, SZ online, 8. März 2017; www.sueddeutsche.de/digital/wikileaks-das-ist-der-werkzeugkasten-der-cia-hacker-1.3410462 (13.6.2017)

Martin-Jung, Helmut/Tanriverdi, Hakan/Huber, Matthias (2015): Mehr Umsatz als die Bundesliga, SZ online, 1. August 2015; www.sueddeutsche.de/digital/gamescom-spielen-ohne-rot-zu-werden-1.2590395 (13.6.2017)

Mascolo, Georg/Richter, Nicolas (2017): Die CIA lauscht an jeder Schwachstelle, SZ vom 11. März 2017; www.sueddeutsche.de/digital/geheimdienst-ueberwachung-die-cia-lauscht-an-jeder-schwachstelle-1.3414100 (21.3.2017)

McLuhan, Herbert Marshall (1968): Die Gutenberg-Galaxis. Das Ende des Buchzeitalters. Düsseldorf/Bonn: Econ

Mikrogesellschaften (2014): Hat die Demokratie ausgedient? www.daserste.de/information/wissen-kultur/ttt/sendung/br/2014/silicon-valley-mikrogesellschaften-100.html (18.11.2014)

Mittelstraß, Jürgen (2011): Zur Zukunft des Internet. Philosophische Bemerkung (Rede bei der BMBF-Tagung »Zukünftiges Internet« am 5./6. Juli 2011); www.bmbf.de/pubRD/rede_mittelstrass_2011.pdf (11.1.2013)
Mönks, Franz J./Knoers, Alphons M. P. (1996): Lehrbuch der Entwicklungspsychologie. München/ Basel: Reinhardt
Mößle, Thomas (2012): »dick, dumm, abhängig, gewalttätig?« Problematische Mediennutzungsmuster und ihre Folgen im Kindesalter. Ergebnisse des Berliner Längsschnitt Medien. Baden-Baden: Nomos
Moorstedt, Michael (2017): Massive Kritik an Facebooks Datengier, SZ vom 5. Februar 2017; www.sueddeutsche.de/digital/internet-kolumne-netznachrichten-1.3364363 (20.3.2017)
Morgenroth, Markus (2014): Sie kennen Dich! Sie haben Dich! Sie steuern Dich! München: Droemer
Morozov, Evgeny (2014): Wir ahnungslosen Versuchskaninchen, FAZ vom 29. Juli 2014, S. 9
mpfs (2017): KIM-Studie 2016 – Kindheit, Internet, Medien. Basisstudie zum Medienumgang 6- bis 13-Jähriger in Deutschland. Stuttgart: mpfs; www.mpfs.de/fileadmin/files/Studien/KIM/2016/KIM_2016_Web-PDF.pdf (13.6.2017)
Müller von Blumencron, Matthias (2015): Noch erscheinen die Diktatoren des Internets milde, FAZ vom 2. Juli 2015, S. 13 (online unter dem Titel: »Warum wollt ihr unseren Quatsch?«); www.faz.net/aktuell/feuilleton/debatten/die-digital-debatte/internet-vordenker-jaron-lanier-im-gespraech-13679623.html (30.7.2015)
Müller-Jung, Joachim (2014): Google versucht sich auch mal an der Unsterblichkeit, SZ vom 31. Oktober 2014, S. 11
Münch, Peter (2017): Vom andern Stern, SZ vom 10. März 2017, S. 11; www.sueddeutsche.de/panorama/israel-vom-anderen-stern-1.3412331 (2.4.2017)
Münch, Richard (2009): Globale Eliten, lokale Autoritäten. Bildung und Wissenschaft unter dem Regime von PISA, McKinsey & Co. Frankfurt am Main: Suhrkamp
Murdoch, Robert (2011): Bildung ist das letzte Reservat, FAZ vom 8. Juni 2011, S. N5; www.faz.net/artikel/C31373/zukunftspotentiale-bildung-ist-das-letzte-reservat-30434186.html (20.7.2012)
Osel, Johann/Nimz, Ulrike (2016): Wenn Lehrer sich bei Youtube wiederfinden, SZ vom 2. April 2016, S. 7; www.sueddeutsche.de/bildung/schule-wenn-lehrer-sich-bei-youtube-wiederfinden-1.2930075 (2.4.2016)
Piaget, Jean/Inhelder, Bärbel (1972): Die Psychologie des Kindes. Olten: Walter
Pias, Claus (Hrsg.) (2013): Cybernetics – Kybernetik. The Macy-Conferences 1946-1953. Band 1: Transactions/Protokolle; Band 2: Documents/Dokumente. Zürich: Diaphanes Verlag
Pias, Claus (2013): Eine kurze Geschichte der Unterrichtsmaschinen, FAZ vom 10. Dezember 2013; www.faz.net/aktuell/feuilleton/forschung-und-lehre/automatisierung-der-lehre-eine-kurze-geschichte-der-unterrichtsmaschinen-12692010.html (30.7.2015)
Pfeiffer, Christian/Mößle, Thomas/Kleimann, Matthias/Rehbein, Florian (2008): Die PISA-Verlierer und ihr Medienkonsum. Eine Analyse auf der Basis verschiedener empirischer Untersuchungen, in: Michael Schröder/Axel Schwanebeck (Hrsg.): Schlagkräftige Bilder, Jugend, Gewalt, Medien & Kommunikationswissenschaft. Baden-Baden: Nomos, S. 38-71
Plass-Fleßenkämper, Benedikt (2017): »Ausschalten!«: Entwickler warnen vor Antivirus-Programmen; www.wired.de/collection/tech/ausschalten-entwickler-warnen-vor-antivirus-programmen (13.6.2017)
Postman, Neil (2001): Die zweite Aufklärung. Berlin: Berlin-Verlag
Pongratz, Ludwig (2009): Bildung im Bermudadreieck. Bologna – Lissabon – Berlin. Eine Kritik der Bildungsreform. Paderborn: Schöningh
Pongratz, Ludwig (2007): Sammeln Sie Punkte? Notizen zum Regime des lebenslangen Lernens, Hessische Blätter für Volksbildung 1/2007, S. 5-18; www2.ibw.uni-heidelberg.de/~gerstner / V-Lebenslang-Lernen.pdf (20.11.2014)

Prenzel, Manfred/Sälzer, Christine/Klieme, Eckard/Köller, Olaf (Hrsg.) (2013): PISA 2012. Fortschritte und Herausforderungen in Deutschland. Münster: Waxmann

Preuss, Roland (2016): Verstehen statt Pauken, SZ vom 12. Dezember 2016, S. 14

Priebe, Anton (2017): Bot-Traffic überwiegt: 51,8 Prozent der Besucher im Netz sind nicht menschlich; https://onlinemarketing.de/news/bot-traffic-2016-statistik-infografik (13.6.2017)

Rähm, Jan (2017): Warum Hacker uns so leicht lahmlegen können, Deutschlandfunk, 14. Januar 2017; www.deutschlandfunk.de/it-sicherheit-warum-hacker-uns-so-leicht-lahmlegen-koennen.724.de.html?dram:article_id=376387 (21.3.2017)

Reif, Rafael (2015): Wichtigste Erfindung seit dem Buchdruck. Interview in der NZZ mit Michael Furger vom 21. Januar 2015

Retter, Emily (2017): Billionaire tech mogul Bill Gates reveals he banned his children from mobile phones until they turned 14, Mirror, 21. April 2017; www.mirror.co.uk/tech/billionaire-tech-mogul-bill-gates-10265298 (13.6.2017)

Reuß, Roland (2013): Sie nennen es Service, dabei ist es Torheit, FAZ vom 12. November 2013; www.faz.net/aktuell/feuilleton/buecher/themen/datenschutz-in-bibliotheken-sie-nennen-es-service-dabei-ist-es-torheit-12659003.html (13.6.2017)

Rieger, Frank (2010): Der Mensch wird zum Datensatz, FAZ vom 15. Januar 2010, S. 33

Rösch, Eike/Demmler, Kathrin/Jäcklein-Kreis, Elisabeth/Albers-Heinemann, Tobias (Hrsg.) (2012): Medienpädagogik Praxis Handbuch. Grundlagen, Anregungen und Konzepte für aktive Medienarbeit. München: kopaed

Roodsari, Ali Vahid (2017): Böse Bildschirme?, SZ vom 5. April 2017; www.sueddeutsche.de/gesundheit/mediennutzung-boese-bildschirme-1.3452119 (20.4.2017)

Sandel, Michael J. (2017): Was man für Geld nicht kaufen kann. Die moralischen Grenzen des Marktes. Berlin: Ullstein

Sauseng, Werner/Sonnleitner, Astrid/Hofer, Nora/Pansy, Jasmin/Kiechl-Kohlendorfer, Ursula/Weiss, Simone/Kenzian, Harald/Kerbl, Reinhold (2016): Empfehlungen zur Regulierung von Bildschirmzeiten im Kindes- und Jugendalter. Konsensuspapier der Arbeitsgruppe Schlafmedizin und Schlafforschung der Österreichischen Gesellschaft für Kinder- und Jugendheilkunde, in: Monatsschrift Kinderheilkunde, 20. Oktober 2016, S. 1-3

Schirrmacher, Dennis (2016): Kriminelle bieten Mirai-Botnetz mit 400 000 IoT-Geräten zur Miete an, Heise online, 25. November 2016; www.heise.de/security/meldung/Kriminelle-bieten-Mirai-Botnetz-mit-400-000-IoT-Geraeten-zur-Miete-an-3504584.html (13.6.2017)

Schirrmacher, Frank (2015): Technologischer Totalitarismus. Berlin: Suhrkamp

Schmid, Ulrich (2016): Die digitale Schule: Hohe Erwartungen und kein Sparmodell; www.digitalisierung-bildung.de/2016/02/03/die-digitale-schule-hohe-erwartungen-und-kein-sparmodell (13.6.2017)

Schmidt, Jürgen (2017a): Ex-Firefox-Entwickler rät zur De-Installation von AV-Software, Heise online, 30. Januar 2017; www.heise.de/security/artikel/Ex-Firefox-Entwickler-raet-zur-De-Installation-von-AV-Software-3609009.html (30.5.2017)

Schmidt, Jürgen (2017b): Sicherheitsforscher an AV-Hersteller: »Finger weg von HTTPS«, Heise online, 8. Februar 2017; www.heise.de/security/meldung/Sicherheitsforscher-an-AV-Hersteller-Finger-weg-von-HTTPS-3620159.html (21.3.2017)

Schneider, Norbert (2010): Die digitalen Menschenleser, FAZ vom 10. August 2010, S. 33

Schuchardt, Konstantin (2016): Golem. Traum oder Albtraum?, Jüdische Allgemeine, 7. Januar 2016; www.juedische-allgemeine.de/article/view/id/24285 (7.1.2016)

Schulte von Drach, Markus C. (2015): Stift statt Taste, SZ vom 27. November 2015; www.sueddeutsche.de/bildung/schreiben-lernen-in-der-digitalen-welt-stift-statt-taste-1.2699860 (13.6.2017)

Schulz, Martin (2014): Warum wir jetzt kämpfen müssen, FAZ vom 6. Februar 2014, S. 25; /www.faz.net/aktuell/feuilleton/debatten/die-digital-debatte/politik-in-der-digitalen-welt/technologischer-totalitarismus-warum-wir-jetzt-kaempfen-muessen-12786805.html (15.4.2017)

Schulze Brüning, Maria-Anna/Clauss, Stephan (2017): Wer nicht schreibt, bleibt dumm. Warum unsere Kinder ohne Handschrift das Denken verlernen. München: Piper

Schulzki-Haddouti, Christiane (2010): Alltägliche Rasterfahndung, in: c't, Heft 2/2010, S. 30 f.

Sorgner, Stefan Lorenz (2016): Transhumanismus – »die gefährlichste Idee der Welt«!? Freiburg: Herder

Spiewak, Martin (2015): Sie wollen unsere Kinder!, DIE ZEIT vom 12. November 2015; www.zeit.de/2015/44/smartphone-computer-familie-kinder-streit (13.6.2017)

Spiewak, Martin (2013): Ich bin superwichtig!, DIE ZEIT vom 14. Januar 2013; www.zeit.de/2013/02/Paedagogik-John-Hattie-Visible-Learning (20.4.2013)

Spitzer, Manfred (2017): Digital 0.0. Wider die postfaktische Bildungspolitik, in: Nervenheilkunde 4/2017, S. 205-212; www.schattauer.de/de/magazine/uebersicht/zeitschriften-a-z/nervenheilkunde/inhalt/archiv/issue/2467/issue/special/manuscript/27363/show.html (12.5.2017)

Spitzer, Manfred (2015): Cyberkrank. München: Droemer

Spitzer, Manfred (2012): Digitale Demenz. München: Droemer

Spitzer Manfred (2005): Vorsicht Bildschirm! Elektronische Medien, Gehirnentwicklung, Gesundheit und Gesellschaft. 2. Aufl. Stuttgart: Klett

Stanat, Petra/Pant, Hans Anand/Böhme, Katrin/Richter, Dirk (Hrsg.) (2012): Kompetenzen von Schülerinnen und Schülern am Ende der vierten Jahrgangsstufe in den Fächern Deutsch und Mathematik. Ergebnisse des IQB-Ländervergleichs 2011. Münster: Waxmann

Steffens, Ulrich/Höfer, Dieter (2016): Lernen nach Hattie. Wie gelingt guter Unterricht? Weinheim/Basel: Beltz

Terhart, Ewald (2011): Hat John Hattie tatsächlich den Heiligen Gral der Schul- und Unterrichtsforschung gefunden? Eine Auseinandersetzung mit »Visible Learning«, in: Edward Keiner u. a. (Hrsg.): Metamorphosen der Bildung: Historie – Empirie – Theorie. Bad Heilbrunn: Klinkhardt, S. 313-326

Thaler, Richard H./Sunstein, Cass (2008): Nudge: Improving Decisions About Health, Wealth, and Happiness. Yale University Press

Thiede, Werner (2014): Die digitalisierte Freiheit. Morgenröte einer technokratischen Ersatzreligion. 2. Aufl. Münster: LIT

Thiel, Thomas (2016): Entmündigung als Bildungsziel, FAZ vom 14. Juli 2016, S. 11

Türcke, Christoph (2016): Lehrerdämmerung. Was die neue Lernkultur in den Schulen anrichtet. München: Beck

Türcke, Christoph (2012): Kompetenzwahn, in: Profil, November 2012; http://bildung-wissen.eu/wp-content/uploads/2012/11/Kompetenzwahn.pdf (13.6.2017)

Turkle, Sherry (2012): Verloren unter 1 000 Freunden. Wie wir in der digitalen Welt verkümmern. München: Riemann

Varshney, Chayanika (2015): Oculus Rift – Next Gen Virtual Reality Headset, Still Awaited Consumer Version; http://tech-fools.blogspot.com/2015/04/Oculus-Rift-Next-Gen-Virtual-Reality-Headset.html (13.6.2017)

VBE (2017): VBE: Zahl der Kinder mit attestiertem Förderbedarf hat sich seit 2005 verdoppelt; www.vbe.de/presse/vbe-landespresse/nordrhein-westfalen/aktuell/aktuell-detail/article/vbe-zahl-der-kinder-mit-attestiertem-foerderbedarf-hat-sich-seit-2005-verdoppelt.html?type=98&cHash=8253c8496d8b50c26aa785d16cc56b70 (13.6.2017)

vom Orde, Heike/Durner, Alexandra (2017): Grunddaten Kinder und Medien 2017. Zusammengestellt aus aktuellen Befragungen und Studien, Internationales Zentralinstitut für das Jugend- und Bildungsfernsehen (IZI); www.br-online.de/jugend/izi/deutsch/Grunddaten_Kinder_u_Medien.pdf (20.4.2017)

Waidner, Michael/Backes, Michael/Müller-Quade, Jan (2017): Positionspapier Cybersicherheit in Deutschland, hrsg. vom Fraunhofer-Institut für Sichere Informationstechnologie SIT, Darmstadt

Weber, Christian (2012): Google statt Gehirn, SZ vom 29./30. September 2012, S. 24
Weinert, Franz E. (Hrsg.) (2001): Leistungsmessungen in Schulen. Weinheim/Basel: Beltz
Weizenbaum, Joseph (1977): Die Macht der Computer ist die Ohnmacht der Vernunft. Frankfurt am Main: Suhrkamp
Weller, Julia (2016): Woran die Digitalisierung der Schulen scheitert, Die Welt vom 29. März 2016; www.welt.de/politik/deutschland/article153777823/Woran-die-Digitalisierung-der-Schulen-scheitert.html (31.3.2016)
Welzer, Harald (2016): Die smarte Diktatur. Frankfurt am Main: Fischer
Werdes, Alexandra (2012): Die Edu-Punks kommen, DIE ZEIT vom 14. Juni 2012, S. 69; www.zeit.de/2012/25/C-Interview-Edupinks (20.5.2017)
Wernicke, Jens/Bultmann, Torsten (Hrsg.) (2007): Netzwerk der Macht – Bertelsmann. Der medial-politische Komplex aus Gütersloh. Marburg 2007
Wetzel, Jan (2016): Wie viel Internet verträgt mein Leben?, DIE ZEIT vom 28. Oktober 2016; www.zeit.de/2016/44/digitalisierung-internet-generationen-vermaechtnis-studie (13.6.2017)
Wiarda, Jan-Martin (2016): Nur 19 Prozent der möglichen Studiengänge integriert: Kultusminister schlagen Alarm bei digitaler Studienplatzvergabe DoSV, 29. September 2016; www.jmwiarda.de/2016/09/29/nur-19-prozent-der-m%C3%B6glichen-studieng%C3%A4nge-machen-mit-kultusminister-schlagen-alarm-bei-digitaler-studienplatzvergabe-dosv (13.6.2017)
Wiener, Norbert (1963): Kybernetik. Regelung und Nachrichtenübertragung im Lebewesen und in der Maschine [1948]. Düsseldorf/Wien: Econ
Wild, Beate (2017): Zuckerbergs vager Masterplan, SZ vom 17. Februar 2017; www.sueddeutsche.de/digital/facebook-zuckerbergs-vager-masterplan-1.3383160 (13.6.2017)
Zimbardo, Philip G. (1995): Psychologie, hrsg. von Siegfried Hoppe-Graff und Barbara Keller, 6. Aufl. Berlin/Heidelberg: Springer
Zuboff, Shoshana (2013): Seid Sand im Getriebe!, FAZ vom 24. Juni 2013, S. 33; www.faz.net/aktuell/feuilleton/debatten/widerstand-gegen-datenschnueffelei-seid-sand-im-getriebe-12241589.html (30.7.2015)
Zuckerberg, Mark (2017): Building Global Community, 16. Februar 2017; www.facebook.com/notes/mark-zuckerberg/building-global-community/10103508221158471 (13.6.2017)

Glossar

App: Kurzform für Application (= Anwendung). Insbesondere für Smartphones gibt es Unmengen von Apps: im Mai 2017 2,8 Millionen Apps im Google Play Store (Android) und knapp 2 Millionen Apps für Apple Smartphones (iOS) (https://de.statista.com/statistik/daten/studie/74368/umfrage/anzahl-der-verfuegbaren-apps-im-google-play-store/).

Big Data: Begriff für das unkontrollierte Sammeln aller Daten von Computernutzern im Web und Auswertung dieser Daten mithilfe von Mustererkennung und Statistik (Big Data Analyzing). Ziel ist es, den Benutzer vor dem Bildschirm mithilfe der Persönlichkeits-, Bewegungs-, Kommunikations-, Konsum- und Lernprofile in seinem Verhalten zu beeinflussen (nudging) und letztlich zu steuern.

Bitkom: Bundesverband Informationswirtschaft, Telekommunikation und neue Medien. Interessenverband der IT-Industrie, der sich für die politische und wirtschaftliche Förderung der ITK-Branche einsetzt. Schwerpunkte der Lobbyarbeit sind Bildungspolitik, Forschungspolitik, Wachstumsfinanzierung, der Öffentliche Sektor und Arbeitsmarktpolitik.

Bots: kurz für Robots, auch Web(Ro-)Bot oder Simple Bot. Computerprogramme, die bestimmte Aufgaben übernehmen, ohne von realen Nutzern gesteuert zu werden. Bots eignen sich vor allem dazu, sich wiederholende Aufgaben abzuarbeiten.

BYOD: Bring Your Own Device (= Bring deine eigenen Geräte mit) ist eine Bezeichnung für den Ansatz, private mobile Geräte wie Laptops, Tablets oder Smartphones in Unternehmen, Schulen, Universitäten und Bibliotheken mitzubringen, um dort damit zu arbeiten.

CHE: Centrum für Hochschulentwicklung, das 1994 von der Bertelsmann Stiftung und der Hochschulrektorenkonferenz als gemeinnützige GmbH gegründet wurde, um das deutsche Hochschulwesen zu liberalisieren.

Clickrate (Klickrate): Anzahl der Klicks auf eine Anzeige, einen Banner oder Ähnliches; Maß für die Reichweite eines Angebots, wobei man auch Bots programmieren kann, die auf Werbebanner klicken, um Reichweite zu simulieren und Einnahmen zu generieren.

Cloud Computing: Auslagerung der Datenspeicherung und -verwaltung vom lokalen Rechenzentrum bzw. Desktop-PC ins Netz. Amazon, Google und andere bauen dafür zentrale Serverfarmen auf, in denen die Nutzerdaten zentral im Netz gespeichert werden. Der Nutzer weiß nicht, was mit diesen Daten geschieht.

Cortana: Synthetische Computerstimme des Betriebssystems Windows

Data Sciences: neuer Begriff für Big Data bzw. Big Data Analyzing, das wohl zu sehr nach »Big Brother is analyzing you« klingt.

Disruption (engl. für Zerstörung): Bewährte Geschäftsfelder werden durch digitale Angebote ersetzt und durch Preisdumping oder das Unterlaufen gesetzlicher Regelungen zerstört. Ein Beispiel dafür ist die Firma »Uber« als neue Konkurrenz zu Taxidiensten und Mitfahrzentralen. Mit der App von Uber kann man wie mit einer Taxi-App einen Wagen bestellen und sich zum gewünschten Ziel fahren lassen. Der Unterschied: Taxifahrer haben einen Personenbeförderungsschein, arbeiten nach einem Tarifvertrag und fahren mit dem Wagen ihres Arbeitgebers. Fahrer und Fahrgast sind versichert. Uber vermittelt hingegen Privatwagen und haftet nicht bei Schäden, weil das Unternehmen »nur« Dienste vermittelt. Gleichwohl kassiert Uber bei jedem Transport 30 Prozent und bucht direkt von der Kreditkarte des Kunden ab.

Dot.Com: steht für kommerzielle (commercial) Angebote im Netz. Der Punkt (engl. dot) trennt den Namen von der Länderkennung, eine deutsche Webadresse heißt zum Beispiel »arzt.de« (gesprochen »arzt-Punkt-De-Ee). Weitere Endungen für Dienstkennungen sind *.edu für Education (Bildungseinrichtungen) und *.gov (government) für Behörden usw.

http (Hyper Text Transfer Protocoll): Verbindungsprotokoll im Netz zur Übertragung von Daten über ein Rechnernetz, hauptsächlich Webseiten (Hypertext-Dokumente) aus dem World Wide Web (WWW), die in einem Webbrowser (Firefox, Opera, Safari, Internet Explorer) angezeigt werden.

https (Hyper Text Transfer Protocoll Secure): sicheres Hypertext-Übertragungsprotokoll; ein verschlüsseltes Kommunikationsprotokoll des World Wide Web, um Daten abhörsicher(er) zu übertragen. Es ist kostenpflichtig und wird eingesetzt, wenn Daten der Nutzer abgefragt oder (Geld-)Transaktionen übers Netz abgewickelt werden sollen, etwa beim Online-Banking oder bei Bestellungen.

IKT: Informations- und Kommunikationstechnologien

Individualisierung (auch: **Personalisierung**) von Web- oder E-Learning-Angeboten: euphemistische Umschreibung für die vollständige Vermessung aller Lernleistungen eines Menschen und Abgleich der erbrachten Leistungen mithilfe von Mustererkennung (Stichwort Big Data Analyzing) und Statistik.

Influencer (dt. Influenzer): Beeinflusser; Nutzer, die im Netz für Produkte werben, ohne dies als Werbung zu kennzeichnen. Dafür werden (oft junge) Internetnutzer mit den Produkten versorgt, zum Teil bezahlt. Bezahlt wird nach Reichweite und Klickrate.

Influenzer-Marketing: Marketing über vermeintlich authentische Webnutzer, oft Jugendliche, denen vor allem junge Nutzer mehr vertrauen als ihren Eltern oder Autoritätspersonen. Es handelt sich um eine besonders perfide Form des Marketings für gutgläubige Kinder und pubertierende Jugendliche auf der Suche nach Vorbildern außerhalb des Elternhauses.

Learning Analytics: beschönigender Begriff für die vollständige psychometrische Vermessung von Menschen, die mit Computer- und E-Learning-Programmen arbeiten. Aufgezeichnet und ausgewertet werden nicht nur alle Abrufe und Eingaben, sondern ebenso Gesichtsausdrücke und Tippfehler. Neben den Lernleistungen werden so Profile für Aufmerksamkeitsspannen und Stressresistenz erstellt. Daraus werden Leistungs- und Persönlichkeitsmerkmale berechnet – relevante Informationen für Arbeitgeber, Krankenkassen u. Ä.

Lernmanagementsoftware (LMS) oder **Lernkontrollsoftware** (LKS): protokolliert jede Aktion des Nutzers (geschaute Videos, bearbeitete Aufgaben, begangene Fehler) und schaltet entsprechend weitere Aufgaben, Übungen und Videos frei, vergibt Punkte und Belohnungen etc. Es handelt sich um eine vollautomatisierte, algorithmische und digitale Lernsteuerung und Lernkontrolle der Probanden vor dem Monitor. Dahinter steht die behavioristische Vorstellung, Lernen sei ein steuerbarer Produktionsprozess mit automatisch abprüfbaren Kompetenzen.

MOOC (Massive Open Online Courses) und **SPOC** (Small and Private Online Courses): Online-Kurse im Netz, die man kostenlos (MOOC) oder kostenpflichtig (SPOC) belegen und bei denen man zum Teil Prüfungen ablegen kann, für die man Zertifikate bekommt. Der Hype um MOOC war schnell zu Ende, weil diese Form des Lernens mit Online-Medien nur für wenige relevant ist. Etabliert haben sich hingegen kostenpflichtige Weiterbildungen zu überwiegend technischen Themen.

Neue Lernkultur (NLK): Jedes Kind sitzt an einer Lernstation und bekommt individuell berechnete, personalisierte Lehrangebote und Übungen eingespielt. Behauptet wird, dass das Lernen auf diese Weise selbstbestimmt und selbstorganisiert sei. Tatsächlich ist es eine algorithmisch berechnete Zurichtung von möglichst jungen Menschen durch Software, Rechnersysteme und synthetischer Computerstimmen. Es ist die vorsätzliche Gewöhnung an Fremdsteuerung durch Software und Sprachsysteme – mit den Frauenstimmen von Alexa (Amazon), Cortana (Microsoft), Siri (Apple), Alice (AIVC, Google) u. a.

NSA: National Security Agency, größter Auslandsgeheimdienst der Vereinigten Staaten, der für die weltweite Überwachung, Entschlüsselung und Auswertung elektronischer Kommunikation zuständig ist. Die Enthüllungen des Whistleblowers Edward Snowden lösten 2013 die NSA-Affäre aus.

Nudging (von engl. nudge für Stups oder Schubs, Plural: nudges): beschreibt, wie man durch gezielte Handlungen das Verhalten von Menschen auf möglichst vorhersagbare Weise beeinflussen und steuern kann. Die Quelle des personalisierten Nudging sind die bei Netzaktivitäten automatisch erstellten Persönlichkeitsprofile.

Share Economy: steht im Silicon Valley gerade nicht für Teilen (to share) und wechselseitige Hilfe, wie es in Genossenschaftsmodellen (Car Sharing) oder echter Nachbarschaft üblich ist. Share Economy bedeutet hier, dass etwas gegen Entgelt vermietet oder zur Verfügung gestellt wird, ohne dafür Steuern zu bezahlen. Die Softwareentwickler stellen nur die Software (App) zur Verfügung, damit Anbieter und Interessenten sich per Netz verabreden, helfen oder etwas austauschen können – und kassieren als App-Anbieter bei jeder Transaktion mit.

Siri: synthetische Computerstimme des Apple-Betriebssystems Mac OS bzw. iOS

Tina: »There is no alternative«; Spruch der ehemaligen britischen Premierministerin Margaret Thatcher, um Diskussionen zu unterbinden. Alternativlosigkeit ist antidemokratisch und wird behauptet, um sich nicht mit Gegenargumenten auseinandersetzen zu müssen.

Transhumanismus: Begriff, den der Biologe und Eugeniker Julian Huxley (»New Bottles for New Wine«; Huxley 1957) mit Bezug auf Nietzsche und die Kybernetik postulierte. Transhumanismus besagt, dass der Mensch durch den Einsatz neuer Technologien nicht nur seine humanen Grenzen und Möglichkeiten erweitern könne, sondern eine »Verpflichtung zum Fortschritt« bestehe. Wie der Humanismus sei man der Vernunft und der Wissenschaft verpflichtet, aber im Sinne des vorangestellten »Trans« an dem interessiert, was über den Menschen hinausweist. Im Gegensatz zum Humanismus verstehe man den technischen und technologischen Fortschritt als Verpflichtung zur Entwicklung und zum Einsatz neuer wissenschaftlicher Disziplinen wie Nano-, Bio- oder Gentechnik. Die Vorstellung einer Gehirn-Computer-Schnittstelle oder einer Super-Intelligenz sei konstituierend.

URL (Uniform Resource Identifier): bezeichnet die Adresse von Netzdiensten, Websites oder E-Mail-Empfängern.

User Interface / Ui Design: grafische Benutzerschnittstelle für Computer und Smartphones; das, was man an Texten, Bildern und Bedienfeldern auf dem Display sieht.

UX Design User Experience Design: Gestaltung der grafischen Benutzerschnittstellen (user Interface) mit dem Ziel, die Nutzer möglichst gut zu unterhalten und dadurch möglichst lange auf einer Seite zu halten. UX Design arbeitet im Gegensatz zu direkten Aufforderungen wie »Klicken Sie hier« mit Methoden der Aufmerksamkeitssteuerung durch Bilder, Animationen, Töne und dem automatischen Wechseln der Inhalte.

VPN (Virtual Private Network): bezeichnet die Möglichkeit, eine geschützte Verbindung übers Netz aufzubauen, indem man sich bei einer bekannten Netzadresse (URL) mit Nutzerkennung (Name) und Passwort anmeldet.

Web 2.0 / Web 4.0: Für Tim Berners-Lee, den »Vater des Webs«, sind solche Zählweisen, die aus der Softwareentwicklung übernommen wurden, in erster Linie Marketingphrasen, da das Web als Idee von Anfang an für die Teilhabe möglichst vieler Menschen konzipiert war.

WLAN: Wireless Local Area Network, bezeichnet ein lokales Funknetz für Computer und mobile Geräte wie Laptops, Tablets und Smartphones.